Police
Administrative
law

새로쓴

경찰행정법

김형중 | 백상진 | 김순석 공저

박영사

머 리 말

“우리가 발걸음을 내딛는 매순간마다 길은 달라지고 우리는 늘 새로운 길을 배워 간다. 이 세상에 영원히 변치 않는 것이란 그리 많지 않다. 때문에 우리는 생을 대함에 있어 언제나 진지하고 진실되어야 하는 것이다. 인생에 있어 연습이란 없다”고 한 어느 인디언 추장의 말처럼 학문 또한 연습이란 없고 왕도(王道)는 없는 것이다. 따라서 학문의 길은 천천히 그리고 꾸준히, 열심히 하는 수밖에 다른 길은 없다.

경찰행정법이라 함은 ‘경찰행정의 조직과 작용 및 구제에 관한 국내 공법’을 말하며, 행정법의 분과학문이다. 그러나 경찰행정법은 아직까지 정상과학으로서 학문성을 확보하고 있다고 보기는 어렵고, 정상과학으로서의 학문적 체계를 정립하는 단계에 있다고 보아야 할 것이다. 경찰행정법은 원칙상 경찰행정법 총론과 경찰행정법 각론으로 구분하여 집필하는 것이 타당하나, 편의상 총론과 각론을 포함하여 단행본으로 출간하였다. 이는 대학교재와 수험서의 양 기능을 적절히 조화시켜 학생이나 수험생들에게 이중적 부담을 덜어주려는 의도가 있었음을 밝혀둔다.

일반적으로 경찰행정법을 공부하는 학생이나 수험생들의 입장에서 볼 때 대체로 경찰행정법은 이해하기 어려울 뿐만 아니라 형법이나 민법보다도 재미없고 흥미없는 과목의 하나로 보고 있다. 그럼에도 불구하고 우리가 경찰행정법을 공부해야 하는 이유로 국민 개개인이나 법을 집행하는 경찰관은 늘상 경찰행정법적 법률관계 속에서 생활을 영위하면서도 경찰행정법의 중요성을 간과하고 있다는 점을 지적하고 싶다. 예컨대, 교통경찰관이 교통수신호 지시에 대하여 운전자가 의무를 위반하였을 경우, 현장에서 접목되어지는 학문이 바로 경찰행정법이다. 교통경찰관의 수신호 행위는 경찰하명(행정처분)으로서 이에 대한 의무위반에 대하여는 경찰벌 등을 부과할 수 있는 것처럼, 우리는 경찰행정법적 법률관계의 영역 안에서 삶을 꾸려나가고 있다는 현실을 염두에 두어야 할 것이다.

본서(本書)의 특징은 첫째, 경찰행정법은 어렵다는 인식을 불식시키고자 보다 쉽게 이해할 수 있도록 기초적인 용어 해석까지도 하나하나 신경을 쓰면서 서술하였다.

둘째, 최근 시험의 출제 경향이 판례를 중심으로 많이 출제되는 경향이 있기 때문에 현장에서 발생하는 사건들을 이론과 접목시켜 가급적 관련 판례들을 많이 수록하였다. 셋째, 일반 행정법총론에서 주요한 핵심내용으로 거론되는 행정법 일반원리들을 엄선하여 경찰과 관련된 부분에 삽입함으로써 이해도를 높이려고 시도하였다. 특히 경찰관 직무집행법을 경찰작용법에 편입하여 체계적으로 정리하였기 때문에, 별도로 경찰관 직무집행법을 공부하지 않아도 된다는 점을 강조하고 싶다. 넷째, 이 책의 기본적인 서술형식은 서론, 본론, 결론식으로 체계화하였기 때문에, 주관식 시험을 준비하는 경찰간부후보생들이 subnote하기에도 적합하도록 구성되었다는 점을 밝혀둔다.

더위가 막바지 기승을 부리고 있다. 독자 제현들의 행운과 건강이 함께 하기를 기원드리면서.

2014년 8월
해송정에서
저 자

차 례

제 1 편 경찰행정법 서론

제 2 편 경찰조직법

제 4 편 경찰작용의 실효성 확보수단

제 1 장 경찰강제

제 2 장 경 찰 벌

제 1 편 경찰행정법 서론

Police Administrative Law

제 1 장 경찰행정의 기초

Police Administrative Law

제 1 절 경찰개념의 형성 및 연혁

Ⅰ. 경찰개념의 형성

경찰의 개념은 국가마다 고유한 전통과 사상이 반영된 것이어서 일률적으로 정의하기에 어려움이 있으며, 각 나라의 역사적·사회적 배경에 따라 상당한 다양성을 가지고 있는 개념이라고 할 수 있다. 또한 과거에는 경찰의 임무에 속하던 기능들이 오늘날에는 경찰의 기능에서 제외되기도 하고, 서비스 기능 등을 새로운 경찰의 기능으로 포함시키기도 하는 등 경찰 활동의 영역은 변화의 경향성을 가지고 있다.

이러한 경찰개념은 독일 행정법 체계에 영향을 받은 대륙법계 경찰개념과 미국의 행정학에 영향을 받은 영미법계 경찰개념으로 양분되어 발전되어 왔다. 대륙법계에서는 경찰이 주로 왕권강화를 위한 수단으로 사용되었으며, 그 때문에 경찰은 국가 혹은 왕을 대행하여 국민에게 명령·강제하는 권력적 작용을 주로 수행하였다. 따라서 대륙법계 국가는 경찰개념을 국가통치권적 차원에서 접근하여 공공의 안녕과 질서유지를 목적으로 하는 데 주안점을 두게 됨으로써, 현대의 국가경찰체제를 확립시켰다. 반면 영미법계는 사회구성원 스스로가 범인을 체포할 수 있는 전통에서 경찰이 유래하였다. 따라서 영미법계 국가는 경찰개념을 자경치안 사상에서 접근하여 국민의 생명·신체 및 재산의 안전과 보호가 주목적이었던 결과 현대의 자치경찰체제를 탄생시켰다는 점에 중요한 차이가 있다.

그 결과 대륙법계통은 개인보다 국가나 사회공공의 안녕·질서유지를 목적으로 일반통치권에 근거하여 국민에게 명령이나 강제함으로써 국민의 자유를 제한하는 권력적 작용을 경찰권으로 규정하고 있다. 이와는 달리 영미법계통은 경찰이란 국민의 재산·신체보호를 위해 시민의 위임에 근거하여 주로 시민을 위한 법을 집행하고 서비스하는 조직체로 파악하고 있다.[1)]

최근 대륙법계 국가에서는 적극적인 복지행정을 배제하여 경찰고유의 소극행정만을 담당하려는 노력을 보이고 있으며, 반대로 영미법계 국가에서는 복지사회를 지향하는 국가행정작용의 확장으로 경찰에게 적극행정에의 상당한 관여를 법으로 허용하는 경향이 있다.[2)]

한국의 근대경찰개념은 독일·프랑스 등 대륙법계 경찰개념을 바탕으로 한 일본의 경찰제도를 이어받아 최초로 형성되었으며, 해방이후로는 지속적으로 영미법계의 영향을 받아왔다.

이처럼 우리나라의 종래의 경찰개념은 주로 유럽대륙의 전통과 사상을 반영한 경찰개념을 중심으로 논의가 이루어져 왔고, 그 이후 지속적으로 영·미의 경찰이념이 접목되어지면서 대륙법계통과 영미법계통의 경찰개념이 융합·조화되어 운영되고 있다.

Ⅱ. 경찰개념의 변천과정

1. 대륙법계 국가의 경찰개념

1) 고대·중세의 경찰개념

경찰이라는 용어는 라틴어 폴리티아(politia), 그리스어의 폴리테이아(politeia)에서 유래하는 것으로 원래는 이상적인 상태의 도시국가(polis), 국가전체의 통치 체제를 포괄하는 헌법 또는 국가활동 등 다의적인 의미로 해석되었다.[3)]

경찰이라는 용어가 처음으로 사용되기 시작한 것은 15세기말부터였다. 중세 독일에서는 종래 봉건제후의 통치권으로서 전통적으로 인정되던 재판권, 입법권, 과세

1) 서재근, 『경찰행정학』(서울: 삼중당, 1963), p.36.
2) 이황우, 『경찰행정학』(서울: 법문사, 2007), p.31.
3) James J. Fyfe, Jack R. Greene, William F. Walsh, O. W. Wilson, Roy Clinton McLaren, Police Administration(5th edition)(New York: The McGraw-Hill Companies, Inc., 1997), p.2.

권 등 영주고권의 체제에 공공질서와 복리를 위한 특별한 통치권으로서의 경찰권이 접목되기에 이르렀다.

16세기가 되면서 유럽에서의 경찰개념은 통상적으로 교회행정을 제외한 일체의 국가행정을 경찰이라고 하여, 경찰권은 절대주의적 국가권력의 기초가 되었다. 따라서 경찰은 결국 세속적인 사회생활의 질서를 공권력에 의해 유지하는 작용을 의미하게 되었다. 이때까지 유럽의 경찰권은 중세시기까지 여전히 일반행정으로부터 분리되지 않은 상태였다.

2) 경찰국가시대의 경찰개념

(1) 경찰개념의 양적감소

유럽에서는 17세기와 18세기 말에 와서 교회권력이 약화되었고 반면 국가권력은 점차 강화되었으며, 결국에는 절대군주가 군림하였던 중앙집권적 국가가 등장하였다. 이때 국가작용의 분화가 요청되면서 국가작용 전체를 의미하던 경찰로부터 사법[1]·행정·군정·재정 등이 분리되었다. 그에 따라 경찰의 범위는 사회공공의 안녕질서와 공공복리를 위하여 행하여지는 내무행정의 전반을 뜻하는 것으로 축소되었다.

(2) 경찰개념의 질적 강화

전제군주제하에서는 경찰개념이 양적으로는 내무행정 전반을 의미하는 것으로 그 범위가 축소되기에 이르렀다. 그러나 내무행정에 관한 국가의 임무는 더욱 확대되어 오히려 질적으로는 강화되었으며 이 시기를 소위 절대주의 이념을 토대로 한 「경찰국가시대」라고 일컫는다.[2] 따라서 경찰은 단순히 소극적인 치안유지를 위한 작용뿐만 아니라 국민의 공공복리[3]를 위한다는 미명하에 필요하다면 개인의 윤리적, 종교적인 생활까지도 국가의 강제력을 동원해서 실현할 수 있다고 생각하였다.

그 결과 경찰은 국왕의 절대적인 권력에 복종하지만, 국민에 대해서는 포괄적인 권한에 근거하여 재판통제도 받지 않고 일방적으로 국민의 권리관계에 간섭하고 지배하였으며, 이러한 강제력으로 대표되는 무제한적인 국가권력이 이른바 경찰이었다.

---

1) 1648년의 웨스트팔리아조약(Treaty of Westphalia)에 의하여 사법행정이 경찰에서 분리되었고, 또한 군정, 곧이어 재정마저 경찰로부터 제외되었다.
2) 김상호 외, 『경찰학개론』(법문사, 2004), p.4.
3) 경찰국가를 간혹 복리국가라고 부르는 것은 그 때문이다.

3) 법치국가시대의 경찰개념

(1) 역사적 사건에 따른 개념 변화

18세기 중엽의 계몽기를 거쳐 자연법적 자유주의 사상의 영향을 받아서 1776년 미국이 독립을 선언하였으며, 이에 영향을 받은 프랑스는 1789년 혁명이 발생하였다. 프랑스혁명을 계기로 절대왕정은 삼권분립과 법치주의로 대체되기 시작했다. 이러한 자유주의 법치국가의 권력분립사상은 18세기 후반에 이르러 경찰의 임무는 위험의 방지에 대한 배려이며, 복지의 증진은 경찰의 임무가 아니라는 주장이 나타나게 되었다. 이러한 계몽주의에 영향을 받은 독일의 공법학자 퓌터(J. S. Pütter)는 "경찰의 직무는 급박한 위험방지이며, 복지의 증진은 본래 경찰의 임무가 아니다"라고 주장하였다.[1] 이로서 적극적인 복리경찰이 경찰개념에서 제외되고, 일반통치권에 근거하여 국민에게 강제·명령하는 권력적 작용이었던 경찰권을 제한하려는 노력이 나타났다. 경찰권을 제한하려는 노력은 경찰권을 '소극적 의미의 위험방지 분야' 혹은 '소극적 의미의 공공의 안녕과 질서유지'라는 개념으로 제한되는 역사적 사실로 나타났다.

(2) 관련 입법 및 판결

법치국가적 경찰개념이 처음으로 법제화된 것은 1794년 '프로이센 일반란트법'과 1795년 프랑스의 '죄와 형벌 법전(경죄처벌법전)'이다. 특히 프로이센 일반란트법은 "경찰관청은 공공의 평온·안녕·질서를 유지하고 또한 공중 및 그의 개개 구성원들에 대한 절박한 위험을 방지하기 위하여 필요한 조치를 취하는 것이 경찰의 직무"로 규정함으로써 경찰의 사무를 공공의 안녕·질서의 유지와 절박한 위험의 방지를 위해 '필요한 조치'에 한정했다는 점에서 소극적 목적만 강조하고 있다. 또한 경죄처벌법은 "경찰은 공공의 질서, 자유, 재산 및 개인의 안전의 보호에 임한다"고 규정하고 있어 경찰의 직무를 「소극적 목적」에 한정하고 있다.

법치국가시대의 경찰개념은 경찰국가시대의 경찰개념과 달리 소극적인 위험방지 분야에 국한하게 되는데, 이같은 변화의 전환점을 형성한 계기가 1882년 6월 14일 프로이센 상급행정법원의 '크로이츠베르크' 판결이다.[2] 이를 통해 경찰은 적극적인

---

1) 최영규, 『경찰행정법』(서울: 법영사, 2007), p.5.

2) 이 판결은 베를린의 크로이츠베르크 언덕에 있는 전승기념비에의 조망을 위해 주변토지에 대한 건축물의 높이 제한과 관련된 베를린 경찰청장이 발한 법규명령에 대하여, 그러한 명령은 복지의 증진을 목적으로 하는 것이므로 법률적으로 무효라고 선언하였다. 따라서 이 판결로 「공공의 복리증진을 위한 적극적 목적」의 경찰행정을 경찰의 임무에서 배제하고, 경찰의 임무는 위험방지에 한정된다고 하는 사

복지행정에 개입할 수 있는 권한을 상실하게 되는데, 이러한 경찰개념의 변화가 입법에 의해서가 아니라 법원의 판결을 통해서 이루어진 것은 경찰권력에 대한 법원의 통제가 이루어졌다는 것을 의미한다. 따라서 이는 법치국가 원리가 작동되고 있음을 시사하는 것이다.

1931년에 프로이센 경찰행정법은 앞선 크로이츠베르크 판결의 정신을 이어받아 경찰의 직무 범위를 최초로 소극적 목적에 한정되는 경찰개념으로 법제화 하기에 이르렀으며, 이렇게 정해진 경찰개념이 서구 여러 나라의 경찰개념으로 정착되었다.

(3) 나치정권의 경찰개념과 비경찰화

소극적 목적의 경찰개념은 나치정권의 등장과 함께 중앙집권적인 국가경찰로 환원되면서, 다시 경찰권은 광범위한 질서임무를 수행하는 것으로 대폭 범위가 확대되었다. 그러나 제 2 차 세계대전에서 승리한 연합국은 점령정책의 일환으로 경찰의 탈나치화, 탈군사화, 비정치화, 민주화 및 지방분권화를 추진하여 종래의 국가경찰을 다시 주경찰로 회복시켰다. 그리고 생명과 재산의 보호, 범죄예방과 검거 이외의 모든 협의의 행정경찰사무 등(예컨대, 영업경찰, 건축경찰, 보건경찰 등)의 경찰사무가 다른 관청의 분장사무로 이관되는 비경찰화가 이루어졌다.

이러한 소극적 목적으로 축소된 경찰개념은 1986년 독일 연방 및 주의 통일경찰법 표준안, 즉 경찰은 공공의 안녕 또는 질서에 대한 위험방지를 그 임무로 한다는 규정을 통하여 오늘날까지 그대로 계승·유지되고 있다.

2. 영·미의 경찰개념

대륙법계 국가의 경찰개념은 경찰권이라고 하는 통치권적 개념을 전제로 하여 그 발동 범위와 성질을 기준으로 형성되었다. 따라서 통치권적 경찰권을 강조하는 대륙법계는 경찰과 시민의 관계를 대립구도로 보았다.

반면, 영미법계의 경찰개념은 주권자인 시민으로부터 자치권한을 위임받은 조직체로서의 경찰이 주로 시민을 위하여 법을 집행하고 서비스하는 역할을 중심으로 형성되었다. 따라서 경찰과 시민은 대립관계가 아니라 비례관계 즉, 수평적인 협력관계로 파악된다.

상이 확정되는 계기를 만들었다.

3. 대륙법계와 영미법계 개념의 상호보완

제 2 차 세계대전 이후 독일과 일본 등 대륙법계 국가들은 미국을 중심으로 한 승전국들의 민주주의 사상에 입각한 경찰제도를 수용하게 되었다. 그 결과 대륙법계와 영미법계 사이의 경찰의 역할에 대한 개념적 차이는 그 간격이 점점 줄어들고 있으며, 영미법계의 시민중심적인 인권옹호경찰 또는 봉사경찰이라는 역할이 대륙법계 국가에서도 경찰활동의 중요한 요소로 자리매김하고 있는 등 상호보완적으로 절충·조화를 이루어 나가고 있다.

제 2 절 경찰의 개념구분과 분류

Ⅰ. 경찰의 개념구분

1. 개 설

경찰을 규범적 강제작용 측면에서 한정하여 보는 전통적 입장에 따르면, 경찰이란 '사회공공의 안녕과 질서를 유지하기 위해 일반통치권에 의거하여 국민에게 명령·강제하는 권력적 작용'이라고 정의될 수 있다. 우리나라의 경우 국가의 질서 유지 기능을 위하여 '프로이센'[1]적 경찰개념, 즉 서구적 의미의 경찰개념이 도입된 것은 갑오경장 이후의 일이다. 전통적 입장에서 경찰의 개념은 형식적인 면과 실질적인 면의 두 가지 측면에서 살펴볼 수 있다.

2. 형식적 의미의 경찰

1) 의 의

형식적 의미의 경찰이란 보통경찰기관에 분배되어 있는 임무를 달성하기 위하여 행하여지는 경찰활동을 말한다. 이는 제도상(정부조직법, 경찰법 등)의 경찰의 개념을 뜻하는 것

1) 1794년 「프로이센 일반주법(一般州法)」, 1931년 「프로이센 경찰행정법」에 정해진 경찰개념이 서구 여러 나라의 경찰개념으로 정착되기에 이르렀다. 1931년 「프로이센 경찰행정법」 제14조는 "경찰행정청은 현행법의 테두리 안에서 공공의 안녕 또는 질서를 위협하는 위험으로부터 공중 또는 개인을 보호하기 위하여 성실한 재량에 따라 필요한 조치를 취하지 않으면 안 된다"고 규정하고 있다.

이며, 실정법상 보통경찰기관(경찰청장, 지방경찰청장, 경찰서장 등)의 권한에 속하는 일체의 작용을 말한다. 그 작용의 성질 여하를 불문하므로 실질적 의미의 경찰개념과 반드시 일치하지 아니한다. 따라서 형식적 의미의 경찰 가운데에는 성질상 경찰이라고 볼 수 없는 작용도 적지 아니하다.[1] 예컨대, 비권력적 사실행위(주취자 보호, 노약자·미아 보호, 유실물의 보관, 교통정리, 순찰, 경호, 경비, 지리교시) 등과 같은 보호활동이나 경계활동 등이 있다. 또한 우리나라 특유의 정보경찰활동, 대공경찰활동 등은 다른 나라에서는 예를 찾아보기가 쉽지 않다.

우리의 실정법상 경찰의 임무(형식적 의미의 경찰)는 일반 공공의 안녕과 질서의 유지 그리고 범죄의 진압 및 수사를 업무로 하는 사법경찰로 제한하고 있다. 따라서 범죄의 수사 등 이른바 사법경찰이라고 불리는 경찰활동은 형식적 의미의 경찰에만 속하고, 실질적 의미의 경찰개념에는 속하지 않는다.

2) 특 징

(1) 제도적 측면

형식적 의미의 경찰은 그 작용의 성질 여하를 불문하고 제도상의 일반경찰기관의 권한에 속하는 모든 작용을 의미한다. 따라서 이는 역사적·제도적 측면에서 정립된 개념이라 할 수 있다.

(2) 기능적 측면

형식적 의미의 경찰은 실질적 의미의 경찰에서 정의하고 있는 경찰의 기능 중에서 제도상의 경찰기관이 관장하고 있는 기능을 중심으로 개념규정을 시도하고 있는 것이다.

(3) 조직적 측면

형식적 의미의 경찰개념의 범위를 어디까지 할 것인지의 문제는 오로지 그 나라의 입법정책에 속하는 문제이다. 다음에서 보는 바와 같이 우리나라 경찰법 제 3 조(국가경찰의 임무), 경찰관 직무집행법 제 2 조(직무의 범위)를 보면 그 범위를 알 수 있다.

◇ 경찰법 제 3 조(국가경찰의 임무) 및 경찰관 직무집행법 제 2 조(직무의 범위)

1. 국민의 생명·신체 및 재산의 보호
2. 범죄의 예방·진압 및 수사
3. 경비·요인경호 및 대간첩·대테러 작전 수행

---

1) 경찰이 하고 있는 서비스적 활동은 실질적 의미의 경찰개념으로는 도저히 설명할 수 없는 경찰활동이고, 다만 형식적 의미의 경찰개념으로만 설명이 가능하다.

4. 치안정보의 수집·작성 및 배포
5. 교통의 단속과 교통 위해의 방지
6. 외국 정부기관 및 국제기구와의 국제협력
7. 그 밖의 공공의 안녕과 질서유지

◇ 제주특별자치도 설치 및 국제자유도시 조성을 위한 특별법 제108조(사무)

1. 주민의 생활안전활동에 관한 사무(각호 생략)
2. 지역교통활동에 관한 사무(각호 생략)
3. 공공시설 및 지역행사장 등의 지역경비에 관한 사무
4. 「사법경찰관리의 직무를 수행할 자와 그 직무범위에 관한 법률」에서 자치경찰 공무원의 직무로 규정하고 있는 사법경찰관리의 직무

3. 실질적 의미의 경찰

1) 의 의

형식적 의미의 경찰개념(실정법상의 경찰개념) 이외에 실질적 의미의 경찰개념을 정립하는 이유는 무엇인가? 그 이유는 보통경찰기관의 소관사항이면서도 사법경찰과 같이 실질상으로는 경찰개념에 포함되지 않는 것도 있고, 다른 행정기관의 소관사항이면서도 복리행정에 부수된 질서유지작용과 같이 성질상으로는 경찰개념에 포함되는 것도 있기 때문이다.

실질적 의미의 경찰이란 '사회 공공의 안녕과 질서를 유지하기 위하여 일반 통치권에 근거하여 국민에게 명령·강제하는 권력적 작용'을 말한다. 본래, 실질적 의미의 경찰개념[1]은 실제 경찰기관의 담당업무와는 관계없이 작용의 성질에 착안하여 학문상으로 성립된 개념이다. 따라서 실질적 의미의 경찰에는, 그 자체가 하나의 독립행정부문을 형성하여 일반 공안유지에 해당하는 보안경찰 외에 다른 일반 행정기관에 속하는 행정작용 중에서도 실질적 의미의 경찰작용에 속하는 것이 적지 않다. 예컨대, 위생경찰, 산림경찰, 건축경찰, 산업경찰 등이 이에 해당한다.

---

1) 실질적 의미의 경찰개념은 다분히 경찰의 작용을 개개인의 자유를 제한하는 측면에서만 보는 까닭에 국민에게 명령·강제하는 권력적 작용으로 이해되고 있다. 그러나 공공의 안녕과 질서를 위협하는 위험으로부터 공공과 개인을 보호하는 데 기여하는 국가적 활동이라는 점도 잊어서는 안 된다.

2) 특 징

(1) 경찰목적적 측면

경찰은 사회공공의 안녕과 질서를 유지하고, 그에 대한 위해방지를 제거하는 것을 목적으로 한다. 따라서 공공의 안녕과 질서를 위협하는 위해가 발생할 충분한 가능성이 있거나 발생한 경우 이외에는 경찰권이 개입할 여지가 없으며, 이는 바로 경찰목적의 소극성을 잘 나타내주고 있는 것이다. 경찰의 기본적 임무는 공공의 안녕과 질서에 대한 위험을 예방하며 장해를 제거하는, 즉 위해를 방지하는 것이다. 이런 의미에서 사법경찰 혹은 수사경찰은 범인체포와 공소제기 및 유죄판결을 직접적 목적으로 하고 있으나, 반면 사회공공의 안녕과 질서유지를 직접적 목적으로 하고 있지 않다. 따라서 사법경찰 혹은 수사경찰은 '실질적 의미의 경찰'에 속하지 않는다.

(2) 경찰작용적 측면

경찰은 권력으로써 개인에게 명령하고 강제하여 자연적인 자유를 제한하는 작용이다. 주로 경찰하명(경찰처분), 경찰허가, 경찰강제 등을 수단으로 한다. 따라서 비권력적 작용은 제외된다. 예컨대, 순찰, 교통정보제공, 지리안내, 수난구호활동 등은 권력적 작용이 아니기 때문에, 이러한 행위 등은 '실질적 의미의 경찰' 활동이라고 볼 수 없다.

(3) 경찰의 권력적 기초

경찰은 일반통치권에 기초를 둔 작용이다. 따라서 일반통치권이 직접 사회공공의 안녕·질서를 유지하기 위하여 국민에게 명령·강제하는 권력으로 발동하는 경우에 그 권력을 경찰권이라고 한다. 경찰권은 국가의 일반통치권에 의한 작용이므로 법률에 특별한 규정이 없는 한, 일반통치권에 복종하는 자는 자연인·법인·내국인·외국인을 막론하고 경찰권에 복종하여야 한다. 따라서 법정경찰이나 의원경찰은 일반통치권에 근거하지 않고, 특별권력관계에 기초하여 조직사회의 내부질서를 목적으로 하는 특별경찰이기 때문에 '실질적 의미의 경찰'에 속하지 않는다.

Ⅱ. 경찰의 분류

1. 행정경찰과 사법경찰

경찰의 목적에 따른 구분으로 행정경찰은 광의의 행정경찰을 의미하는 것이다.

광의의 행정경찰[1]은 사회 공공의 안전을 확보하고 질서를 유지하기 위한 권력작용인 실질적 의미의 경찰을 말한다. 행정경찰은 일반경찰권의 작용이라는 점에서 경찰법규의 적용을 받는다.

사법경찰은 범죄를 수사하고 범인을 체포하는 등 국가의 일반통치권에 의거하는 권력작용으로 행정경찰과는 구별되는 개념이다. 사법경찰은 형벌권의 작용으로서 형사소송법의 적용을 받는다.

프랑스를 중심으로 한 대륙법계 여러 국가에서는 행정경찰과 사법경찰로 구분하여 시행하는 것이 일반화되어있다. 그러나 영미법계 국가에서는 독일, 프랑스와 같은 사법경찰에 관한 문제들은 존재하지 않는다.

대륙법계의 국가에서는 행정경찰과 사법경찰이 각각 독립된 편제를 갖추고 있으며 상이한 법률이 적용된다. 대륙법계의 이러한 구별은 1795년 프랑스의 경죄처벌법전에 의해서 최초로 제도화되었다. 대륙법계 국가에서는 국가경찰이 사법경찰작용을 담당하는 것을 원칙으로 하면서 예외적으로 자치제경찰이 사법경찰작용을 수행하는 것을 제한적으로 인정한다. 행정경찰작용은 지방자치경찰에 위임하더라도 범죄수사와 피의자의 체포 등 사법경찰작용은 대부분 국가경찰이 담당하고 있다.

영미법계에서는 행정경찰과 사법경찰은 이론적으로 존재하지도 않고 구별할 필요성이 없다. 그 이유는 범죄의 수사라고 하는 사법경찰작용도 본래적으로 경찰기능에 포함되어 있기 때문이다. 따라서 영미법계의 국가에서는 일반경찰기관이 사법경찰사무를 동시에 관장하고 있다.

우리나라는 조직분장에 있어서 영미법계처럼 행정경찰과 사법경찰을 구분하지 않고 일반경찰기관이 두 가지 사무를 모두 담당하고 있으며, 적용법률에 있어서는 대륙법계를 따른다고 할 수 있다. 즉, 행정경찰은 공공의 안녕과 질서유지를 위한 행정권의 작용이기 때문에 행정법규의 적용을 받고 경찰청장의 지휘·감독하에 직무를 수행한다. 반면 사법경찰은 형벌권의 작용이기 때문에 형사소송법의 적용을 받고 검사의 지휘에 의해 직무를 수행한다.

---

1) 전통적으로 경찰 본래의 활동영역이라고 간주되었던 보안경찰에 속하는 사무 외에도 건축, 위생, 노동, 산업 등 영미법계보다 대륙법계에서 광범위하게 행정경찰사무를 담당하고 있기 때문에, 대체로 광의의 경찰과 개념상 일치하는 것이 특징이다. 광의의 행정경찰은 다시 보안경찰과 협의의 행정경찰로 나뉘어진다.

2. 보안경찰과 협의의 행정경찰

업무의 독자성에 따른 구분으로 보안경찰은 보통경찰기관의 소관사무와 같이 사회공공의 안녕과 질서를 유지하기 위하여 다른 종류의 행정작용을 수반함이 없이 오직 경찰작용만을 독립하여 행하는 것을 말한다. 예컨대, 교통·풍속·집회·결사·전당포·위험물 단속 등에 관한 경찰작용을 말한다. 일반적으로 경찰이란 보안경찰을 의미한다.[1)]

협의의 행정경찰은 경찰이라는 명칭이 붙지 않은 행정기관에 의한 위해방지작용을 말한다. 즉 다른 행정작용에 수반하여 그 행정분야에서 생길 수 있는 사회 공공의 안녕·질서에 대해 위해를 예방하고 현실적으로 발생한 위해를 제거하기 위하여 행하여지는 것을 말한다. 예컨대, 위생경찰, 산업경찰, 철도경찰, 관세경찰, 건축경찰[2)] 등에 관한 경찰작용을 말한다. 협의의 행정경찰은 각 주무부장관 등의 소관하에 수행된다.[3)]

제 2 차 세계대전 후 독일의 대다수의 주(州)에서는 이른바 '비경찰화' 내지 '경찰행정의 분산화'가 이루어져 협의의 행정경찰은 보통경찰기관의 소관사항에서 제외되어 각 주무행정청의 소관사항으로 되어 있으며, 우리나라에서도 마찬가지이다.

3. 예방경찰과 진압경찰

경찰권 발동의 시점을 기준으로 예방경찰이란 경찰상의 위해의 발생을 방지하기 위한 권력적 작용으로, 광의의 행정경찰 개념보다는 좁은 개념으로 보면 된다. 예컨대, 타인에게 해를 끼칠 우려가 있는 정신착란자, 주취자를 보호조치 하는 것 등이 이에 해당한다.

진압경찰은 이미 발생된 범죄를 제지, 진압, 수사하고 피의자를 체포하는 권력적 작용으로 사법경찰과 일치한다. 다만 경찰법 제 3 조 '국가경찰의 임무'와 경찰관 직무집행법 제 2 조의 '진압'은, 특히 집단적 범죄 등에 대한 강력한 예방작용을 의미함

---

1) 홍정선, 『기본 경찰행정법』(서울: 박영사, 2013), p.7.
2) 국토교통부장관이 행하는 건축행정은 건축물의 대지(垈地), 구조, 설비의 기준 및 용도 등을 규제함으로써 적극적으로 공공복리의 증진을 도모함을 목적으로 하지만, 이에 수반하여 보안상 또는 위생상 유해(有害)하다고 인정되는 건축물 등의 철거를 명하는 등 이른바 건축경찰권도 행사한다.
3) 홍정선, 상게서, p.7.

과 동시에 사법적 수사와도 관련된다. 따라서 예방경찰과 진압경찰의 양자를 모두 포함하고 있다.

4. 평시경찰과 비상경찰

평시경찰과 비상경찰은 사회공공의 안녕 · 질서에 대한 장해 · 위험의 정도와 투입되는 경찰기관을 기준으로 한 분류이다. 평시경찰은 일반경찰기관이 일반경찰법규에 의하여 행하는 경찰작용을 말한다. 사회공공의 안녕과 질서의 유지는 일반경찰기관에 의하여 행하여지는 것이 원칙이다.

비상경찰은 전국 또는 지방에 비상사태가 발생하여 계엄이 선포된 경우에 예외적으로 군대가 사회공공의 안녕과 질서를 유지하는 경우를 말하는 것으로 비상경찰 또는 계엄경찰이라고 부른다. 계엄에는 군사상의 필요에 의한 비상계엄과 공공의 안녕과 질서를 유지하기 위한 경비계엄이 있다.

5. 고등경찰과 보통경찰

이 구별은 프랑스법에서 유래하는 것으로서 고등경찰과 보통경찰은 경찰에 의하여 보호되는 법익의 가치를 기준으로 한 분류이다.

고등경찰은 처음에는 사회적으로 특히 고도의 가치 있는 법익을 보호함을 목적으로 하는 경찰을 의미하였으나, 나중에는 국가조직의 근본을 위태롭게 하는 행위(예컨대, 비밀결사, 비밀집회, 사상, 종교, 언론, 출판 등)를 방지함을 목적으로 하는 경찰, 즉 정치경찰을 의미하게 되었다. 우리나라에서는 일제식민시대에 그 활동이 활발하였다가 미군정기에 폐지되었다.

보통경찰은 개인의 생명 · 신체 · 재산 등을 보호하기 위하여 행하는 경찰작용을 말한다. 이 구별은 경찰기관의 내부적 사무분배에 관한 것으로서 학문상의 가치는 그다지 없다고 보아야 한다.

6. 국가경찰과 자치체경찰

1) 의 의

경찰유지의 직권(조직 · 인사 · 경비부담 등)이 국가에 있는지, 지방자치단체에 있는지를 표준으로 한 분류이다. 국가경찰은 국가가 설치하고 관리하며 그 권한과 책임이 국가에 귀속되는 경찰제도를 말한다. 즉 경찰유지를 위한 경찰조직권, 경찰인사권·경찰경비부담권을 국가(중앙정부)가 가지는 경찰제도이다.

자치체경찰은 지방자치단체가 설치·관리하고 그 권한과 책임이 지자체에 귀속되는 경찰제도를 말한다. 영국 및 미국 등은 원칙적으로 자치체경찰제도를 채택하고 있다.

오늘날 각국의 경찰제도는 프랑스, 독일, 일본 등을 중심으로 한 대륙법계와 영국, 미국을 중심으로 한 영미법계로 크게 구분하는데, 대체로 대륙법계는 국가경찰을, 영미법계는 자치경찰제를 채택하고 있으나 어느 정도 혼용되고 있는 것이 일반적이다. 예컨대, 국가경찰의 전형이라고 할 수 있는 독일이나 프랑스에도 자치경찰제를 가미하고 있는 것 등을 들 수 있다.

2) 특 징

(1) 국가경찰제도의 특징

대륙법계 국가에서는 개인의 생명·신체 및 재산의 보호뿐만 아니라, 국가의 시책을 추진하는 데 필요한 행정까지를 경찰개념 속에 포함시키고, 경찰은 곧 국가권위의 상징이라고 인정하고 있다. 따라서 대륙법계 국가에 있어서의 경찰작용의 영역은 영미법계 국가의 경우에 비하여 광범위하고, 주로 국가경찰로서 경찰의 조직과 관리에 관한 모든 권한을 장악하고 있는 중앙집권적 경찰조직을 말한다.

① 조 직

중앙집권적이고 관료적이며, 경찰작용의 영역도 영미법계(영국·미국) 국가의 경우에 비하여 광범위하고 체계적이다. 따라서 대륙법계 국가경찰은 능률성 내지는 합법성을 기본이념으로 한다.

② 사 명

공공의 안녕과 질서유지를 위한 권력작용뿐만 아니라 복리행정상의 질서유지를 위한 권력작용도 포함시키는 것이 종래의 일반적인 견해였다. 그러나 현대적인 민주국가적·사회국가적 경찰개념으로는 일반적으로 공공의 안전과 질서의 유지를 위한 권력작용으로 보는 것이 통설적인 견해이다.

③ 수 단

사회공공의 안녕과 질서를 유지하기 위하여 명령·금지나 강제와 같은 권력적 수단을 사용함을 특징으로 한다. 즉, 권력발동·명령·강제라는 면을 중시하나 오늘날에는 도보·차량순찰, 교통관리, 권고와 같은 경찰상의 행정지도 등의 비권력적 수단도 폭넓게 사용되고 있다.

(2) 자치체경찰제도의 특징

자치체경찰제도라 함은 지방분권의 정치사상에 따라 지방경찰이 지방자치단체의 권한과 책임하에 지역주민의 의사에 기하여 치안임무를 자주적으로 수행하는 제도를 말한다. 따라서 경찰의 조직과 관리에 관한 권한이 각 지방자치단체에 분산되어 있다. 영미법계 국가에서는 지방분권적인 자치경찰제도를 유지하고 있기 때문에 각 국가마다 특징 면에서 약간의 차이는 있다.

① 조 직

중앙집권화된 경찰권을 지방으로 이양, 지역치안은 그 지역경찰 스스로의 책임하에 실정에 맞게 자율적으로 수행하도록 하는 지방분권적 자치경찰제도를 유지하고 있다. 따라서 영미법계 자치체경찰은 민주성 내지는 자치성을 기본이념으로 한다.

② 사 명

엄격히 보안경찰, 즉 일반 공공의 안녕과 질서의 유지에 국한한다. 영국의 수도경찰인 수도경찰청(2000년 7월 이전까지)은 예외적으로 국가경찰이었으나, 런던시 주민투표에 의해 2000년 자치경찰로 전환되었다. 그 이외에도 런던시경찰을 포함한 모든 지방경찰청은 지방분권주의에 의한 자치체경찰제도를 운영한다. 지방경찰청은 전통적인 자치경찰로서 방범, 경비, 교통, 수사 등 기능을 통한 법질서 유지 및 범죄예방, 그리고 범죄자를 추적·체포하고 증거를 수집한다. 그리고 주민들을 보호하고 도와주는 광의의 실질적 경찰업무를 행한다.

③ 수 단

대륙법계 국가경찰이 권력적 명령·강제의 면을 중시한다면, 국가경찰과 달리 자치체경찰은 주민의 자유와 권리를 철저히 보호하는 선에서 적법절차를 거쳐 경찰권의 남용을 방지하는 방법으로 행사된다. 따라서 영미법계 경찰은 비권력적인 면을 중시한다. 예컨대, 영국 경찰관은 독립한 공무수행자로 단독관청이다. 경찰관으로서의 역할은 도로순시 및 교통관리로부터 범죄수사, 범인체포에까지 미친다.

3) 장·단점

(1) 국가경찰제도의 장·단점

① 경찰권은 국가에 귀속되는 것이므로 그 조직·인사·운영 등이 직접 정부에

의하여 처리되며 아울러 국가권력을 배경으로 하여 강력하고 광범위한 집행력을 가진다.

② 조직체로서 전국 공통이므로 비상시의 각 경찰단위의 상호협조는 물론 필요에 따라서는 중앙의 명령으로 통일적인 운영의 묘를 살릴 수 있고, 경찰활동상 기동성이 풍부하다.

③ 다른 행정부처와 긴밀한 연락을 취할 수 있으며 경찰이 일반행정의 운영을 용이하게 뒷받침할 수 있다. 동시에 경찰도 다른 일반 행정부 내의 원조를 용이하게 얻을 수 있으며 비상시의 경찰활동에는 이 점이 극히 유리하다.

④ 교통·통신이 급속하게 발달함에 따라 이를 이용한 범죄자의 체포·검거에 경찰관이 전국에서 자유로이 활동할 수 있다는 점은 범죄수사상 매우 유리하다.

⑤ 정치적 중립성과 행정의 독자성 측면에서는 경찰국가, 독재국가로 흐를 위험성이 있으나 이를 조정하기 위한 경찰위원회가 운영되고 있다.

⑥ 검사가 경찰관을 수사·지휘하는 것은 대륙법계의 소산이지만, 영미법계에서는 검사는 주로 기소만을 담당한다. 현실적으로 대부분의 수사를 경찰이 담당하는 사법구조상, 영미법계가 인권보장에 더 유리하다는 평가를 받고 있다.

⑦ 단점으로는 각 지방의 특수성·창의성이 저해되고, 주민과의 친밀도가 떨어지며 관료화될 우려가 있다. 대체로 국가경찰의 장·단점은 영미법계의 자치체경찰과 반대라고 생각하면 될 것이다.

(2) 자치체경찰제도의 장·단점

① 인권보장과 민주성이 보장된다. 경찰의 위법·부당한 처분에 대한 주민의 감시활동이 활성화될 뿐 아니라, 그 시정조치도 실효성 있게 보장된다. 따라서 비리와 부정을 억제할 수 있어 인권보장적 측면에서도 유리하다. 또한 지역주민 참여로 주민의사가 치안행정에 적극 반영되도록 함으로써 주민에 의한 민주경찰행정이 구현된다.

② 지방의 특수성·창의성이 보장된다. 자치단체가 자치체경찰을 관리함으로써 주민의 의사와 욕구를 반영할 수 있고, 지역주민의 일상생활의 안전, 즉 생명·신체 및 재산의 보호로 경찰업무의 중심이 옮겨지게 되어 지역특성에 맞는 경찰활동이 이루어진다. 또한 경찰관도 주민편익 위주로 의식과 행태가 변화되어, 주민의 민원을 적극적으로 받아들이고 이를 수용하고 개선하는 쪽으로 창의성 있는 업무를 수행하

게 된다.

③ 주민과 일체감이 형성되고 주민협력이 활성화된다. 대다수 경찰관이 자치단체 소속의 지방경찰관이 됨으로써 애향심을 갖게 된다. 더구나 중앙의 획일적 지시에서 벗어나게 되어 치안행정을 지역실정에 맞게 주민과 함께 모색하는 결과 민경협력치안이 내실화될 수 있다.

④ 경찰행정에 많은 자원 배분이 가능해 진다. 자치단체장이 일반행정뿐만 아니라 치안에 대하여도 선거를 통하여 심판을 받게 되므로 경찰행정에 많은 인적·물적 자원을 배분하게 된다.

⑤ 단점으로는 전국적인 협조와 조정이 곤란하며 조직 전체가 느슨하고 무질서해지며, 전국적으로 기동력이 약화될 우려가 있다.

(3) 양대 체계의 조화

경찰제도상 대륙법계와 영미법계의 양대 체계의 차이점 또는 특색은 조직 측면 외에도 경찰임무 또는 경찰수단 등 여러 가지 점에서 구별될 수 있겠으나, 중요한 사실은 양대 체계의 특색은 개괄적이고 유형적인 것에 불과해지고 있다는 사실이다. 능률성 내지는 합법성을 기본이념으로 하는 대륙법계는 영미법계 국가의 민주성 내지는 자치성을 가미해 가고 있으며, 반면 영미법계 국가에서는 능률성 내지는 합법성을 채택해 가고 있는 등 양대 체계의 각 장점을 도입·보완하는 쪽으로 조화를 도모하고 있다.

4) 우리나라의 체계

(1) 연 혁

우리나라는 고종 31년(1894년) 갑오경장기에 들어서면서 독립된 경찰관청인 포도청이 역사적으로 소멸되고, 동시에 근대적 의미의 한국경찰이 탄생하였다.[1] 1948년 8월 15일 대한민국 정부가 수립·선포되고, 법률 제 1 호인 정부조직법 제14조에서 "경찰체제를 내무부의 1국(局)으로서 치안국을 둘 것"을 규정함으로써 대한민국 국립경찰이 시작되었다. 이러한 국(局)체제는 1975년 치안국이 치안본부로 개편된 후, 1991년에 경찰법이 제정됨으로써 종래 내무부의 보조기관이었던 치안본부가 내무부

1) 이때 처음으로 「경찰」이라는 용어를 사용했다는 견해도 있으나 현존하는 문헌상 「경찰」이라는 용어는 갑오경장 때보다 10년 정도 앞선 고종 22년(1885년)에 사용되었다고 보아야 한다(고종실록 권22, 1855년 10월 29일).

의 외청으로 독립되었고, 지방경찰청도 시·도지사의 보조기관에서 독립된 관청으로 승격[1]될 때까지 유지되었다. 1998년 2월 종래의 내무부가 총무처와 합쳐 행정자치부로 바뀌면서, 경찰은 내무부의 외청에서 행정자치부의 외청으로 전환되었으나 업무 내용에는 변함이 없다. 현재는 안전행정부의 외청으로 독립되어 있다.

(2) 경찰제도

① 국가경찰제도

우리나라는 국가경찰로서 개인의 생명·신체 및 재산의 보호뿐만 아니라 국가시책을 추진하기 위하여 필요한 행정까지를 경찰의 개념에 포함시키고 있는 중앙집권적인 국가경찰제도를 채택하고 있다.

② 경찰의 사명

우리나라 경찰법 제 3 조 및 경찰관 직무집행법 제 2 조는 국민의 생명·신체·재산의 보호, 범죄예방·진압 및 수사, 경비·요인경호 및 대간첩·대테러작전수행, 치안정보의 수집·작성 및 교통의 단속과 위해의 방지, 그 밖의 공공의 안녕과 질서유지를 경찰의 직무범위로 규정하고 있다. 이는 우리나라의 제도적 경찰의 사명은 영국식으로 보안경찰, 즉 일반 공공의 안녕과 질서의 유지, 그리고 사법경찰로 국한되어 있다고 보아야 한다.

③ 자치체경찰제도의 도입·시행

우리나라 경찰조직은 1894년 갑오개혁에서 근대적 경찰제도를 도입한 이후 현재에 이르기까지 국가경찰일원주의를 채택하여 경찰권을 국가의 권한으로 하고 경찰조직을 국가에 소속시키는 국가경찰제도를 취하고 있으며, 소방사무만 자치경찰로 하여 이를 광역지방자치단체의 사무로 하고 있다.[2]

다만, 자치경찰제와 관련해서 「제주특별자치도 설치 및 국제자유도시 조성을 위한 특별법」의 시행으로 제주특별자치도에 자치경찰제가 도입·시행되고 있다. 이를 통해 국가경찰은 수사와 정보, 외사, 보안 등 고도의 전문적 기술이나 전국적 통일성을 요하는 사무를 맡고, 일선 시·군·구 소속의 자치경찰은 주민의 생활안전에 관한 사무, 지역교통 활동에 관한 사무, 공공시설 및 지역행사장 등의 지역경비에 관한 사무, 「사법경찰관리의 직무를 수행할 자와 그 직무범위에 관한 법률」에서 자치경찰공

1) 1991년 경찰청이 내무부의 외청으로 독립될 때까지 우리의 중앙경찰조직은 독립 이후 40년 이상 관청으로서의 지위도 없이 내무부의 일개 보조기관에 불과하였다.
2) 박영하, 『경찰행정법』(서울: 문두사, 2013), p.31.

무원의 직무로 규정하고 있는 사법경찰관리의 직무를 담당하고 있다(법 제108조).

제 2 장 경찰행정법의 기본원리

Police Administrative Law

제 1 절 경찰행정법의 의의 및 특색

Ⅰ. 경찰행정법의 의의

경찰행정법이란 경찰의 조직, 작용 및 구제에 관한 국내 공법을 말한다.[1] 경찰행정법은 그 형식상 통일된 단일법전이 없고 무수히 많은 개별법규로 형성되어 있다.

1. 경찰행정법은 경찰행정에 관한 법이다

경찰행정법은 경찰의 조직, 작용, 구제에 관한 법이다. 따라서 경찰행정법은 국가의 기본조직과 작용에 관한 헌법과 구별되고, 입법권의 조직과 작용에 관한 법인 입법법(국회법 등), 사법권의 조직과 작용에 관한 법인 사법법(법원조직법) 등과도 구별된다.

2. 경찰행정법은 경찰행정에 관한 공법이다

경찰행정법은 경찰행정에 관한 모든 법이 아니라, 경찰행정에 고유한 공법만을 말한다. 경찰기관도 때로는 사인과 같은 지위에서 행위를 할 때가 있으며, 이러한 경

---

1) 현행 경찰법은 경찰의 조직과 작용에 관하여 명실상부하게 기본법으로서 제 구실을 다하지 못하고 있다는 지적이 있다. 경찰기본법으로 역할과 기능을 다하기 위해서는 경찰조직과 경찰작용 그리고 경찰구제에 관한 내용이 구체적으로 규정되어 있어야 한다. 그럼에도 불구하고 현행 경찰법은 경찰조직에 관한 내용이 단편적으로 구성되어 있을 뿐 경찰작용과 경찰강제, 경찰작용으로 인한 손해전보 등에 관한 내용이 구체적으로 갖추어져 있지 않고 있다. 따라서 경찰통합법 제정의 필요성이 제기되고 있다.

우에는 경찰기관도 사인과 같이 사법의 적용을 받음이 원칙이다. 예컨대, 경찰관청의 물품구입, 수표발행, 공사도급계약 등은 사법의 적용을 받는다.

3. 경찰행정법은 경찰행정에 관한 국내 공법이다

경찰행정법은 경찰행정에 관한 국내법인 점에서 국제법과 구별되나, 일정한 한도 안에서는 국제법도 경찰행정법의 일부를 구성한다. 즉 우리 헌법은 "헌법에 의하여 체결·공포된 조약과 일반적으로 승인된 국제법규는 국내법과 같은 효력을 가진다"고 규정하고 있다(헌법 제 6 조 제 1 항). 따라서 이러한 요건을 충족하는 국제조약, 국제법규로서 경찰행정에 관한 것은 경찰행정법의 일부를 구성하게 된다.

Ⅱ. 경찰행정법의 특색

경찰행정법은 통일된 법전이 없이 무수한 개별법규[1)]로 형성되어 있다.

1. 형식상의 특색

1) 성 문 성

경찰행정법은 국민의 권리·의무에 관한 사항을 일방적으로 규율하기 때문에 국민의 법적 안정성과 예측가능성을 도모하기 위하여 다른 법 분야의 경우보다는 성문법주의가 강하게 나타난다.

2) 다 양 성

경찰행정법은 단일법전 및 통칙적 규정이 없으므로 법률, 명령, 훈령 등 다양한 형식으로 존재하는 것이 특색이다.

---

1) 경찰청 소관 법령을 살펴보면, 법률, 대통령령, 부령 등의 개별법규로 산재해 있다. 법률로는 경범죄 처벌법, 경찰공무원법, 경찰관 직무집행법, 경찰법, 총포·도검·화약류 등 단속법, 집회 및 시위에 관한 법률, 화염병 사용 등의 처벌에 관한 법률 등이 있다. 대통령령으로는 경범죄 처벌법 시행령, 경찰공무원임용령, 경찰공무원 승진임용 규정 등이 있다. 부령으로는 경범죄 처벌법 시행규칙, 경찰병원 수가규칙, 경찰복제에 관한 규칙 등이 있다.

2. 성질상의 특색

1) 획일성 · 강행성

경찰행정법은 경찰목적을 달성하기 위하여 개인의 의사를 불문하고 다수인을 상대로 획일성 있게 규율하고 이를 강행하는 것이 원칙이다. 또한 법규가 경찰관청에 재량을 인정하는 경우에도 그것은 법규에서 인정하는 테두리 안에서 합목적성의 판단에 지나지 않는 것이므로, 자유재량도 법규의 강행성의 예외라고 볼 수 없다.[1)]

2) 기술성 · 수단성

경찰행정법은 경찰목적을 능률적 · 합리적으로 수행하기 위하여 기술적 · 수단적 성질을 가지므로 헌법처럼 민감하지는 않다.[2)]

3) 명 령 성

경찰행정법은 강행법이지만 강행법 중에서 효력규정보다 명령규정을 원칙으로 한다. 경찰행정법은 국민에게 의무를 명하는 명령규정(단속규정)을 원칙으로 하고, 법률상 능력의 형성에 관한 능력규정(효력규정)은 예외로 한다.

3. 내용상의 특색

1) 행정주체의 우월성

경찰행정법은 경찰작용의 실효성을 확보하기 위해 행정주체가 우월적인 지위에서 국민에 대하여 명령 · 강제하는 법률관계를 규율한다. 이러한 우월성으로부터 지배권(명령권, 형성권), 공정력, 강제력, 확정력 등이 인정된다.

2) 공익우선성

경찰행정법은 대부분 공익목적달성을 우선적으로 고려하여 규정된 법이기 때문에 일반 사법과는 다른 특별규정을 두는 경우가 많다.

3) 집단성 · 평등성

경찰행정법은 일반적으로 많은 사람을 그 규율대상으로 삼는다는 점에서 집단성

---

1) 경찰관청에게 재량을 인정하는 경우에도 재량권의 한계를 벗어난 행위는 위법이 되고, 법이 인정하는 범위를 넘어선 재량은 허용되지 않는다.

2) 독일 행정법의 아버지 오토 마이어(O. Mayer)는 "헌법은 변하나 행정법은 변하지 않는다"고 하였다. 이는 혁명과 같은 정치적 변동이 있을 때에도 행정법은 헌법처럼 민감하게 변경되지 않는다는 뜻이다. 즉, 정치적 면역성이 있음을 의미한다.

과 평등성을 갖는다.

Ⅲ. 경찰행정법의 구성

경찰행정법은 경찰의 조직과 작용 및 구제에 관한 국내 공법을 말한다. 따라서 경찰행정법은 경찰조직법과 경찰작용법 그리고 경찰구제법으로 구성된다.

1. 경찰조직법

경찰조직법은 경찰행정을 운영하는 조직이나 기구에 관한 법률규범의 총체이다. 경찰조직법은 조직구성에 관한 규정 외에도 경찰관의 임용과 변경, 소멸의 관계를 규정함으로써 경찰공무원이 국민으로서 지니는 기본 권리도 규정하고 있다. 경찰의 조직에 관한 기본법은 경찰법[1]이다.

2. 경찰작용법

경찰작용법은 경찰행정 혹은 경찰조직이 실시해야 할 행정의 내용을 구체적으로 정한 법률규범의 총체로서, 경찰행정상의 법률관계의 성립, 변경, 소멸에 관련된 모든 법규를 말한다. 즉, 경찰의 직무, 경찰권 발동의 근거와 한계, 경찰책임, 경찰처분, 경찰강제 등을 규정하고 있다.

3. 경찰구제법

경찰구제법은 경찰조직법과 경찰작용법과는 달리 경찰만을 위한 특수한 법률이 존재하지 않고 행정구제법의 원리를 원용하고 있다. 경찰구제법은 사전구제와 사후구제로 나눌 수 있다. 사전구제란 위법한 경찰활동이 발생하여 국민의 권리를 침해하기 이전에 위법한 경찰활동이 발생할 법적인 가능성을 원천적으로 봉쇄하는 것이다. 이에는 행정절차법 등이 있다. 사후구제는 위법한 경찰활동에 의해 국민의 권리침해가 발생한 경우, 이미 침해당한 권리에 대한 보상을 가능하게 하는 것이다. 사후구제

---

1) 경찰법은 1991년 5월 31일 법률 제4369호로 공포되고 7월 1일부터 시행되어 경찰의 조직에 관한 기본법을 갖게 되었다. 이 경찰법 제정으로 치안본부에서 내무부의 외청으로 승격되었고, 지방경찰도 시·도지사의 보조기관에서 독립된 관청으로 승격되었다. 1998년 2월 내무부가 총무처와 합쳐 행정자치부로 바뀌면서 행정자치부의 외청으로 되었다가, 현재 안전행정부의 외청으로 전환되었다.

를 규정하는 법률로는 행정소송법, 국가배상법 등이 있다.

제 2 절 경찰행정과 법치주의

Ⅰ. 경찰과 법치행정

1. 법치행정의 의의

법치주의란 '사람의 지배'가 아닌 '법의 지배'를 의미하는 것으로, 국민의 의사를 대표하는 의회가 제정한 법률에 의하여 국가권력이 행사되어야 한다는 사상이다. 특히 법치주의가 행정의 측면에 적용될 때 이를 법치행정이라 한다. 따라서 경찰행정은 반드시 국회에서 제정한 법률에 따라야 한다.

2. 법치행정의 원칙의 특징

법은 경찰관을 국가에 대하여 구속받게 할 뿐만 아니라, 국민에 대한 관계에서도 구속하게 하는 쌍면적 구속력을 특징으로 한다. 따라서 경찰은 국가와 국민 모두에게 법을 준수해야 할 책임을 진다.

Ⅱ. 법치행정의 원칙과 경찰활동과의 관계

1. 법률의 법규 창조력

원래 법률의 법규 창조력이란 국민의 대표기관인 국회만이 국민을 구속하는 규범인 법률을 만들 수 있음을 전제로, 국민의 대표기관인 국회가 만든 법률이라는 명칭을 가진 국가의 의사만이 국민을 구속한다는 것을 뜻하였다.[1)]

그러나 오늘날에는 의회제정법률 외에 경찰행정법의 일반원칙이나 관습법도 법규성을 가지며, 심지어는 경찰행정규칙에도 법규성이 인정되는 경우가 있다. 예외적으로 법률적 효력을 갖는 명령을 행정권이 발할 수 있는 경우도 인정되고 있기 때문에, 이제는 법률만이 법규 창조력을 갖는다고 말할 수는 없다.

---

1) 홍정선, 『경찰행정법』(서울: 박영사, 2013), p.45.

2. 법률우위의 원칙

법률의 우위란 "경찰행정은 합헌적 절차에 따라 제정된 법률에 위반되어서는 안 된다"는 것을 의미한다. 물론 그 법률의 내용은 헌법에 합치되는 것이어야 한다. 따라서 어떠한 경찰활동도 경찰의 활동을 제약하는 법률의 규정을 위반해서는 안 된다. 이를 '제약규범'이라고 한다. 즉, 경찰관은 어떠한 경우에도 국민에 대해서 법률의 취지에 저촉되는 명령을 해서는 안 되며, 경찰조직 내부에서도 법의 취지에 반하는 직무명령을 내려서는 안 된다.

3. 법률유보의 원칙

법률의 유보란 "경찰행정기관의 활동은 법적 근거를 갖고 이루어져야 한다"는 것을 의미한다. 이는 국민의 권리·임무와 관계된 모든 작용에 있어서 법률에 따라야 하며, 특히 국민의 권리를 제한하는 행정행위(경찰처분)는 일정한 요건이 성립될 때만 허용하고 있다. 따라서 '조직규범'과 '제약규범'만으로 법과 경찰활동을 모두 설명할 수 없으며, 법률에 일정한 행위를 일정한 요건하에 수행하도록 수권하는 '근거규범 혹은 수권규범'이 존재하여야 한다. 이 원칙의 요지는 수권규범 혹은 근거규범이 없으면 경찰기관은 자기의 판단에 따라 독창적 행위를 할 수 없다는 것을 말한다.

제 3 절 경찰행정법의 법원

Ⅰ. 개 설

1. 의 의

경찰행정법의 법원이라 함은 경찰행정권의 조직과 작용에 관한 법의 존재형식을 말한다. 이러한 법원에는 법조문의 형식으로 정립한 성문법원과 관습법처럼 문서로서는 나타나 있지 아니한 불문법원이 있다. 경찰행정법의 분야에 있어서는 사법분야와는 달리 성문법이 차지하는 비중이 특히 크다. 왜냐하면 경찰권의 발동은 국민의 기본권과 깊은 관련이 있기 때문에 국민에게 예측가능성을 보장할 필요성이 있다. 그리고 경찰권 발동에는 민주적 정당성이 요청되므로 반드시 국민대표기관인 국회에서 정립한 법률의 근거가 요구되고 있기 때문이다.

2. 경찰행정법의 법원의 특징

경찰행정법은 공공의 안녕과 질서유지를 위해 음주운전의 금지 등과 같이 국민의 권리와 자유를 제한하거나, 도로에서 신호등의 신호를 따를 의무 등과 같이 의무를 부과하는 것을 규정하는 경우가 많다. 그러나 헌법에서 국민의 자유와 권리를 제한하는 경우 법률유보의 원칙이 적용되기 때문에, 경찰행정법도 이에 따라 엄격한 성문법주의를 원칙으로 하고 있다. 그럼에도 불구하고 아직까지 단일의 통일된 경찰행정법이 존재하지 않고 있다는 점은 가장 큰 문제점이라고 볼 수 있다.[1]

Ⅱ. 성문법원

경찰행정법은 성문법주의를 원칙으로 하고 있다. 이들 성문법 상호간에는 상하우월관계, 신법우선관계, 특별법 우선의 원리가 적용되는 체계적 구조를 취하고 있다.

1. 헌 법

헌법은 국가의 기본조직과 작용을 규율하는 근본법이며 최고법이다. 헌법상 행정조직과 작용·구제에 관한 규정은 경찰행정법 중에서도 가장 기본적인 법원이 되고, 모든 법원에 우선한다. 헌법 중 행정조직 법정주의(헌법 제96조), 국민의 자유·권리 제한(헌법 제37조 제 2 항), 신체구속의 영장주의·무죄추정의 원칙(헌법 제12조), 국회의원의 회기 중 불체포특권(헌법 제44조)의 규정은 경찰행정법 중에서도 가장 기본적인 법원이며 대표적인 것이다.

2. 법 률

법률은 의회의 의결에 의하여 제정되는 법 형식을 말한다. 따라서 국민의 권리와 의무에 관계되는 국가의 일체 법규는 법률에 의하여 정해진다. 경찰권 발동의 근거도 모두 법률에 근거를 두어야 하기 때문에, 법률은 행정상의 법률관계에 있어 가장 중

1) 홍정선, 『기본 경찰행정법』(서울: 박영사, 2013), p.11.

심적이고 핵심적인 법원이다. 따라서 경찰기관은 법률유보의 원칙에 입각하여 법률의 수권없이는 국민에 대하여 명령·강제할 수 없다.[1)]

경찰의 조직과 관련된 법으로서는 경찰법, 경찰공무원법 등이 있고, 경찰작용과 관련하여서는 경찰관 직무집행법, 경찰직무응원법 등이 있다.

3. 조약·국제법규

조약이란 문서에 의해 이루어지는 국가 간의 약속을 말하며, 일반적으로 승인된 국제법규는 조약으로 체결된 것은 아니나 국제사회에서 일반적인 구속력을 갖고 있는 법규정을 말한다. 우리 헌법은 "헌법에 의하여 체결·공포된 조약과 일반적으로 승인된 국제법규는 국내법과 동일한 효력을 갖는다"고 규정하고 있다(헌법 제6조 제1항). 조약과 일반적으로 승인된 국제법규의 내용이 경찰활동에 관하여 구체적인 규정을 포함하고 있다면, 그것은 경찰활동을 위한 법원이 된다.[2)] 예컨대, 한미행정협정(SOFA), 외교특권과 관련한 비엔나조약 제41조 등을 들 수 있다.

4. 명　　령

국회가 제정하는 법을 법률이라고 부르는 데 대하여, 행정권에 의하여 제정되는 법을 총칭해서 명령이라고 부른다. 이에는 법규명령과 행정규칙이 있다. 명령도 경찰활동과 관련하여 구체적인 규정을 포함하고 있다면 당연히 경찰활동의 법원이 된다. 중앙의 행정기관에 의해 정립되는 명령으로는 대통령령, 총리령, 부령 등이 있으며, 일반적으로 대통령령을 시행령으로, 그리고 부령은 시행규칙이라고 부른다.

1) 법규명령

법규명령이란 행정권이 정립하는 일반적·추상적 규정으로서 법규의 성질을 가지는 것을 말하는데, 명령도 경찰행정법의 법원이 된다. 현대국가는 행정의 복잡성·전문성·임기성 등으로 말미암아 법률은 기본사항만을 정하고 세부적인 규정은 명령에 위임하는 경우가 많아지고 있다. 따라서 경찰행정법의 법원으로서 명령의 중요성은 더욱 증가하고 있다. 명령에는 주체에 따라 헌법에서 인정한 대통령의 긴급재정·경제명령, 긴급명령, 대통령령,[3)] 총리령, 부령 등이 있고, 법률위임 여부에 따라 법

---

1) 김형중, 『경찰행정법』(서울: 경찰공제회, 2008), p.43.
2) 김형중, 상게서, p.44.
3) 대통령의 긴급재정·경제명령과 긴급명령은 법률적 효력을 가지며, 대통령령은 총리령과 각 부령에 우

령이 위임한 사항을 규정하는 위임명령과 법령을 집행하기 위한 집행명령으로 나눌 수 있다.

2) 행정규칙

행정규칙은 행정조직 내부 또는 특별권력관계 내부의 조직과 활동을 규율하기 위하여 행정권이 정립하는 일반적, 추상적 규정으로 행정기관 내부에서만 효력을 가질 뿐 일반 국민을 구속하는 효력이 없다. 이런 맥락에서 행정규칙은 법규도 아니고 법원도 아니라는 견해가 있으나, 다수 견해는 행정규칙을 법규는 아니지만 법원으로 보고 있다.[1)]

5. 자치법규(조례·규칙)

자치법규란 지방자치단체가 자치입법권에 의하여 법령의 범위 내에서 제정하는 자치에 관한 법규를 말하며, 당해 지방자치단체의 구역 안에서만 효력을 갖는다. 자치법규에는 지방의회가 제정하는 조례와 지방자치단체의 집행기관이 제정하는 규칙이 있다. 조례로서 주민의 권리제한 또는 의무부과에 관한 사항이나 법칙을 정할 때에는 법률의 위임이 있어야 한다.

Ⅲ. 불문법원

경찰행정법의 법원은 성문법주의를 취하는 것이 원칙이지만, 성문법이 정비되지 않는 분야에 대하여서는 불문법도 보충법원이 된다.

1. 관 습 법

관습법이란 국민의 전부 또는 일부 사이에 다년간 계속하여 같은 사실이 관행으로 반복되고, 그 관행이 국민 일반의 법적 확신을 얻음으로써 성립하는 법규범을 말한다. 경찰행정법의 법원으로서의 관습법에는 행정선례법과 민중적 관습법이 있다.

1) 행정선례법

행정선례법은 행정청이 취급한 선례가 반복됨으로서 성립되는 관습법이다. 예컨

선한다. 그리고 총리령과 부령은 학설의 다툼이 있으나 동일한 효력을 가진다고 보는 것이 통설이다.
1) 홍정선, 『행정법특강』(서울: 박영사, 2009), p.32.

대, 대통령의 특별선언 형식, 지방경찰청의 문의에 대한 경찰청의 회답, 행정각부의 결정선례, 훈령, 고시에 대한 선례 등에 대하여 행정기관이 반복하여 사무처리를 한 경우, 그 사무처리는 나중에 사무처리를 하는 선례가 되어 법적 확신을 얻게 됨으로써 행정선례법이 된다(행정절차법 제 4 조 제 2 항). 따라서 경찰행정기관이 수년간에 걸쳐 취급한 경찰행정선례가 관행화하여 그것이 국민 사이에 법으로서 믿어지는 법적 확신이 얻어지는 경우에는 경찰행정기관은 이에 구속된다.[1)]

2) 민중적 관습법

민중적 관습법은 민중 사이에 공법관계에 관한 일정한 관행이 다년간 계속됨으로써 성립하게 된 관습법을 말한다. 예컨대, 입어권 등이 그 예이다. 따라서 경찰행정에 있어서는 헌법 제37조 제 2 항에 따라 국민의 권리를 제한하거나 의무를 부과하는 경우에는 법률로 정하여야 하기 때문에(법률유보의 원리) 침해적인 경찰행정법의 관습법은 인정할 수 없다. 그러나 행정선례법과 같이 경찰행정의 구체적 조치가 수년간에 걸쳐 관행화하여 그것이 국민사이에 법으로 인정되는 경우에는 바로 경찰의 법원이 된다.[2)]

관습법의 정의(대판 1983. 6. 14, 80다3231)

대법원은 "관습법이란 사회의 거듭된 관행으로 인하여 형성된 사회생활규범이 사회의 법적 확신과 인식에 의하여 법적 규범으로 승인·감행된 것을 말한다"고 판시하고 있다.

2. 판 례 법

법원의 판결은 직접적으로 개별적 분쟁을 해결하기 위한 것이지, 일반적으로 통용하는 법을 정립하는 것은 아니다. 그러나 동일내용의 법원 판결이 반복되면 판결된 내용이 법으로서 승인되기에 이르는 경우가 있는데, 이것이 판례법이다. 특히 경찰행정법관계에서 법규의 불비·결함·모순 등이 발견되어 법해석상의 의문점이 발생하게 되는 경우, 그러한 관련 사건에 대해서 판례가 등장하면 거기서 제시된 법해석이 사실상 일반적인 법으로 인식되며, 이후 유사한 경찰법률관계를 규율하는 경우나 헌법재판소의 위헌결정은 법원으로서의 성격을 갖는다.

---

1) 김형중, 전게서, p.46.
2) 김형중, 전게서, p.46.

3. 조 리

조리란 사물의 본질적인 법칙 또는 법의 일반원칙으로 최후의 보충적 법원에 해당된다. 따라서 구체적인 경찰행정법상의 관계에 있어서 성문법이나 관습법 내지는 판례법에 그것을 규율한 법이 없거나 법해석상 의문이 있는 때에는 조리에 의하여 사안을 판단하고 집행할 수밖에 없다. 이러한 경찰행정법의 일반원칙(조리)은 총칙적 규정이나 통일적 법전이 없는 경찰행정법에 있어서 법원으로서의 중요한 의미를 갖는다. 따라서 경찰관청의 행위가 형식상 적법하다고 하더라도 이러한 경찰행정법의 일반원칙(조리)에 위반한 경우에는 위법이 된다.

Ⅳ. 경찰행정법의 일반원칙(조리상의 원칙)

행정법의 일반원칙이란 행정법관계에 적용되는 법원칙을 말하는데, 이는 일반적으로 조리법으로 설명되고 있다. 이와 같은 법의 일반원칙은 사인 간의 법률관계뿐만 아니라 행정상의 법률관계도 구속한다. 따라서 경찰관청(행정관청)의 행위가 형식상 적법하다고 하더라도 이러한 법의 일반원칙을 위반할 경우에는 위법이 될 수 있다.

1. 행정의 자기구속의 원칙

행정의 자기구속의 원칙이란 행정청은 스스로 정하여 시행하고 있는 기준을 합리적인 이유 없이 벗어나서는 안 된다는 원칙을 의미한다. 학설과 판례는 이러한 행정의 자기구속의 원칙을 긍정하고 있다. 행정의 자기구속의 원칙은 행정청이 재량권을 갖는 행위인 재량행위의 경우에 의미를 가지며 적법한 행정행위일 경우에만 적용된다고 할 것이다.

그러나 기존의 관행과 다른 결정을 할 이유가 종래의 결정의 반복으로 인한 법적 안정성의 이익을 능가하며, 새로운 행정결정이 모든 새로운 결정에 동등하게 적용될 것이 예정된 경우에는 종래의 행정관행으로부터의 이탈은 적법하다. 이러한 행정의 자기구속의 원칙에 반하는 처분 등은 위헌·위법한 것이 된다. 행정의 자기구속의 원칙에 반하는 행정행위는 행정소송의 대상이 되고, 경우에 따라서는 국가의 손해배상 책임을 발생시킨다.

2. 비례원칙

비례원칙이란 행정의 목적과 그 목적을 실현하기 위한 수단의 관계에서 행정목적을 달성하기 위한 수단은 그 목적달성에 유효·적절하고 또한 가능한 한 최소침해를 가져오는 것이어야 하며, 아울러 그 수단의 도입으로 인한 침해가 의도하는 공익을 능가하여서는 아니 된다는 원칙을 말한다.

이러한 비례원칙은 적합성의 원칙, 필요성의 원칙(최소침해의 원칙), 상당성의 원칙(좁은 의미의 비례원칙)으로 구성된다. ① 적합성의 원칙이란 행정수단은 추구하는 행정목표의 달성에 법적으로나 사실상으로 유용한 것이어야 한다는 원칙이다. ② 필요성의 원칙이란 목표달성을 위해 채택된 수단은 많은 적합한 수단 중에서 개인이나 공중에 최소한의 침해를 가져오는 것이어야 한다는 원칙이다. 필요성의 원칙을 최소침해의 원칙이라고도 한다. ③ 상당성의 원칙이란 목표달성을 위해 적용하고자 하는 수단으로부터 나오는 사익에 대한 침해가 목적하는 공익상의 효과를 능가하여서는 아니 된다는 원칙이다. 좁은 의미의 비례원칙이라고도 한다.

비례원칙은 침해행정, 급부행정은 물론 경찰행정의 모든 영역에 적용된다. 이러한 비례원칙에 반하는 명령·처분 등은 위헌·위법한 것이 된다. 비례원칙을 위반한 행정행위는 항고소송의 대상이 되며, 경우에 따라서는 국가의 손해배상책임을 발생시킨다.

비례원칙의 위반(대판 1967. 5. 2, 67누24)

대법원은 "공무원이 단 1회의 훈령에 위반하여 요정출입을 하였다는 사유만으로 행한 파면처분은 비례의 원칙에 어긋난 것으로서 재량권의 범위를 넘어선 처분이다"라고 판시하고 있다.

경찰관의 가스총 사용에 대한 국가배상문제(대판 2003. 3. 14, 2002다57218)

대법원은 "경찰관은 공무집행에 대해 항거의 억제를 위하여 필요할 때에만 최소한의 범위 안에서 가스총을 사용할 수 있으나, 이를 사용하는 경찰관으로서는 인체에 대한 위해를 방지하기 위하여 상대방과 근접한 거리에서 상대방의 얼굴을 향하여 이를 발사하지 않는 등 가스총 사용 시 요구되는 최소한의 안전수칙을 준수함으로써 장비 사용으로 인한 사고 발생을 미리 막아야 할 주의의무가 있다"고 판시하고 있어 피고에게 손해배상책임을 인정하고 있다.

3. 신뢰보호의 원칙

행정청의 어떠한 행위의 존속이나 정당성을 사인이 신뢰한 경우, 보호할 가치 있는 사인의 신뢰는 보호되어야 한다는 원칙을 말한다. 영미법상의 금반언(禁反言)의 법리[1])도 신뢰보호의 원칙과 대체로 같은 개념이다.

신뢰보호의 원칙은 침해행정, 급부행정은 물론 경찰행정의 모든 영역에 적용된다. 이러한 신뢰보호의 원칙이 적용되기 위해서는 ① 행정청의 선행조치가 있고, ② 행정청의 선행조치에 대하여 보호가치 있는 사인의 신뢰가 있고, ③ 그 신뢰를 바탕으로 한 사인의 처리가 있고, ④ 선행조치에 반한 행정청의 후행처분이 있어야 한다.

신뢰보호원칙의 위반(대판 1987. 9. 8, 87누373)
대법원은 "행정청이 위반행위가 있은 이후에 장기간에 걸쳐 아무런 행정조치를 취하지 않은 채 방치하고 있다가 3년여가 지나 운전면허 취소처분을 하는 것은 원고가 그 동안 별다른 행정조치가 없을 것이라고 믿은 신뢰이익과 그 법적 안정성을 빼앗은 것이 되고 원고에게 매우 가혹하다고 할 것이다"라고 판시하고 있다.

4. 부당결부금지의 원칙

부당결부금지의 원칙이란 행정작용과 사인이 부담하는 반대급부는 상호 부당하게 결부되어서는 아니 된다는 원칙을 말한다. 부당결부금지의 원칙은 헌법상 법치국가원리와 자의금지의 원칙에서 나온다. 따라서 행정행위의 부관, 공법상 계약 또는 행정의 실효성 확보수단과 관련하여 문제시 되고 있다.

부당결부금지의 원칙이 적용되기 위해서는 ① 행정청의 행정작용이 있어야 하고, ② 그 행정작용은 상대방에 부과하는 반대급부와 결부되어야 하고, ③ 그 행정작용과 사인의 급부가 부당한 내적 관련을 가져야 한다. 이를 위반한 부관부 행정행위는 무효 또는 취소할 수 있는 행위로서 항고소송의 대상이 된다. 공법상 계약에 부가된 사인의 급부가 위법한 경우, 그 공법상 계약은 무효로 보는 것이 일반적 견해이다.

---

1) 금반언(禁反言)의 원칙이란 한번 표시한 말은 나중에 다시 번복하지 못한다는 것으로, 영미법에서 발전된 원칙이다. 이러한 원칙은 독일법계에서 발전한 신뢰보호의 원칙과 그 궤를 같이 한다고 볼 수 있다.

부당결부금지의 원칙위반(대판 1992. 9. 22, 91누8289)

대법원은 "이륜자동차의 운전은 제 1 종 대형면허나 보통면허와는 아무런 관련이 없는 것임에도 불구하고, 이륜자동차를 음주운전한 사유만 가지고서 이륜자동차 이외의 다른 차종을 운전할 수 있는 제 1 종 대형면허를 취소한 것은 부당결부금지의 원칙에 위반한 것이다"라고 판시하고 있다.

5. 신의성실의 원칙

신의성실의 원칙이란 법률관계의 당사자는 상대방의 이익을 배려하여 형평에 어긋나거나 신뢰를 저버리는 내용 또는 방법으로 권리를 행사하거나 의무를 이행시켜서는 아니 된다는 원칙을 말한다. 신의성실의 원칙은 공·사법을 불문하고 적용되는 법의 일반원칙 중의 하나이다. 신의성실의 원칙은 행정절차법 등 여러 법률에서 규정되고 있다.

제 4 절 행정법관계의 특질

Ⅰ. 개 설

행정법관계는 공익목적의 실현을 위하여 행정주체에 대해 특수한 지위가 인정되므로 대등한 당사자 간의 의사에 의해 형성되는 사법관계에서는 볼 수 없는 여러가지 특질이 인정된다. 행정법관계는 권력관계와 관리관계를 포함한다.

1. 권력관계(본래적 공법관계)

권력관계란 행정주체가 우월한 공권력의 주체로서 국민에게 일방적으로 명령·강제·형성하는 관계이다. 이 관계는 공법관계(행정법관계)의 가장 전형적인 형태로서 본래적 공법관계라고도 한다. 권력관계는 대등하지 않은 당사자 간의 지배, 복종관계이므로 공정력, 확정력, 집행력 등이 인정되며, 원칙적으로 공법원리가 적용된다.

2. 관리관계(전래적 공법관계)

관리관계는 행정주체가 직접으로 사업 또는 재산의 관리주체로서 공공복리 기타 행정목적달성과 같은 행정상의 목적을 실현하기 위한 경우로서, 공법적 효과가 발생하는 관계이다. 관리관계에 있어서는 공익목적의 달성에 필요한 한도 안에서만 특별한 공법적 규율을 받을 뿐이고, 그밖에는 일반적으로 사법원리가 적용된다.

Ⅱ. 행정법관계의 특질

1. 법률적합성

행정법관계는 법치행정의 원칙상 엄격히 법에 의거하고 법에 적합해야 된다. 즉, 사법관계보다 행정법관계는 명령·강제하는 경우가 많기 때문에 법률적합성이 더욱 요구된다.

2. 공정력(예선적 효력)

1) 의　　의

국가 등 행정주체의 의사는 비록 그 성립에 하자가 있을지라도 그 하자가 중대하고 명백하여 당연 무효인 경우를 제외하고는 일단 유효하다는 추정을 받으며, 권한 있는 기관에 의하여 취소되기 전까지는 누구도 이를 부인하지 못하는 힘을 공정력이라 한다.

2) 근　　거

공정력의 이론적 근거로는 행정행위의 상대방이나 제 3 자의 신뢰보호와 법적 안정성, 그리고 행정목적의 원활한 수행을 위한 기술적, 정책적 필요에서 근거를 구하는 행정정책설 등의 견해가 있으며, 행정정책설이 통설과 판례의 입장이다. 실정법상 직접적인 근거는 없으나 행정 감독권에 의한 취소·정지권, 집행부정지의 원칙, 행정상의 자력강제제도 등이 실정법적 근거가 될 수 있다.

3) 공정력의 한계

공정력은 권력적 행정행위에만 인정되고 비권력적 행정행위에는 인정되지 않는다. 그리고 무효인 행정행위의 경우에도 공정력이 인정된다고 하는 견해가 있으나, 행정행위가 당연 무효이거나 부존재의 경우에는 공정력은 인정되지 않는다는 것이 통설이다.

3. 확정력(존속력)

행정행위는 불가쟁력과 불가변력을 가지는데 이를 확정력 또는 존속력이라고 한다.

1) 불가쟁력

불가쟁력이라 함은 일정한 기간을 경과하거나 쟁송수단을 다 거친 때에는 행정행위의 상대방, 기타 관계인이 행정행위의 효력을 더 이상 다툴 수 없게 하는 구속력을 말한다. 예컨대, 위법한 영업정지처분을 받았을 경우에 이 처분을 안 때로부터 90일, 처분이 있은 날로부터 1년이 경과하면 더 이상 이를 취소해 달라는 행정소송을 제기할 수 없게 되는 것을 말한다(행정소송법 제20조).[1]

2) 불가변력

행정행위 중에서 일정한 경우에는 행정청 자신도 직권으로 자유로이 그를 취소·변경·철회할 수 없는 효력을 불가변력이라고 한다.

4. 강 제 력

행정행위의 실효성을 확보하기 위하여 행정의사에 불복하는 자에게 행정법상의 제재나 행정법상의 강제집행을 하는 것을 말한다.

1) 자력집행력

행정행위에 따른 의무를 이행하지 않은 자에 대하여 행정기관이 행정행위의 내용을 실현할 수 있는 강제력을 자력집행력이라 한다. 그 구체적 수단으로 행정상 강제집행이나 행정상 즉시강제 등이 사용된다.

2) 제 재 력

행정법관계에서 상대방이 국가의사를 위반한 경우에는 그에 대한 제재로서 행정벌이나 행정질서벌 등의 제재가 가해지는데 이를 제재력이라 한다.

---

1) 행정소송을 제기할 수 없더라도 그 처분이 위법한 것은 틀림이 없으나, 더 이상 그 효력에 대하여 다툴 수 없다는 것을 의미한다.

5. 권리·의무의 특수성

행정법관계에서 행정주체가 개인에게 또는 개인이 행정주체에 대하여 갖는 권리·의무는 사법관계에서와는 달리 전체적 공익을 위하여 인정되는 것이므로, 권리가 동시에 의무라는 상대성을 갖는다. 따라서 그 권리·의무는 이전·상속·포기가 제한되고 국가의 특별한 보호와 강제가 행하여지는 특수성을 갖는다.

6. 권리구제의 특수성

행정법관계에 있어서 위법·부당한 행정행위로 인하여 권리·이익을 침해받은 자는 행정심판법, 행정소송법이 정하는 바에 따라 구제받을 수 있는 여러 가지 특례가 인정되고 있다(행정심판전치주의, 제소기간의 제한, 집행부정지의 원칙 등). 또한 위법한 행정활동을 통하여 손해를 받은 자에게는 손해배상책임을 규정하고 있으며, 적법한 공권력이 행사를 통하여 재산권을 침해받은 자에게는 손실보상을 하도록 국가배상제도가 인정되고 있다.

제 5 절 경찰행정법관계의 내용

Ⅰ. 개 설

공권의 개념은 19세기 후반 독일에서 국가학에 의하여 발전된 개념이다. 행정법(공법)관계의 내용은 공권(공법상의 권리)과 공의무로 구성되며, 사법상의 법률관계와 본질적인 차이는 없다. 다만 공법관계에서는 사법관계와는 달리 권리·의무의 발생, 변경, 소멸이 대부분 법률이 정하는 바에 따라 행정주체의 일방적인 행위에 의해 이루어지는 데에 그 특색이 있다.

Ⅱ. 공권과 그 특수성

1. 공권의 개념

공권이라 함은 공법관계에 있어서 권리주체가 직접 자기를 위하여 일정한 이익을 주장할 수 있는 법적인 힘을 말한다. 따라서 공권은 법의 보호를 받는 이익(권리)인 점에서 단순한 법의 반사적 이익(법의 보호를 받지 못하는 사실상의 이익)과 구별된다. 오늘날에는 공권개념과 관련하여 개인적 공권의 확대화 경향을 보이고 있다.

2. 공권의 종류

1) 국가적 공권

국가적 공권은 국가 또는 공공단체 등 행정주체가 우월한 의사의 주체로서 상대방인 개인(행정객체)에 대하여 가지는 권리를 말한다.

2) 개인적 공권

개인적 공권은 개인이 국가 등 행정주체에 대하여 일정한 권리, 이익을 주장할 수 있는 법률상의 힘을 말한다. 이는 행정주체가 우월한 의사의 주체로서 가지는 국가적 공권력과 구별된다. 개인적 공권은 자유권, 수익권,[1] 참정권 등으로 분류할 수 있다.

3. 공권의 특수성

1) 국가적 공권

국가적 공권은 지배권으로서의 성질을 갖는 까닭에 일방적인 명령, 자력강제성, 그리고 행정벌 형식을 주된 내용으로 하는 동시에 공정력·확정력(존속력) 등의 효과가 부여된다.

2) 개인적 공권

개인적 공권의 특성으로는 이전성의 제한·포기성의 제한·비대체성·특수성이 인정된다.

Ⅲ. 공 의 무

1. 의 의

공의무라 함은 공권에 대응하는 개념으로서 타인의 이익을 위하여 의무자의 의사

---

1) 예컨대, 특정행위요구권(허가, 특허 등), 영조물이용권(국·공립대학 도서관 이용), 공물사용권(도로나 하천의 전용허가 신청권) 등과 같이 행정주체로부터 어떤 이익을 받을 수 있는 권리를 수익권(受益權)이라 한다.

에 가하여진 공법상의 구속을 말한다. 주체에 따라 국가적 공의무(예컨대, 공무원의 봉급청구권에 대한 국가·지방자치단체의 봉급지급의무)와 개인적 공의무(예컨대, 납세·교육·근로·국방의 의무 등)로 나눌 수 있고, 내용에 따라 작위의무·부작위의무·수인의무·급부의무로 나뉜다.

2. 특 수 성

공의무는 원칙적으로 법령 또는 법령에 의거한 행정행위에 의하여 발생하는 경우가 많다. 그리고 일신전속적 성질을 가진 공의무의 경우 공권과 마찬가지로 이전·포기가 제한된다. 또한 공의무의 불이행에 대하여는 경찰상 강제집행이 이루어지며, 공의무의 위반에 대하여는 벌칙이 규정되어 있는 경우가 많다.

Ⅳ. 행정법관계에서 개인의 권리(공권)확대 경향

1. 개 설

근래에는 공권이라 하면 개인적 공권만을 의미함이 보통이며, 국가적 공권은 엄밀한 의미에서 권리라기보다는 국가적 기관의 권한의 성질을 가진다고 보고 있다. 개인적 공권은 법에 의해 보호되는 이익이기 때문에 그것이 침해된 경우에는 소송 등을 통해 법적 구제를 받을 수 있다는 점에서 반사적 이익과는 구별된다. 최근에는 반사적 이익에 지나지 않았던 것들을 공권화함으로써, 공법관계에 있어서 개인의 권리확대를 도모하고자 하는 많은 이론들이 전개되고 있다.

2. 개인적 공권의 종류

개인적 공권은 행정객체인 개인이 국가 등 행정주체에 대하여 직접 자기를 위하여 일정한 이익을 주장할 수 있는 법률상의 힘을 말한다. 전통적으로 헌법상 기본권은 자유권·수익권·참정권으로 구분되고 있고, 그에 따라 행정법에서의 개인적 공권도 이러한 세 가지 구분방식을 취하고 있다. 그러나 최근에는 기타 새로운 권리로 무하자재량행사청구권, 행정개입청구권 등이 인정되고 있다.

3. 개인적 공권의 특수성

개인적 공권은 개인적 이익은 물론 공익적 견지에서 필요하기 때문에 인정된 것이므로 다음과 같은 특색이 인정됨이 보통이다.

1) 이전성의 제한

개인적 공권은 공익적 견지에서 인정되는 것으로 일신전속적 성격을 갖는 것이 많다. 따라서 양도·상속 등 이전성이 제한되는 경우가 많은데, 양도금지의 예로는 봉급권, 연금권, 생활보호를 받을 권리 등이 있다. 그러나 개인적 공권 중에도 채권적·경제적 성질의 것은 그 이전이 인정됨이 보통이다. 그 예로는 손실보상청구권 등이 있다.

2) 포기성의 제한

개인적 공권은 권리인 동시에 의무라는 성질을 지니고 있어 임의로 포기할 수 없다. 그 예로 선거권, 연금청구권, 고소권 등을 들 수 있다. 그리고 공권의 포기와 불행사는 구별되어야 한다. 예컨대, 선거의 기권은 선거권의 포기가 아니라 불행사이다.

소권(訴權)은 개인적 공권인가?(대판 1995. 9. 15, 94누4455)

대법원은 "행정소송에 있어서 소권(訴權)은 개인의 국가에 대한 공권이므로 당사자의 합의로써 이를 포기할 수 없다"고 하여 소권(訴權)을 포기가 불가능한 개인적 공권으로 보고 있다.

3) 대행의 제한

개인적 공권은 일신전속적인 성질을 가짐으로써 타인에게 대행(대리)이나 위임이 제한되는 경우가 많으며, 그 예로 선거권·투표권·응시권 등의 대리·위임금지 등을 들 수 있다. 다만, 예외적으로 소권(訴權)은 오히려 대리행사하는 경향이 있다.

4) 공권보호의 특수성

개인적 공권이 침해되는 경우 행정상의 손해전보제도, 행정쟁송제도 등의 구제절차가 인정된다.

4. 최근의 새로운 개인적 공권의 확대이론

현대 복리국가에서는 과거 국가의 공권력 행사의 객체에 불과했던 국민의 지위로부터 국민이 주권자인 주체로서 개인의 지위가 더욱 강조되기에 이르렀다. 따라서 개인에게 주어지는 공권도 점차 확대되고 있는데, 무하자재량행사청구권과 행정개입청구권은 이러한 경향을 잘 나타내주고 있다.

제 6 절 특별권력관계

Ⅰ. 개 설

1. 의 의

특별권력(행정법)관계[1]라 함은 특별한 법적 원인에 의하여 성립되어, 특별한 행정목적을 달성하기 위하여 필요한 한도 내에서 국가 등 행정주체가 상대방에 대하여 포괄적으로 명령·지배하고 상대방은 이에 복종하는 관계를 말한다. 예컨대, 갑이라는 사람이 일반 국민으로서 상습도박을 하였을 경우 형법상의 처벌로서 끝나는 반면, 갑이 경찰공무원으로서 상습도박을 하였을 경우에는 형법상의 처벌은 물론 경찰공무원법상의 징계도 받는다. 즉 경찰공무원(일반 모든 공무원 포함)은 일반 국민에 비하여 더 엄격한 규율을 받는데, 이런 국가와 경찰공무원과의 관계를 특별권력관계라 하고, 국가와 일반 국민과의 관계를 일반권력관계[2]라 한다.

2. 역사적 배경 및 이론적 기초

1) 법률로부터 자유로운 영역 확보

특별권력관계는 행정권의 우월적·특권적 지위를 확보하기 위한 것으로서 독일, 일본, 우리나라에서 논의되고 있을 뿐, 영미법계 국가는 물론 같은 대륙법계 국가인 프랑스, 오스트리아에서도 인정되지 않은 독일 특유의 공법이론이다.

2) 법의 불침투설 이론

법이란 인격주체 상호간에 적용되는 것이다. 따라서 국가 또한 하나의 인격주체이므로 다른 인격주체 간에는 법이 적용되지만 국가 내부에는 법이 침투할 수 없다고 하여 전통적 특별권력관계 이론의 기초를 제공하였다(라반트, 오토 마이어).

---

1) 전통적인 통설은 행정법관계를 권력관계와 관리관계로 나누며, 권력관계는 다시 일반권력관계와 특별권력관계로 구별하고 있다. 특별권력관계는 특히 경찰공무원의 성립과 소멸 그리고 내용(명령권과 징계권)등과 직접적인 관련이 있으므로 정확한 개념파악이 필요하다.

2) 일반권력관계란 일반 국민이 국가 등 행정주체의 일반통치권(일반권력)에 복종하는 법률관계로서 모든 국민은 당연히 일반권력관계에 서게 된다. 특별권력관계에 있는 자(예컨대, 행정공무원·경찰공무원)도 당연히 일반권력관계의 지위를 갖는다.

3) 특별권력관계의 특색

특별권력관계는 법치주의가 배제된 법으로부터 자유로운 행정영역으로서 국가에 대한 종속은 강화되고, 그만큼 자유는 약화되는 것이 그 특색이다. 또한 특별권력관계는 일반권력관계와는 달리 특별한 법률원인(임용, 입학, 계약 등)에 의하여 성립하고, 권력기초[1]도 포괄적인 특별권력(명령권, 징계권)이다.

특별권력관계와 일반권력관계와의 가장 큰 차이점은 법치주의가 적용되느냐, 배제되느냐의 여부에 달려있다.

(1) 법률유보의 배제(포괄적 지배권)

특별권력 주체에게는 포괄적 지배권이 부여되어 있다. 따라서 그에 복종하는 자에 대한 특별권력의 발동에 있어서는 개별·구체적인 법률의 근거를 요하지 않으며 법치주의의 원리, 특히 법률유보의 원칙이 배제된다.

(2) 기본권보장의 배제

특별권력관계의 내부에 있어서는 특별권력관계의 설정목적을 위해 필요한 합리적 범위 내에서 법률의 근거 없이 기본권을 제한할 수 있다.

(3) 재판통제의 배제

일반권력관계 내에서는 사법적 통제가 전면적으로 허용되나, 특별권력관계 내부의 권력적 행위에 대해서는 원칙적으로 사법심사가 허용되지 않는다.

Ⅱ. 특별권력관계의 성질

1. 개 설

특별권력관계의 성질은 일반권력관계와 관련하여 그와 구별되는 관념을 긍정할 것인지가 문제된다. 이에 대하여는 구별부정설, 구별긍정설의 견해가 대립되고 있으며, 구별긍정설은 다시 여러 견해가 제시되고 있다. 그 중 특별권력관계 수정설이 유력한 견해로 떠오르고 있다.

2. 특별권력관계 수정설

특별권력관계에 있어서 종래의 내부·외부관계라는 개괄적 구별을 배제하여 내

---

1) 일반권력관계의 성립원인과 권력기초는 당연히 일반통치권에 의하여 성립되고 법치주의가 적용된다.

부관계의 범위를 축소하고 외부관계의 존재를 인정함으로써, 이러한 외부관계에 대하여는 법치주의의 적용을 확대시키려고 하는 견래를 특별권력관계 수정설이라 한다. 이 설의 대표자인 울레(C. H. Ule) 교수[1]는 특별권력관계를 기본관계와 경영수행관계로 나누어 설명하고 있다.

1) 기본관계

기본관계는 흔히 외부관계로 지칭되기도 하는데, 기본관계에서 이루어지는 행정작용은 일종의 행정처분으로 보아 법치주의와 사법심사가 가능한 영역으로 보았다. 예컨대, 공무원의 임면·보직발령, 징계, 군인의 입대·제대, 수형자의 입소·퇴소 등의 행정작용을 말한다. 이러한 행정작용은 대부분 행정객체의 법적 지위에 직접적 변동을 수반하는 행정처분적 성격이 있으므로 항고소송이 된다는 것이다.

2) 경영관계

경영관계는 내부관계 혹은 일상관계로 지칭되기도 하는데, 경영관계의 경우에는 특별권력관계 내부에서 이루어지는 일상적인 관계이므로 여전히 법이 침투할 수 없는 행정영역으로 인정하였다. 내부관계는 특별권력관계 내부에서 일상적으로 수행되는 것으로 공무원의 일상적 근무, 직무상의 명령, 군인의 훈련과 복무, 국·공립학교에서의 수업, 수형자의 수형생활 등이 이에 해당된다.

이러한 내부관계는 행정객체의 법적 지위에 변동을 주는 경우가 거의 없고 대부분 단순한 사실행위에 해당하여 처분성이 결여되므로 항고소송의 대상이 될 수 없다는 것이다.

Ⅲ. 특별권력관계의 성립과 소멸

1. 성 립

특별법률관계는 일반권력관계가 모든 국민에게 당연히 성립되는 것과는 달리 특별한 법률상 원인이 있는 경우에만 성립한다.

1) 법률의 규정에 의한 경우

이에는 병역의무자의 입영, 수형자의 수감, 감염병환자의 강제수용 등이 있다.

---

1) 울레(C. H. Ule) 교수는 1956년 독일 공법학자대회에서 특별권력관계를 기본관계와 경영관계로 구분하고, 그와 관련된 논문을 발표하였다.

2) 상대방의 동의에 의한 경우

이에는 임의적 동의에 의한 경우(예컨대, 공무원 임용, 국·공립학교의 입학 등)와 의무적 동의에 의한 경우(예컨대, 적령아동의 초등학교 입학 등)가 있다.

2. 소 멸

1) 목적달성

국·공립학교의 졸업, 복역수의 만기 출소, 병역의무의 완수 등을 들 수 있다.

2) 임의탈퇴에 의한 경우

그 성립이 임의적 동의에 의한 경우에만 인정된다(예컨대, 공무원의 사임, 국·공립대학생의 자퇴 등).

3) 권력주체의 일방적 배제에 의한 경우

예컨대, 공무원의 파면, 국·공립대학생의 퇴학처분 등이 있다.

Ⅳ. 특별권력관계의 종류

1. 공법상의 근무관계

특정인이 국가나 공공단체에 대하여 포괄적인 근무의무를 지고, 국가나 공공단체는 이에 대하여 포괄적인 직무권력을 가지는 법률관계를 말한다. 이에는 공무원법에 의한 공무원의 근무관계, 병역관계법에 의한 군복무관계 등을 들 수 있다.

2. 공법상 영조물 이용관계

행정주체가 공공복리를 위하여 인적, 물적 시설인 영조물을 이용하는 것으로 공공적·윤리적 성격을 가지는 것만을 의미한다. 이에는 교도소와 수형자 관계, 국·공립도서관의 이용관계, 감염병환자의 국공립병원에의 강제이용관계 등을 들 수 있다.

3. 공법상의 특별감독관계

국가적 목적을 위하여 설립된 공공조합, 특허기업자 또는 국가사무를 위임받은 행정사무수임자(별정우체국장) 등과 같이 국가와 특별한 법률관계를 가짐으로써 국가로부터 특별한 감독을 받는 관계를 말한다.

4. 공법상의 사단관계(社團關係)

농지개량조합·산림조합 등의 공공조합과 그 조합원과의 관계로서 공공조합은 그 조합원에 대하여 특별권력을 가지는데, 이 관계를 공사단(公社團)관계라 한다.

Ⅴ. 특별권력관계의 내용과 한계

1. 특별권력의 내용

1) 종류에 따른 분류

특별권력의 종류에는 특별권력관계의 종류에 상응하는 직무상 권력, 영조물권력, 감독권력, 공·사단권력으로 구분된다.

2) 내용에 따른 분류

특별권력은 내용에 따라 포괄적인 명령권과 징계권을 포함한다.

(1) 명 령 권

특별권력관계의 주체가 그의 포괄적인 지배권의 발동으로서 상대방에 대하여 특별권력관계의 목적달성에 필요한 명령, 강제를 할 수 있는 권력을 말한다. 명령권은 그 발동형식에 따라 일반·추상적인 행정규칙(예컨대, 훈령, 영조물규칙 등)의 형식에 의하거나, 개별·구체적인 하명처분(직무명령, 시정명령)의 형식에 의한다.

(2) 징 계 권

특별권력관계의 주체가 특별권력관계 내부질서유지를 위하여 질서문란자에게 제재를 과할 수 있는 권력을 말한다. 징계권은 특히 상대방의 동의에 의하여 성립하는 경우에는 그 최고한도를 특별권력관계로부터의 배제 및 이익의 박탈에 그쳐야 하고, 법률의 규정이 없을 때에는 조리상 상당하다고 인정되는 범위 내에서 징계권이 발동되어야 한다.

2. 특별권력관계의 한계

특별권력이 미칠 수 있는 범위에 관하여는 학설이 일치하지 않으나, 특별권력관계에서의 특별권력의 발동은 그 설치목적을 달성하기 위해 사회통념상 합리적이고 필요한 범위 내에서만 발동되어야 하고, 이 한계를 벗어난 발동은 위법이 될 수 있다.

Ⅵ. 특별권력관계와 법치주의

특별권력관계는 특별한 행정목적 달성을 위한 포괄적 지배관계로서 법치주의와의 관계가 논의되어 왔다. 즉, 특별권력관계에 있어서 특별권력의 발동으로 인하여 불이익을 받은 자가 사법절차를 통하여 구제받을 수 있는지에 대해서는 여러 견해가 대립하고 있다.

1. 법률유보의 원칙

오늘날 특별권력관계에서도 법률유보의 원칙이 적용되어야 한다는 데는 거의 이론이 없다. 종래의 특별권력(행정법)관계에서는 개개의 법률근거가 없어도 그 목적 달성에 필요한 최소한도 내에서 포괄적 지배복종관계가 성립된다고 하였으나, 오늘날 그 구성원의 권리, 의무에 관한 명령·강제는 법률에 근거가 있어야 한다. 다만 특별권력관계는 그 목적과 기능의 특수성으로 인하여 법치주의가 다소 완화될 수는 있을 것이다.

2. 기본권의 제한

특별권력관계에서도 그 구성원의 기본권 제한은 원칙적으로 법률에 근거가 있어야만 가능하다. 그러나 법률의 근거에 의하여 그 구성원의 기본권을 제한[1]하는 경우라 할지라도 필요한 최소한도에 그쳐야 한다. 그리고 헌법상 기본권 중 양심의 자유·종교의 자유·학문과 예술의 자유 등과 같이 어떠한 경우에도 제한받지 않는 절대적 기본권은 성질상 제한할 수 없다고 할 것이다.

3. 사법심사

특별권력관계에서의 사법심사의 범위에 대하여는 특별권력관계의 성질을 인정하는 학설에 따라 각기 달라지나, 전통적인 특별권력관계이론이 그대로 유지될 수 없다는 견해에 대해서는 거의 일치하고 있다. 이에는 절대적 구별설, 상대적 구별설, 특별권력관계 부정설 등의 견해가 있으나 특별권력관계에서도 소(訴)의 이익이 인정되

1) 헌법상 기본권 중 국가안전보장, 질서유지, 공공복리 등을 이유로 제한될 수 있는 기본권을 상대적 기본권이라고 한다.

는 한 사법심사의 대상이 된다고 하는 것이 현재 다수설의 견해이다. 다만 특별권력관계에 있어서는 특별권력의 주체(공무원의 임용권자, 학교장 등)에 넓은 범위의 재량권 내지 판단여지가 인정되므로, 그 범위 내에서는 사법심사가 제한된다고 하겠다.

우리나라의 대법원은 내부행위와 외부행위와의 구별 없이 소(訴)의 이익이 인정되는 한, 위법한 특별권력행위에 대하여는 포괄적으로 행정소송을 인정하고 있다. 판례는 교도소의 피의자에 대한 접견권 제한의 위헌판결, 유치장 내 화장실 설치 및 관리행위 등에 대하여 행정소송 또는 헌법소원을 인정한 바 있다.

진압명령에 의한 경찰공무원의 행위로 인한 행정심판 및 행정소송 여부(헌재 1995. 12. 28, 91헌마80)

헌법재판소는 "경찰공무원을 비롯한 공무원의 근무관계인 이른바 특별권력관계에 있어서도 일반행정법관계에 있어서와 마찬가지로 행정청의 위법한 처분 또는 공권력의 행사·불행사 등으로 인하여 권리 또는 법적 이익을 침해당한 자는 행정소송 등에 의하여 그 위법한 처분 등의 취소를 구할 수 있다. 그리고 이 사건 진압명령은 경찰공무원관계 내에서의 직무상의 명령내지 직무명령의 하나이고, 직무명령도 구체적 사실에 관한 법집행으로서 공권력의 행사내지 이에 준하는 행정작용이라고 평가되는 경우에는 그로 인하여 권리 또는 법적 이익을 침해당한 자는 행정심판 및 행정소송 등을 통하여 그 취소를 구할 수 있다고 보아야 할 것이다"라고 판시하고 있다.

교도소의 피의자에 대한 접견권 제한의 위헌심판제청(대판 1992. 5. 8, 91부8)

대법원은 "구속된 피고인 또는 피의자의 타인과의 접견권은 국가안전보장 등 필요한 경우에는 접견권을 제한할 수 있지만… 제한이 필요 없는데도 접견권을 제한하거나 또는 지나친 과도한 제한은 헌법상 보장된 기본권의 침해로서 위헌이라고 하지 않을 수 없다"고 판시하고 있다.

유치장 내 화장실 설치 및 관리행위 위헌확인(헌재 2001. 7. 19, 2000헌마546)

헌법재판소는 "차폐시설이 불충분하여 사용과정에서 신체부위가 다른 유치인들 및 경찰관들에게 관찰될 수 있고 냄새가 유출되는 유치실 내 화장실을 사용하도록 강제한 피청구인의 행위는 전체적으로 볼 때 비인도적·굴욕적일 뿐만 아니라 동시에 비록 건강을 침해할 정도는 아니라고 할지라도 「헌법」 제10조의 인간의 존엄과 가치로부터 유래하는 인격권을 침해하는 정도에 이르렀다고 판단된다"고 판시하고 있다.

제 2 편 경찰조직법

Police Administrative Law

제 1 장 협의의 경찰조직법

Police Administrative Law

제 1 절 경찰조직법의 기초개념

Ⅰ. 경찰조직법의 개념

경찰조직법은 경찰조직에 관하여 규정한 법이며, 경찰의 조직에 관한 기본법은 경찰법이다. 국가행정조직에 관한 기본법인 정부조직법에 의하면 치안에 관한 사무를 관장하기 위하여 경찰청을 두고 경찰청의 조직, 직무범위 그 밖에 필요한 사항은 따로 법률로 정하도록 되어 있다(정부조직법 제34조). 따라서 이에 근거하여 경찰에 그 존립의 근거를 부여하고 경찰이 설치할 기관의 명칭, 권한, 관청상호간의 관계, 나아가 경찰관청의 임면, 신분·직무 등에 대해서 규정하고 있는 것이 경찰조직법이며, 그 기본 법률이 바로 경찰법이다.

Ⅱ. 경찰행정법관계의 당사자

경찰행정법관계의 당사자라 함은 경찰행정법관계에 있어서의 권리·의무의 주체를 말한다. 이에는 경찰행정주체와 경찰행정객체가 있다.

1. 경찰행정의 주체

경찰행정주체라 함은 행정을 행할 권리와 의무를 가지며, 자기의 이름과 책임하에 행정을 실시하는 단체나 법인을 말한다. 행정주체는 그 행정기관을 통하여 행정사무를 집행한다. 따라서 경찰행정기관의 지위에 있는 경찰공무원의 행위는 경찰행정권의 실제적인 행사에 해당하지만, 그 법적 효과는 경찰공무원 개인이 아니라 국가 또는 공공단체 등 행정주체에 귀속하게 된다. 현행 경찰법은 국가 경찰제도를 채택하고 있기 때문에, 경찰조직의 경우에는 국가만이 경찰행정의 주체가 될 수 있다. 그러나 자치경찰제를 실시하게 될 경우에는 지방자치단체도 당연히 행정주체가 된다.[1)]

2. 경찰상 행정객체

행정객체란 행정주체의 상대방으로서 행정작용(경찰작용)의 상대방이 되는 자를 말하며, 국가가 행정객체가 되는 경우는 없다. 이에는 자연인(내국인·외국인), 법인(공법인·사법인) 등이 있다.

제 2 절 경찰조직의 유형

Ⅰ. 경찰행정기관

1. 의 의

경찰행정은 경찰행정주체가 자기 이름과 책임하에 실시한다. 그러나 경찰행정의 주체인 국가는 추상적 존재이기 때문에 경찰행정의 업무는 구체적 행위자에 의해 대행되어야 한다. 따라서 국가인 행정주체를 대행하여 실제 그 직무를 수행하는 경찰기관을 경찰행정기관이라 한다.

경찰행정기관이라 함은 경찰행정주체의 의사를 결정하고 외부에 표시하는 기관 및 그 결정을 집행하거나 조력하는 기관을 말한다. 즉, 경찰행정기관은 국가의 경찰사무를 담당하는 기관이다. 경찰행정기관에는 법률에 의하여 일정범위의 권한과 책임이 주어지며, 경찰행정기관이 그 권한의 범위 내에서 행하는 행위의 효과는 법률상 오로지 행정주체인 국가에 귀속한다. 따라서 경찰행정기관이 국가의 대행자로서 소관사무의 범위 내에서 위법행위를 저질렀을 경우에 손해배상의 책임은 1차적으로 국가가 지게 된다.

1) 2006년 7월 1일부터 제주특별자치도에서 자치경찰제도가 시행되고 있다. 따라서 제주특별자치도는 국가경찰인 제주지방경찰청 소속의 경찰관 외에 자치경찰인 자치경찰단을 두게 됨으로써 이원적 경찰제도를 갖게 되었다. 따라서 제주특별자치도는 당연히 경찰행정주체가 된다.

2. 경찰행정기관의 분류

현행의 경찰행정기관은 통상적으로 보통경찰기관과 특별경찰기관으로 구분할 수 있고, 특별경찰기관은 협의의 행정경찰기관과 비상경찰기관으로 나눌 수 있다.

Ⅱ. 보통경찰기관

보통경찰기관이란 보안경찰작용, 즉 타행정작용과 직접 관련 없이 그 자체 공공의 안전과 질서유지를 위한 경찰작용을 주된 관장사무로 하는 경찰기관을 말한다. 보통경찰기관은 그의 권한 및 기능에 따라 경찰행정관청, 경찰의결기관, 경찰협의기관, 경찰집행기관으로 나눌 수 있다.

1. 경찰행정관청(보통경찰관청)

경찰사무 일반에 관한 국가의 의사를 결정하여 외부에 표시하는 권한을 가진 경찰행정기관을 말한다. 경찰행정관청은 경찰청장을 최상급의 기관으로 하여 지방경찰청장과 경찰서장으로 구성되는 계층제를 형성하고 있다. 경찰행정과 관련하여 행정책임은 최상급의 경찰관청인 경찰청장에게 귀속된다.

1) 경찰청장

치안에 관한 사무를 관장하기 위하여 안전행정부장관 소속으로 경찰청을 둔다(경찰법 제 2 조). 경찰청장은 치안총감으로 보하며, 경찰위원회의 동의를 받아 안전행정부장관의 제청으로 국무총리를 거쳐 대통령이 임명한다. 이 경우 국회의 인사청문을 거쳐야 한다(동법 제11조).

2) 지방경찰청장

경찰청의 사무를 지역적으로 분담·수행하기 위하여 시장·도지사 소속으로 지방경찰청을 둔다. 지방경찰청장은 시장·도지사 소속하에 있지만 시장·도지사의 지휘·감독을 받지 않고 경찰청장의 지휘·감독을 받아 관할구역의 국가경찰사무를 관장하고 소속 공무원 및 소속 국가경찰기관의 장을 지휘·감독한다(동법 제14조).

3) 경찰서장

지방경찰청 소속으로 경찰서를 두며 경찰서에는 경찰서장을 둔다. 경찰서장은 총경 또는 경정으로 보하며, 지방경찰청장의 지휘·감독을 받아 관할구역의 소관 사무를 관장한다. 경찰서장 소속으로 지구대 또는 파출소를 두며 필요한 경우에 출장소를 둘 수 있다(경찰법 제17조). 지구대장 또는 파출소장 등의 지역경찰관서장은 경찰행정관청이 아니고 보조기관에 속한다.

2. 경찰의결기관(경찰위원회) 및 경찰협의기관(치안행정협의회)

경찰위원회는 경찰행정에 관한 중요사항을 심의·의결하기 위하여 안전행정부에 설치된 합의제 의결기관이다.

1) 경찰위원회

경찰위원회는 안전행정부 장관의 제청으로 국무총리를 거쳐 대통령이 임명하는 7인의 위원으로 구성되며, 위원장 및 5인의 위원은 비상임, 1인은 상임위원으로 정무직 차관급이다. 위원의 임기는 3년으로 하며 연임할 수 없다.

위원회는 경찰청장의 임명에 대한 동의권을 가지는 외에 ① 국가경찰의 인사·예산·장비·통신 등에 관한 주요정책 및 경찰업무 발전에 관한 사항, ② 인권보호와 관련되는 경찰의 운영·개선에 관한 사항, ③ 국가경찰의 부패 방지와 청렴도 향상에 관한 주요 정책사항, ④ 국가경찰 임무 외의 다른 국가기관으로부터의 업무협조 요청에 관한 사항, ⑤ 제주특별자치도의 자치경찰에 대한 국가경찰의 지원·협조 및 협약체결의 조정 등에 관한 주요 정책사항, ⑥ 그 밖에 안전행정부 장관 및 경찰청장이 중요하다고 인정하여 위원회의 회의에 부친 사항에 대하여 심의하고 의결한다.

2) 치안행정협의회

지방행정과 치안행정의 업무협조 그 밖의 필요한 사항을 협의·조정하기 위하여 시·도지사 소속으로 치안행정협의회를 둔다(경찰법 제16조). 협의회는 부시장 또는 부지사인 위원장과 8인의 위원 등 9인으로 구성되며 매 분기 1회 개최한다. 위원의 임기는 2년이고, 2인의 시·도 공무원, 3인의 경찰공무원, 3인의 지방행정과 치안행정에 관한 학식과 경험이 있는 자를 시·도 경찰청장의 의견을 들어 시·도지사가 위촉한다(치안행정협의회규정).

3. 경찰집행기관

경찰집행기관[1]은 소속 경찰관청의 명을 받아 경찰에 관한 국가의사를 사실상 실력으로써 집행하는 기관을 말한다. 경찰작용은 경찰하명이나 경찰허가와 같은 법률행위적 행정행위뿐만 아니라 사실행위도 포함하게 된다. 따라서 경찰기관에는 의사결정기관인 경찰관청 이외에 실력기관인 경찰집행기관이 필요하며, 특별경비임무 수행 등을 위해 전투경찰대, 101경비단 등 부대조직을 필요로 하는 경우도 있다. 경찰집행기관은 직무의 일반성 여부에 따라 일반경찰집행기관과 특별경찰집행기관으로 나눌 수 있다.

1) 일반경찰집행기관

일반적인 경찰업무를 집행하는 기관으로서 경찰공무원(치안총감 · 치안정감 · 치안감 · 경무관 · 총경 · 경정 · 경감 · 경위 · 경사 · 경장 · 순경)이 이에 해당한다. 이들 경찰공무원 개개인은 경찰집행기관의 위치에서 경찰의사를 집행한다. 또한 경찰공무원법의 적용을 받는 특정직 국가공무원으로서, 제복을 착용하고 무기를 휴대할 수 있음을 특징으로 한다. 일반경찰집행기관을 이루는 경찰공무원은 사법경찰에 관한 사무도 아울러 담당하도록 되어 있다. 이 경우의 경찰기관을 사법경찰관리[2]라고 하며, 이들은 검사의 지휘를 받아 「형사소송법」이 정하는 바에 따라 그 직무를 수행한다.

2) 특별경찰집행기관

특별경찰집행기관은 특정한 분야의 경찰작용에 관한 집행기관을 말하는데, 여기에는 전투경찰대 · 소방공무원 · 청원경찰 · 헌병 등이 있다.

Ⅲ. 특별경찰기관

1. 협의의 행정경찰기관

협의의 행정경찰기관이라 함은 위생경찰, 건축경찰, 산림경찰처럼 다른 행정작용과 결합하여 특별한 사회적 이익의 보호를 목적으로 하면서 그 부수작용으로서 사회공공의 안녕과 질서를 유지하기 위한 경찰기관을 말한다. 협의의 행정경찰은 학문상

---

1) 경찰집행기관은 의사결정기관이 아니라 공권력에 의한 실력행사 등 다양한 수단을 동원하여 경찰의사를 구체적으로 실현하는 의사집행기관이다.

2) 경찰집행기관을 이루고 있는 경찰공무원 중 경위에서 경무관까지를 사법경찰관으로서, 순경에서 경사까지를 사법경찰리로서 사법경찰사무를 담당하도록 되어 있다.

의 개념이며 제도상으로는 경찰이라고 볼 수 없다.

2. 비상경찰기관

일반경찰조직으로는 치안을 유지할 수 없는 비상사태 발생 시에 병력으로써 공안을 유지하는 것이므로, 군사기관이 당연히 비상경찰기관으로 되며 이에는 계엄사령관과 위수사령관이 이에 속한다.

Ⅳ. 제주특별자치도 자치경찰기관

우리나라의 경찰은 국가경찰을 원칙으로 한다. 그러나 이에 대한 예외로서 제주특별자치도에는 도지사 소속으로 자치경찰을 두고 있다.[1)]

1. 자치경찰기구

자치경찰사무를 처리하기 위하여 제주자치도에 자치경찰단을 두고, 자치경찰단장은 도지사가 임명하며 도지사의 지휘·감독을 받는다(제주특별자치도 설치 및 국제자유도시 조성을 위한 특별법 제107조 제 1 항). 자치경찰단장은 자치총경으로 보하되, 다만 도지사가 필요하다고 인정하는 경우에는 개방형직위로 지정하여 운영할 수 있다(동법 제107조 제 2 항).

자치경찰단의 자치경찰사무의 집행을 담당하기 위하여 도(道) 조례가 정하는 바에 따라 행정시에 그 업무를 담당할 보조기관(자치경찰대)을 설치한다. 자치경찰대장은 자치경정 또는 자치경감으로 보하되, 도지사가 임명한다.

2. 자치경찰사무

자치경찰의 사무는 ① 주민의 생활안전운동에 관한 사무, ② 지역교통활동에 관한 사무 ③ 공공시설 및 지역행사장 등의 지역경비에 관한 사무, ④「사법경찰관리의 직무를 수행할 자와 그 직무범위에 관한 법률」에서 자치경찰공무원의 직무로 규정하고 있는 사법경찰관리의 직무 등을 들 수 있다(동법 제108조).

---

1) 제주도 행정체제 등에 관한 특별법 및 제주특별자치도 설치 및 국제자유도시 조성을 위한 특별법(2006. 7. 1 시행)이 시행됨에 따라 제주특별자치도에 자치경찰이 설치되었다.

제 3 절 경찰관청의 권한

Ⅰ. 경찰관청의 권한

1. 개 설

1) 권한의 의의

경찰관청의 권한이란 경찰관청이 법률상 유효하게 국가의사를 결정·표시할 수 있는 범위를 말하며, 경찰관청의 관할 또는 직무범위라고도 한다. 경찰관청의 권한의 범위는 일반적으로 해당 경찰관청을 설치하는 근거 법규에 의하여 정하여지므로 경찰관청 스스로 이를 변경하지는 못한다.

2) 권리와의 구별

권한은 권리와 구별되어야 한다. 권리는 자기의 이익을 위하여 타인에게 일정한 주장을 할 수 있는 법상의 힘으로서 인격주체만이 가질 수 있다. 그러므로 권리는 독립한 인격주체인 국가에 귀속하는 것이지 국가의 기관에 불과한 경찰관청에 속하지 않는다. 경찰관청은 단지 국가가 가지는 권리를 행사할 권한을 가질 뿐이다. 따라서 권한행사의 효과도 국가에 귀속하며 경찰관청 자신에게 귀속하는 것이 아니다.

2. 권한의 한계

경찰관청은 직무범위가 정해져 있으므로 그 직무의 범위 내에서 권한을 행사하여야만 한다. 이것을 경찰관청의 권한의 한계라고 하며, 이 한계를 넘어선 행위는 원칙적으로 무효이다.

1) 사항적 한계

경찰관청은 경찰에 관한 일정한 사무만을 관장할 수 있는데 이를 사항적 한계 또는 사물관할이라고 한다. 따라서 상급경찰관청은 하급경찰관청의 권한 행사를 지휘·감독할 수는 있으나 특별한 규정이 없는 한 그것을 대행할 수는 없다.

2) 자연적 한계

경찰관청의 권한에는 지역적으로 일정한 한계가 있는데, 이를 지역적 한계 또는 토지관할이라고 한다. 그 권한이 전국에 미치는 경우를 중앙경찰관청(예컨대, 경찰청장)

이라 하고, 그 권한이 하나의 지방에 한정되는 경우를 지방경찰관청(예컨대, 지방경찰청장, 경찰서장)이라 한다.

3) 대인적 한계

경찰관청의 권한이 영향을 미치는 인적 범위를 말하여 인적 관할이라고 한다. 예컨대, 부산지방경찰청장의 권한이 부산지방경찰청 산하 경찰관에게 미치는 것이 그것이다.

4) 형식적 한계

경찰관청의 권한행사의 형식에 일정한 한계가 있는 경우가 있는 바, 이를 형식적 한계라고 한다.[1] 예컨대, 국무총리와 각부 장관은 모두 행정입법권이 있으며, 그 권한 행사는 총리령과 부령의 형식으로 되어 있는 것이 그 예이다.[2]

3. 권한의 효과

1) 일반적 효과

경찰관청이 소관사무에 관하여 권한을 행사하는 경우에는 그 행위는 국가의 행위로서의 효력을 발생한다. 따라서 행위의 법적 효과는 경찰관청의 구성원인 경찰공무원이 변경되더라도 그 효과는 소멸·변경되지 않는다. 경찰관청의 행위는 반드시 의사표시를 요소로 하는 법적 행위만이 국가의 행위로서 효력을 발생하는 것은 아니고, 사실행위도 국가적 행위로서의 효과를 발생한다.

2) 위법한 권한행사의 효과

경찰관청이 권한의 한계를 넘어서서 권한을 행사한 때에는 그 권한행사는 위법이 된다. 위법한 권한행사가 경찰처분에 의한 경우에는 그 경찰처분은 하자의 정도에 따라 무효·취소할 수 있는 경찰행정행위로 구분된다.

Ⅱ. 경찰관청의 권한의 위임

1. 개 설

1) 의 의

권한의 위임이라 함은 경찰관청이 법령에 근거하여 그의 권한의 일부를 하급 경

---

1) 대법원은 "법률 또는 대통령령으로 규정할 사항이 부령으로 규정되었다고 하면 그 부령은 무효이다" 라고 판시하고 있다(대판 1962. 1. 25, 4294민상9).

2) 김동희, 『행정법(Ⅱ)』(서울: 박영사, 2004), p.15.

찰관청 또는 보조기관에 이전하여 수임기관의 권한으로 행사하게 하는 것을 말한다. 권한의 위임이 있으면 수임기관은 자기의 명의와 책임으로 권한을 행사하며, 그 행위의 효과도 수임기관에 귀속한다.

2) 유사개념과의 구별

(1) 내부위임

경찰관청이 그의 권한행사(예컨대, 사무처리에 관한 결정권 등)를 실질적으로 하급경찰관청 또는 보조기관에 위임하면서 대외적으로는 위임자의 명의로 권한을 행사하게 하는 것을 말한다. 예컨대, 부산지방경찰청장이 일정한 권한을 부산진경찰서장에게 내부적으로 위임하는 경우를 말한다. 권한의 귀속자체에 대한 변경은 없고, 수임기관은 위임 경찰관청의 명의로 행사하는 점에서 위임 및 대리와 구별된다.

(2) 위임전결

결재 내지 권한의 일부를 보조기관에게 실질적으로 위임하되, 대외적인 권한의 행사는 경찰관청의 명의로 하는 것을 말한다. 위임전결은 그 실질에 있어 내부위임과 별 차이가 없다. 다만 내부위임이 상하경찰관청 간에 행해짐이 보통인데 대하여, 위임전결은 경찰관청과 보조기관에 행해진다는 점에 차이가 있다.

(3) 권한의 이관

권한의 위임은 본래 경찰관청이 법령에 근거하여 자기의 의사로써 권한의 일부를 하급경찰기관에 이전하는 것임에 반하여, 권한의 이관은 본래 경찰관청(행정청)의 의사와 관계없이 법령에 의하여 그 권한이 다른 행정기관의 권한으로 변동되는 것을 말한다.

2. 권한위임의 법적 근거 및 한계

1) 법적 근거의 필요성

권한의 위임은 경찰관청의 권한의 일부를 하급경찰관청 또는 보조기관에 이전하여 수임기관의 권한으로 행사하게 하는 것을 말한다. 따라서 수임기관에 새로운 책임과 의무를 부담시키므로 권한의 위임과 재위임은 법적 근거를 요한다는 것이 통설·판례의 입장이다.[1]

---

1) 대판 1995. 11. 28, 94누6475.

2) 권한위임의 한계

(1) 일부위임

권한의 위임은 경찰관청의 권한의 일부에 대해서만 가능하며, 권한의 전부나 대부분에 대한 위임은 허용되지 아니한다. 따라서 권한의 일부에 한하여 허용되는 점에서는 임의대리와 같고 법정대리와 다르다.

(2) 재 위 임

권한의 위임을 받은 기관은 권한의 일부를 다시 보조기관 또는 하급경찰관청에게 재위임할 수 있다. 이 경우 위임청의 승인은 필요하지 않으며 판례 또한 같은 입장이다. 재위임의 경우에도 법령의 근거를 요한다.

3) 권한위임의 상대방

위임은 권한위임의 상대방 또는 모습을 기준으로 나누어 볼 수 있다.[1]

(1) 하급관청에 대한 위임

가장 일반적인 위임유형으로 하급관청에 대한 위임은 위임청의 일방적인 위임행위에 의하여 성립하고 수임기관의 동의를 요하지 않는다. 예컨대, 지방경찰청장이 경찰서장에게 위임하는 것을 그 예로 들 수 있다.

(2) 보조기관에 대한 위임

보조기관은 위임의 범위 내에서 경찰관청의 지위에 서게 된다. 경찰청장이 경찰청 차장에게 위임하는 것이 그 예이다.[2]

(3) 대등행정청 또는 다른 행정청에 대한 위임

권한의 위임은 위임청과 대등한 위치에 있거나 지휘계통을 달리하는 행정관청에 대하여도 권한의 일부를 이전할 수 있는데, 이 경우를 특히 권한의 위탁이라고 하기도 한다. 예컨대, 국토교통부장관이 안전행정부장관에게 위임하는 것을 그 예로 들 수 있다.

(4) 민간에 대한 위임(민간위탁)

관계법령이 조사·검사·관리업무 등 주로 기술적·전문적 성격의 업무를 사인(법인·자연인)에게 위탁하여 시행할 수 있도록 규정하고 있는 경우가 있는데, 이를 민간에 대한 위임 또는 민간위탁이라고 한다. 예컨대, 경찰청 업무인 경비지도사 자격시험 관리업무에 대한 산업인력공단에의 위탁, 선장에 대한 경찰사무 및 호적사무위임의 경

1) 김동희, 전게서, pp.23~24.
2) 김형중, 전게서, p.459.

우 등이 이에 해당한다.[1)]

4) 권한위임의 효과

(1) 권한의 이전

권한의 위임에 의해 위임청은 권한을 상실하는 동시에 위임된 권한은 수임관청에 이전되는 효과를 발생한다. 따라서 수임관청은 그 위임된 권한을 자기의 명의와 책임으로 그 권한을 행사하며 그 효과도 수임관청 자신에게 귀속한다. 또한 위임된 사항에 관해서는 항고소송의 피고도 수임관청이 된다.

(2) 지휘 · 감독권

이에 대한 일반적인 견해는 수임기관이 위임청의 보조기관이나 그 지휘 · 감독하에 있는 하급기관인 때에는 위임청은 상급기관으로서 수임기관을 지휘 · 감독하고 그 처분이 위법 · 부당하다고 인정할 때에는 취소 · 중지가 가능하다. 그러나 위임받은 기관이 지휘 · 감독하에 있는 하급기관이 아닌 경우에는 지휘 · 감독권이 없다고 보고 있다.[2)]

5) 권한위임의 종료

권한위임은 법령 또는 위임관청의 의사표시에 의한 해제, 종기의 도래 등에 의하여 종료되고, 해당 권한은 다시 위임청의 권한으로 된다.

Ⅲ. 경찰관청의 권한의 대리

1. 개 설

경찰관청의 권한의 대리라 함은 경찰관청(본인)의 권한의 전부 또는 일부를 다른 경찰행정기관(보조기관 등 대리인)이 피대리관청을 위한 것임을 표시하고[3)] 자기의 이름으로 대행하여, 그 대리인이 행한 행위는 피대리관청(본인)의 행위로서 효력을 발생하는 것을 말한다. 정부조직법은 이를 직무대행이라고 표현하고 있다. 예컨대, 경찰청장 직무대리 경찰청 차장 치안정감 홍길동이 대행하여, 그 행위가 피대리관청(경찰청장)의 행위로서 효력이 발생하는 것을 말한다.

---

1) 김형중, 전게서, p.460.
2) 김동희, 전게서, p.25.
3) 보조기관 등 대리인은 어느 경우든 자신의 권한이 아니라 피대리관청(본인)의 권한을 행사하는 것이므로 대리자가 그 권한을 행사하는 경우 당연히 그 뜻을 명시할 것이 필요하다. 이를 현명주의(顯名主義)라고 한다.

2. 대리의 종류

1) 임의대리

(1) 의 의

임의대리는 피대리관청의 수권[1]에 의하여 대리관계가 성립하는 경우를 말하며 수권대리 또는 위임대리라고도 한다. 경찰관청은 개별적인 법률의 근거 없이도 그 보조기관 등에 일정한 범위 내에서 대리권을 수여할 수 있다.

(2) 대리권의 범위

임의대리는 경찰관청의 일반적·포괄적인 권한의 일부에 한해서만 가능하며 포괄적인 권한의 대리는 인정되지 않는다. 따라서 법령에서 개별적으로 지정되어 있는 권한(대통령령·총리령·부령처럼 법령에서 지정한 권한 등)은 수권할 수 없다.

(3) 감독 및 책임

피대리관청은 대리자의 권한행사를 지휘·감독할 수 있으며, 대리자의 행위에 대하여 선임·감독상의 책임을 진다. 그러나 대리자는 자신의 행위에 대하여 공무원법상·사법상(私法上)·형사상의 모든 책임을 직접 진다.

2) 법정대리

(1) 의 의

법정대리라 함은 법령에서 규정한 일정한 사실의 발생에 따라 당연히 또는 일정한 자의 지정에 의하여 비로소 대리관계가 성립하는 경우를 말한다. 이에 관한 일반법으로는 직무대리규정(대통령령)이 있다.

(2) 종 류

법정대리에는 협의의 법정대리와 지정대리가 있다.

① 협의의 법정대리

법령에 대리자가 명시되어 있어서 일정한 법정사실이 발생함에 따라 별도의 행위가 없더라도 저절로 대리관계가 발생되는 경우이다. 예컨대, 국무총리의 대통령권한대행(헌법 제71조), 경찰청장이 유고시에 경찰청 차장이 직무대행을 하거나 경찰서장이 유고시에 경무과장이 직무대행을 하는 것 등이 협의의 법정대리에 해당한다.

---

1) 수권행위는 상대방의 동의를 요하지 않는 일방적 행위이며, 수권행위는 의사표시의 일반원칙에 따라 대리자에게 통지를 요하나 일반에게 공시할 필요는 없다.

② 지정대리

법정사실이 발생하였을 때에 일정한 자가 대리자를 지정함으로써 대리관계가 발생하는 경우이다. 예컨대, 국무총리 및 부총리가 모두 사고가 있을 때에는 대통령이 지명하는 국무위원이 국무총리를 대행하는 경우나(정부조직법 제22조), 경찰서장이 유고시에 지방청장이 지방청의 과장을 경찰서장 직무대리로 지정하는 경우는 지정대리에 해당한다.

③ 서 리

지정대리는 피대리관청의 지위에 있는 자가 일시 사고가 있는 때에 행하여지는 것이 보통이지만, 피대리관청의 지위에 있는 자가 사망·면직 등의 사유로 궐위된 때에 일시 그 대리자를 지정하고 있는 경우를 특히 '서리'라고 한다.

(3) 대리권의 범위 및 책임

특별한 규정이 없는 한 피대리관청의 권한의 전부에 미친다. 따라서 피대리관청은 대리자를 지휘·감독 할 수 없으며, 대리자는 자기의 책임으로 그 권한을 행사한다. 또한 피대리관청은 대리관청의 선임·감독상의 책임도 지지 않는다.[1]

3. 대리행위의 효과

대리자가 행한 대리행위는 피대리관청의 행위로서의 효과가 발생하며, 쟁송법적으로 피고적격에 대해서는 견해의 대립이 있으나, 피대리관청이 피고가 된다는 것이 다수설·판례의 입장이다.[2]

4. 복대리의 문제

경찰관청의 대리자가 피대리관청의 대리권을 타인에게 대리하게 할 수 있는가 하는 문제이다.

1) 임의대리

임의대리는 피대리관청의 권한의 일부대리이며 수권행위를 통한 신임관계에 의하여 대리권이 부여되므로, 복대리는 원칙적으로 허용되지 않는다.

2) 법정대리

법정대리의 경우에는 대리자가 직접 자기행위에 책임을 지고 피대리관청의 권한

1) 김형중, 전게서, p.456.
2) 김철용, 『행정법 Ⅱ』(서울: 박영사, 2009), p.33.

의 전부에 걸쳐 대리권을 행사하고 있으므로, 대리자는 그 대리권의 일부에 대하여 복대리가 허용된다고 본다.

Ⅳ. 경찰관청 상호간의 관계

1. 개 설

경찰관청이란 경찰행정에 관한 국가의사를 결정·표시하는 권한을 가진 경찰기관을 말한다. 경찰관청은 전체로서의 경찰목적을 통일적으로 수행하기 위하여 상하 또는 대등의 위치에서 각종의 법률관계를 맺고 있다. 경찰관청 상호간의 관계는 상하 경찰관청 간의 관계와 대등관청 간의 관계로 나누어 볼 수 있다.

2. 상하경찰관청 간의 관계

상하경찰관청 간의 관계는 권한대리관계, 권한위임관계, 권한감독관계로 나누어진다. 권한대리관계와 권한위임관계는 앞에서 이미 살펴보았기 때문에 여기서는 권한행사의 감독관계에 대해서만 기술한다.

1) 권한행사의 감독의 의의

권한행사의 감독이란 상급관청이 하급관청의 적법성과 합목적성을 보장하고 아울러 국가의사의 통일적 실현을 도모하기 위하여, 하급관청의 권한행사를 감시하고 필요에 따라 이에 대하여 일정한 통제를 가하는 작용을 말한다.

2) 권한행사의 감독수단

감독권한의 범위와 감독의 수단·방법은 관청의 종류와 사무의 성질에 따라 다르지만, 통상적으로 인정되는 상급관청의 감독수단·방법으로는 감시, 훈령, 인가와 승인·취소 또는 정지권과 주관쟁의 결정권 등이 있다.[1] 또한 감독권은 내용적으로 하급관청의 위법·부당한 권한행사를 미리 방지하기 위한 예방적 감독수단(예컨대, 감시권, 훈령권, 인가권, 주관쟁의 결정권)과 이미 행하여진 위법·부당한 행위를 시정하기 위하여 실시되는 교정적 감독수단(예컨대, 취소·정지권)으로 나누어진다.

(1) 감 시 권

상급관청이 하급관청의 권한행사의 상황을 알기 위하여 보고를 받거나, 서류 장

1) 박윤흔, 『행정법강의(하)』(서울: 박영사, 2005), p.50.

부를 검사하여 현장의 사무집행을 검열·시찰하는 등 실제로 사무 감사를 행하는 것을 말한다. 감시권 발동에 법적 근거는 요하지 않는다.

(2) 인가(승인)권

상급관청이 하급관청의 일정한 권한행사에 대하여 미리 인가를 주어 적법·유효하게 행정조치를 행할 수 있게 하여 주는 감독권을 말한다. 이러한 인가는 상급관청의 당연한 권능으로서 법령상 근거가 없는 경우에도 행할 수 있는 사전예방적 감독수단이다.

(3) 취소·정지권

상급관청이 직권 또는 당사자의 신청에 따라 하급관청의 위법·부당한 행위를 취소하거나 정지할 수 있는 것으로 원칙적으로 사후적인 교정적 감독수단이다. 상급관청은 법적 근거가 없는 경우에도 당연히 취소권을 행사할 수 있는가에 대하여 견해가 대립되고 있으나, 원칙적으로 감독청에게는 취소·정지권을 인정하지 않는 것이 타당하다고 본다.[1)]

(4) 주관쟁의 결정권

상급관청이 하급관청 상호간에 주관권한에 대한 다툼이 있는 경우에 이를 결정할 수 있는 권한이며, 예방적 감독수단이다. 경찰관청 간의 권한쟁의는 행정조직 내부의 문제이기 때문에, 행정권에 의해 해결되어야 하며 법원에 제소할 수 있는 성질의 것은 아니다.

(5) 훈 령 권

경찰행정상의 법률관계에서 상급경찰관청이 하급경찰관청에 대하여 각종의 훈령을 발하고 있으며, 훈령은 실질적으로 법률 이상으로 국민생활이나 경찰행정업무처리와 관련하여 상당한 비중을 차지하고 있다. 따라서 경찰관청의 권한 감독의 주된 수단은 훈령이라고 볼 수 있다.

① 훈　　령

훈령이란 상급경찰관청이 하급경찰관청의 권한행사를 지휘하기 위하여 사전에 발하는 명령을 말하며, 훈령을 발할 수 있는 권한을 훈령권이라 한다. 훈령은 통상 일반·추상적 법조의 형식으로 발령되나, 그것은 행정조직 내부에서 발하여지는 행정규칙으로서 원칙적으로는 그 법규성이 인정되지 않는다. 따라서 수명기관이 그에 위반

1) 명문의 규정이 없는 경우에도 취소·정지권 행사가 가능하다고 보는 견해도 있으나(홍정선, 『행정법특강』(서울: 박영사, 2009), p.835), 취소·정지의 효과는 행정조직의 내부에 그치지 않고, 당연히 국민에게 미치게 되며 또한 하급관청이 행한 행위를 감독청이 취소·정지한다는 것은 하급관청이 권한을 감독청이 대행한다는 대집행적 성질을 가진다고 보기 때문에 취소·정정권을 인정하지 않는 견해가 있다(한견우, 『행정법 Ⅱ』(서울: 홍문사, 1996), p.258).

하더라도 당해 위반행위가 위법한 것은 아니며, 다만 징계사유가 될 뿐이다.

② 직무명령과의 구별

훈령은 상급경찰관청이 하급경찰관청에 대한 명령이라는 점에서, 상관이 부하인 경찰공무원 개인에 대하여 발해지는 직무상의 명령인 직무명령과 구별된다. 훈령은 관청의 의사를 구속하여 관청 구성자가 교체되더라도 훈령의 효력에는 영향이 없다. 그러나 직무명령은 기관을 구성하는 공무원 개개인을 구속할 뿐이므로 기관 구성자가 교체되면 직무명령은 그 효력을 상실한다.

예컨대, 지방경찰청장이 직무와 관련하여 직무명령을 발하였으나, 그 후 지방경찰청장이 전보되었다면 전보되기 전까지 발한 직무명령 등은 당연히 그 효력을 상실하게 된다.[1] 훈령은 하급기관의 구성원도 구속하므로 직무명령의 성질도 아울러 가지지만, 직무명령은 훈령의 성질을 가질 수 없다. 양자 모두 법령의 수권 없이도 발할 수 있다.

③ 훈령의 법적 성질

훈령은 행정조직 내부에서의 작용으로 하급관청을 구속할 뿐, 일반국민을 구속할 수 없다는 것이 통설·판례의 입장이다.[2] 따라서 통설과 판례는 훈령을 행정규칙과 같은 것으로 본다.

④ 훈령의 종류

(ㄱ) 협의의 훈령 상급관청이 하급관청에 대하여 장기간에 걸쳐 그 권한행사를 일반적·추상적으로 지시하기 위하여 발하는 명령이다. 재량준칙 등 이른바 행위유도규칙(행위지도규칙)은 이에 해당한다.[3]

(ㄴ) 지 시 상급관청이 직권 또는 하급관청의 문의에 의하여 하급관청에 대하여 개별적·구체적으로 발하는 명령이다.

(ㄷ) 예 규 법규문서 이외의 문서로서 행정사무의 통일을 기하기 위하여 반복적 행정사무의 처리기준을 제시하는 명령이다.

(ㄹ) 일일명령 당직, 출장, 특근, 각종 휴가 등 일일사무에 관하여 발하는 명령이다. 이러한 일일명령은 일반성과 추상성을 결하므로, 이론상으로는 훈령으로 보기 어렵다.

⑤ 훈령의 요건과 심사권

(ㄱ) 훈령의 요건 훈령은 형식적 요건 및 실질적 요건을 갖추어야 유효하게

---

1) 김형중, 전게서, p.463.
2) 대판 1994. 8. 9, 94누3414.
3) 김남진, 『행정법 Ⅱ』(서울: 법문사, 2002), p.35.

성립한다. 형식적 요건으로는 훈령권 있는 상급관청이 하급관청의 권한 내의 사항에 대하여, 그 직무상 권한행사가 독립적으로 보장되고 있지 않은 사항에 대하여 발하여야 한다. 훈령의 실질적 요건으로는 그 내용이 적법·타당하고, 실현가능성이 있고 명백한 것이어야 한다.

(ㄴ) **하급관청의 훈령심사권** 상급관청이 발한 훈령에 대하여 수명하급관청은 그 훈령에 대하여 심사할 권한이 있는가에 대하여 학설상 견해가 대립되고 있다. 하급관청은 형식적 요건에 대하여는 심사권이 있고, 그 요건을 구비하지 못한 경우에는 복종을 거부할 수 있다. 그러나 하급관청이 실질적 요건을 심사할 수 있는가에 대해서는 견해가 갈리고 있으나, 실질적 요건에 대하여는 원칙적으로 심사권이 없다고 본다. 다만, 범죄를 구성하거나 중대하고 명백한 위법으로 절대무효인 경우에는 복종을 거부하여야 하고, 그에 따른 때에는 하급관청 스스로 책임을 져야 한다고 보는 것이 통설적 견해이고 판례의 입장이다.[1)]

하급관청의 훈령심사권(대판 1988. 2. 23, 87도2358)
대법원은 위법한 훈령에 복종한 당해 공무원의 행위에 대하여 "하관(下官)은 소속상관의 적법한 명령에 복종할 의무는 있으나, 그 명령이 참고인으로 소환된 사람에게 가혹행위를 가하라는 등과 같이 명백한 위법 내지 불법한 명령인 때에는 이미 벌써 직무상의 지시명령이라 할 수 없으므로 이에 따라야 할 의무는 없다"고 판시하고 있다.

⑥ 훈령의 형식 및 절차

훈령은 특별한 형식을 요하지 않고 구두나 문서 등 어느 형식으로도 가능하다. 구 사무관리규정에는 일정한 서식(예컨대, 훈령과 예규는 조문형식에 의한 작성) 등의 제한이 있으나, 이는 훈시적 규정에 불과하다. 훈령은 관보를 통해 공포함이 보통이나 공포하지 않을 때도 있다(내훈·내규).

⑦ 훈령의 경합

서로 모순되는 둘 이상의 상급관청의 훈령이 경합된 때에는 주상급관청의 훈령에 따라야 한다(예컨대, 안전행정부장관과 보건복지부장관이 경찰청에 서로 모순되는 훈령을 발한 경우, 경찰청장은 주상급관청인 안전행정부장관의 훈령에 따라야 한다). 그리고 주상급관청이 서로 상하관계에 있는 때에는 직근상급관청의 훈령에 따라야 한다. 예컨대, 경찰청장과 지방경찰

1) 김남진, 전게서, p.36; 대판 1988. 2. 23, 87도2358.

청장이 경찰서장에게 서로 모순되는 훈령을 발한 경우, 경찰서장은 직근상급관청인 지방경찰청장의 훈령에 따라야 한다.

3. 대등관청 상호간의 관계

1) 권한존중관계

대등경찰관청 사이에는 다른 경찰관청의 권한을 존중하여야 하며, 다른 경찰관청의 권한을 침범해서는 안 된다. 이를 달리 표현하면 권한불가침의 구속이라고도 한다. 경찰관청이 그의 권한 범위 내에서 행한 행위는 비록 하자가 있더라도 공정력이 인정되고 다른 관청들은 그에 구속된다. 만약 대등경찰관청 간에 주관권한에 대한 다툼이 있는 경우에는 상호협의에 의하여 결정하고, 그것이 안 되는 경우는 결정권자의 순서에 따라 결정한다. 즉, 공통의 상급경찰관청, 쌍방의 상급경찰관청 간의 협의, 경찰청장 순으로 결정권을 가지고 결정한다.[1)]

2) 상호협력관계

(1) 협 의

하나의 사항이 둘 이상의 경찰관청의 권한에 관련되는 경우에는 대등한 경찰관청 간의 협의에 의하여 해결한다. 이에는 ① 주관경찰관청이 관계경찰관청과 협의하는 경우, ② 둘 이상의 경찰관청이 공동주관경찰관청으로서 대등하게 협의하는 경우(도로교통법) 등이 있다.

(2) 사무위탁(촉탁)

대등관청 사이에 있어서 어느 하나의 관청의 직무상 필요한 사무가 다른 관청의 관할에 속하는 경우에 그 관청에 사무처리를 위탁(촉탁)하는 것을 말한다. 사무의 위탁은 법령의 근거를 요하며, 위탁을 받은 경찰기관은 위탁을 거부할 수 없다. 예컨대, 경찰서장이 물건의 소재지 경찰서장에게 당해 물건의 압수를 위탁하는 것 등이 그 예이다.

(3) 행정응원

행정응원이란 행정사무의 처리를 위해 다른 행정이관으로부터 인력이나 장비 또는 전문지식의 도움을 받는 것을 말한다. 행정응원에 관한 일반조항으로 행정절차법(법 제8조)이 있고, 특별법으로는 경찰직무응원법, 소방기본법, 위수령 등이 있다.

---

1) 김형중, 전게서, p.465.

제 2 장 경찰공무원법

Police Administrative Law

제 1 절 경찰공무원의 개념 및 분류

Ⅰ. 개 설

1. 공무원법의 의의

공무원법이란 행정을 행하는 인적 요소인 공무원의 법 관계를 규율하는 법규의 총괄개념이다. 공무원법은 국가조직 또는 지방자치단체 조직의 내부관계를 중심으로 하며, 공무원을 대상으로 한다.

2. 경찰공무원의 개념

경찰공무원은 경찰기관을 구성하는 공무원으로서, 국민의 자유와 권리의 보호 기타 사회 공공의 안녕과 질서유지를 그 임무로 하는 특정직 국가공무원이다.[1] 경찰공무원은 형식상으로 경찰청·지방경찰청 등에 소속되어 경찰업무를 담당하는 순경에서 치안총감에 이르는 계급으로 되어 있는 국가공무원으로서, 경력직 공무원 중 특정직 공무원[2]이다. 그러나 조직상 경찰기관에 근무하는 일반직 공무원 그리고 의무

1) 조직상 경찰기관에 근무하는 일반직 공무원들은 "경찰직무에 종사"하지 않기 때문에 경찰공무원에 해당되지 않으며, 전·의경 역시 경찰계급을 가지지 아니하기 때문에 경찰공무원에 해당되지 않는다. 다만 이들은 형법상 공무집행방해죄에서 말하는 공무원에 해당되며, 국가배상법상의 공무원에도 해당된다. 따라서 이들이 직무상 위법행위를 한 경우, 그로 인해 피해를 입은 국민은 국가에 대해 손해배상을 청구할 수 있음을 의미한다.

2) 1981년 국가공무원법 및 지방공무원법 개정 이후부터 채택하고 있는 분류방법으로 직무의 내용·임용

전투경찰순경 등은 경찰공무원의 개념에서 제외된다.

Ⅱ. 경찰공무원의 계급·경과

경찰공무원은 계급·경과와 특기 등에 의하여 분류할 수 있다. 계급제는 수직적 분류의 기준이며, 경찰공무원을 상하로 구분하여 권위와 책임, 그리고 보수 등에 차이를 두기 위한 것이고, 경과와 특기는 수평적 분류의 기준이며, 개인의 능력, 적성, 자격 등을 활용함으로써 전문성을 장려하려는 목적이 있다.

1. 계 급 제

국가공무원 중 경력직 공무원은 1급에서 9급까지 계층을 두고 있다. 그러나 경찰공무원은 순경에서 치안총감까지 11개 계급단계가 상하로 체계화되어 있다. 경찰공무원의 계급체계는 신분상의 지위나 자격에 중점을 두고 개인의 특성을 고려하여 만들고 있으며 임용의 중요한 기준이 된다. 계급이 높을수록 직무수행의 곤란도, 책임도가 높아지고, 계급의 상승에 따라 경찰공무원의 보수가 증가하는 구조로 되어 있다.

2. 경 과

경찰공무원은 직무의 종류에 따라 경과에 의해 구분할 수 있다.[1] 경찰공무원의 경과는 일반경과(특수경과에 해당하지 않는 부서인 일반경찰기관에 근무하는 자로서, 순경에서 총경에게 주어진다), 수사경과(특수경과에 해당하지 않는 부서인 일반경찰기관에 근무하는 자로서, 순경에서 경정에게 주어진다), 보안경과(특수경과에 해당하지 않는 부서인 일반경찰기관에 근무하는 자로서 순경에서 경정에게 주어진다), 특수경과(항공경과, 정보통신경과, 운전경과 등을 말하며, 운전경과를 제외한 특수경과는 경과자체가 전문특기가 된다)로 구분된다(경찰공무원임용령 제 3 조).

자격·신분보장 등을 고려하여 경력직공무원과 특수경력직공무원으로 대별한다. 경력직공무원이란 실적과 자격에 따라 임용되고 그 신분이 보장되며 평생 동안 공무원으로 근무할 것이 예정되는 공무원을 말한다. 경력직은 다시 ① 일반직 공무원(기술·연구·행정일반 업무를 담당), ② 특정직 공무원(경찰·법관·검사·외무·소방·교육공무원·군인·국가정보원 직원 등)으로 구별할 수 있다.

1) 경과를 두고 있는 이유는 복잡하게 이루어지고 있는 경찰업무를 구분해 그 전문화를 이루기 위해서이다.

3. 특 기

경찰공무원의 보직은 크게는 경과에 의하여 결정되지만, 다시 그 보직은 특기에 의하여 제약을 받게 된다. 특기제도는 임용권자 또는 임용제청권자가 일정한 요건을 갖춘 경위 이상 경정 이하의 간부급 경찰공무원에 대하여 경과별 직무분야에 따라 일반특기 또는 전문특기를 부여할 수 있다(동령 제 3 조 제 3 항).[1]

제 2 절 경찰공무원관계의 발생 · 변경 · 소멸

Ⅰ. 경찰공무원관계의 성립

1. 임명의 의의와 성질

1) 임명의 의의

경찰공무원관계는 경찰공무원의 임명에 의하여 발생한다. 임명이라 함은 특정인에게 공무원으로서의 신분을 부여하여 공법상의 근무관계를 설정하는 행위다. 이는 공무원의 신분을 취득한 자에게 일정한 직위를 부여하여 직무를 수행할 수 있도록 하는 행위인 보직과는 구별된다. 임명이라는 용어는 실정법상으로는 '임용'이라는 용어로 사용되고 있다. 경찰공무원임용령 · 공무원임용령 등에 보면, 임용은 신규채용 · 승진 · 전직 · 전보 · 겸임 · 파견 · 강임 · 휴직 · 정직 · 복직 · 면직 · 해임 및 파면 등을 포괄하는 의미로 쓰이고 있다(공무원임용령 제 2 조 제 1 호).

2) 성 질

임명행위 법적 성질에 대해서는 공법상 계약설, 동의를 전제로 하는 단독행위설, 쌍방적 행정행위설이 대립되고 있으나, 임명행위는 상대방의 동의가 있어야만 유효하다는 쌍방적 행정행위설이 통설 · 판례이다. 이 설에 의하면 상대방의 동의가 흠결된 경우 임명행위는 당연무효이다.

---

1) 일반특기 및 전문특기는 다음과 같이 분류한다. 일반특기로서 기획, 감사, 경무, 방범, 교통, 경비, 작전, 형사, 수사, 정보, 보안, 외사특기로 분류한다. 전문특기는 조사, 감식, 정보관리, 정보분석, 보안수사공작, 보안수사실무, 외사 및 기술(정보통신, 항공, 운전) 특기로 분류된다.

2. 경찰공무원의 임명요건

경찰공무원의 임명요건에는 소극요건(능력요건)과 적극요건(자격요건)의 두 가지가 있다.

1) 소극요건(능력요건)

일정한 결격사유에 해당하는 자는 경찰공무원이 될 수 없다. 즉 결격사유에 해당하는 자는 경찰공무원으로 임명될 수 없다는 임용회피요건을 말하며(소극요건), 재직 중 결격사유가 발생시에는 당연퇴직사유가 된다. 경찰공무원의 임용자격 및 결격요건은 다음과 같다.

(1) 경찰공무원은 신체 및 사상이 건전하고 방정한 자 중에서 임용한다.

(2) 아래 사항에 해당하는 자는 경찰공무원으로 임용될 수 없다.

① 대한민국 국적을 가지지 아니한 자, ② 국적법 제11조의2 제 1 항에 따른 복수국적자, ③ 금치산자 또는 한정치산자, ④ 파산자로서 복권되지 아니한 자, ⑤ 자격정지 이상의 형의 선고를 받은 자, ⑥ 자격정지 이상의 형의 선고유예를 선고받고 그 유예기간 중에 있는 자, ⑦ 징계에 의하여 파면 또는 해임의 처분을 받은 자로 규정하고 있다(경찰공무원법 제 7 조). 위 결격사유에 해당하는 자를 경찰공무원으로 임명하는 행위는 무효[1]이다.

2) 적극요건(자격요건)

경찰공무원으로 임명되기 위하여 소극적으로는 임용결격사유에 해당되지 않아야 하며 적극적으로는 일정한 자격요건을 갖추어야 한다. 즉 경찰공무원의 임용은 공개경쟁시험(신규임명의 경우), 특별채용시험(도서·벽지 등 특수 지역에 근무할 자 임용, 외국어에 능통한 자 임용 등) 등의 시험 또는 근무성적, 기타 능력의 실증에 의하여 행하도록 되어 있으며, 공개시험합격자를 우선적으로 임용하도록 되어 있다. 경찰공무원의 채용시험방법은 경찰업무의 특성을 고려하여 일반공무원과는 달리 신체검사·체력검사·필기시험·종합작성검사·면접시험 또는 실기시험과 서류전형 등을 거쳐 최종합격결정을 하도록 규정하고 있다. 다만 경찰대학졸업자 등이 경위로 신규채용되는 경우는 예외로 하고 있다.

3) 임용요건이 결여된 자에 대한 공무원의 임명효과

능력요건이 결여된 자에 대한 임명은 당연무효라는 것이 통설·판례이며, 재직

---

1) 결격사유자에 대한 공무원 임용의 효력에 관하여, 대법원은 "국가공무원법에 규정되어 있는 공무원으로 임용되기 위한 절대적인 소극적 요건으로서 공무원 관계는 국가의 임용이 있는 때에 설정되는 것이므로, 임용 당시 공무원임용 결격사유가 있었다면 비록 국가의 과실에 의하여 임용결격자임을 밝혀내지 못하였다 하더라도 그 임용행위는 당연무효로 보아야 한다"고 판시하고 있다(대판 1987. 4. 14, 86누459).

중에 이 결격사유에 해당하는 사유가 발생한 때에는 당연히 퇴직된다. 그리고 자격요건을 결여한 자에 대한 임명은 취소될 수 있다.[1)]

3. 경찰공무원의 임명권자

경찰공무원은 계급에 따라 대통령, 경찰청장, 지방경찰청장이 임명권자가 된다.

1) 대 통 령

총경이상의 경찰공무원은 경찰청장의 추천에 의하여 안전행정부장관 제청으로 국무총리를 거쳐 대통령이 임용한다. 또한 경정의 신규채용·승진·임용 및 면직도 경찰청장의 제청으로 국무총리를 거쳐 대통령이 행한다. 다만 총경의 전보·휴직·정직 및 복직은 경찰청장이 행한다.

2) 경찰청장

경정이하의 경찰공무원은 경찰청장이 임용한다. 다만 경찰청장은 임용권의 일부를 대통령령이 정하는 바에 의하여 경찰공무원의 임용에 관한 권한의 일부를 소속기관(경찰대학·경찰교육원·경찰병원)의 장과 지방경찰청장에게 위임할 수 있다.[2)]

3) 지방경찰청장(경찰대학장, 경찰교육원장, 중앙경찰학교장, 경찰병원장)

권한위임의 범위 내에서 그 소속 경찰공무원 중 경정의 전보·파견·휴직 및 복직에 관한 권한과 경감 이하의 임용권을 행사할 수 있다.

4) 경찰서장

지방경찰청장은 경위 이하의 경찰공무원에 대한 승진과 당해 경찰서 안에서의 "전보권"을 경찰서장에게 다시 위임할 수 있다. 따라서 경찰서장은 해당 관청내 경위 이하의 승진과 경감 이하의 전보권을 행사할 수 있다.

4. 임명의 형식

임명은 임용장의 교부에 의하여 행하여지는 것이 원칙이다. 그러나 임용장의 교부는 임용의 유효요건이 아니고, 단지 임용행위의 선언적·공증적 효력밖에 없다. 따라서 기본적으로 임용행위는 불요식행위라고 할 수 있다.

---

1) 대판 1987. 4. 14, 86누459.
2) 권한의 위임은 위임관청에서 수임관청으로 이동하며, 그 결과 수임관청은 자기의 명의와 책임하에 임명권을 행사할 수 있다.

5. 임명의 효력발생시기

경찰공무원의 임용시기는 임용장 또는 임용통지서에 기재된 일자에 임용된 것으로 본다. 임용장은 임용일자까지 임용될 자에게 도달할 수 있도록 발령하여야 하지만, 특수한 사정으로 인하여 임용장에 기재된 날짜 이후에 임용장이 교부된 경우에는 그 교부받은 날에 효력이 발생한다고 보아야 한다.[1)]

6. 시보임용

경정 이하의 경찰공무원을 신규채용하는 경우에는 1년의 기간 시보로 임용하고, 그 기간이 만료된 다음 날에 정규 경찰공무원으로 임용한다(경찰공무원법 제10조 제 1 항). 시보임용기간 중에 있는 경찰공무원이 근무성적 또는 교육훈련성적이 불량한 때에는 면직을 시키거나 면직을 제청할 수 있다(동법 동조 제 3 항).

Ⅱ. 경찰공무원관계의 변경

1. 의 의

경찰공무원관계의 변경이란 경찰공무원으로서의 신분을 유지하면서 경찰공무원관계의 내용에 일시적 또는 영구적 변경이 생기는 것을 말한다. 임명행위와는 달리 행정주체의 일방적 행위로 행하여진다. 이에는 승진 · 정직 · 강등 · 파견 · 전보 · 휴직 · 직위해제 · 복직 등이 있다.

2, 변경요인

1) 승 진

승진이란 동일한 직렬 안에서 하위직급에 재직 중인 공무원을 바로 상위직급에 임용하는 것을 말한다. 경찰공무원의 승진은 필요한 최저 근무연수제도를 전제로 한다. 승진 소요최저 근무연수를 보면 총경은 4년, 경정 · 경감은 3년, 경위 · 경사는 2년, 경장 · 순경은 1년의 기간이 최소한 경과하여야 승진대상자가 된다(경찰공무원 승진임용 규

1) 임명장 등에 기재된 일자보다 실제로 도달된 일자가 늦은 때에는 실제로 도달된 일자에 효력이 발생된다고 하는 것이 판례의 입장이다(대판 1962. 11. 15, 62누165).

정 제 5 조 제 1 항). 승진에는 심사승진 · 시험승진 · 특별승진 · 근속승진 등이 있다.

2) 전 보

전보란 동일한 직위(계급) 내에서 장기근무로 인한 침체를 방지하고 직무수행 능률을 높이기 위한 동일직급 내에서의 보직변경을 말한다. 경찰공무원은 해당 직위에 임용된 날부터 원칙적으로 1년 이내에는 다른 직위에 전보할 수 없으나(감사 업무를 담당하는 경찰공무원의 경우는 2년 이내), 다음의 경우는 예외로 한다(경찰공무원임용령 제27조 제 1 항).

① 직제상의 최저단위 보조기관(담당관을 포함한다)내에서의 전보

② 기구의 개편, 직제 또는 정원의 변경으로 인한 해당경찰공무원의 전보

③ 당해 경찰공무원을 승진시키는 경우

④ 징계처분을 받은 경우

⑤ 형사사건에 관련되어 수사기관에서 조사를 받고 있는 경우

⑥ 교육훈련기관의 교수요원으로 보직하는 경우

⑦ 시보임용중인 경우

⑧ 신규채용된 경찰공무원으로서 보직관리기준에 따라 순환보직중인 자의 전보 및 이와 관련한 전보

⑨ 감사담당 경찰공무원 가운데 부적격자로 인정되는 경우 등이다.

3) 휴 직

휴직이란 경찰공무원으로서의 신분을 보유하면서 일정한 기간 직무(직무담임)에는 종사하지 못하는 것을 말한다(국가공무원법 제73조 제 1 항). 휴직은 직위해제와는 달리 제재적 성격이 없음이 특징이며, 최장 1년까지 휴직이 가능하다. 휴직에는 본인의 의사에 관계없이 당연히 휴직을 명하는 직권휴직[1]과 경찰공무원 본인의 의사에 의하여 임용권자가 행하는 의원휴직이 있다. 휴직기간 중 그 사유가 소멸된 때에는 30일 이내에 임용권자는 지체 없이 복직을 명하여야 한다(동법 동조 제 2 항).

4) 직위해제

직위해제라 함은 경찰공무원 자신에게 당해 직무수행을 계속하게 할 수 없는 사유가 발생한 경우에, 경찰공무원의 신분은 그대로 보유케 하면서 직위만을 부여하지

---

1) 직권휴직은 ① 신체 · 정신적 장애로 장기요양을 요하는 경우나, ② 병역법에 의하여 소집 · 징집되었을 때, ③ 천재지변 · 사변으로 생사가 불분명하거나, ④ 그 밖에 법률의 규정에 따른 의무를 수행하기 위해 직무를 이탈할 때 명할 수 있다.

아니하는 것을 말한다(국가공무원법 제73조의3). 직위해제는 휴직과는 달리 사후제재적인 성격을 가지는 보직해제를 의미하며 복직이 보장되지 않는다. 직위가 해제되면 직무에 종사하지 못하며 출근의무도 없다. 직위해제처분이 공무원에 대한 불이익 처분이기는 하나 징계처분과 같은 성질의 처분이라 할 수 없으므로 일사부재리의 원칙에 위배된다고 할 수 없다. 직위해제의 사유로는 ① 직무수행능력이 부족하거나 근무성적이 극히 불량한 자, ② 파면, 해임, 강등 또는 정직의 징계의결이 요구 중인 자, ③ 형사사건으로 기소된 자(약식명령으로 기소된 때는 제외) 등이다. 직위해제는 징계의 성격이 있으나, 징계의 종류로 분류되지는 않는다.

직위해제처분과 일사부재리의 원칙과의 관계(대판 1984. 2. 28, 83누489)

대법원은 "직위해제처분과 징계처분 또는 직권면직처분은 서로 목적을 달리하는 별개의 처분이므로 직위해제처분이 있은 후 동일한 사유로 징계처분이나 직권면직처분이 있는 경우에도 일사부재리의 법리에 위반되지는 않는다"고 판시하고 있다.

5) 복　　직

복직이란 휴직 또는 직위해제 중에 있는 경찰공무원를 직위에 복직시키는 것을 말한다. 휴직중인 경찰공무원은 휴직기간 중 그 사유가 소멸되면 30일 이내에 이를 임용권자 또는 임용제청권자에게 신고하여야 하며 임용권자는 지체 없이 복직을 명하여야 한다(동법 제73조 제2항).

6) 정　　직

정직은 징계처분 중 중징계의 일종으로 경찰공무원의 신분을 가지고 있으면서 1개월 이상 3개월 이하의 기간 동안 직무담당이 정지되고 보수의 2/3가 감액된다(동법 제80조 제3항).

7) 강　　등

해임과 정직 사이에 강등제를 신설하였다(국가공무원법 일부개정 2008. 12. 31., 2009. 4. 1. 시행). 강등은 1계급 아래로 직급을 내리고 공무원 신분은 보유하나 3개월간 직무에 종사하지 못하며, 그 기간 중 보수의 2/3를 감한다(동법 동조 제1항). 그리고 18개월간 승진 및 승급이 제한된다(공무원임용령 제32조).

8) 감　　봉

감봉은 경찰공무원으로 신분을 보유하고 직무를 수행하지만 1월 이상 3월 이하의 기간 동안 보수의 3분의 1을 감하는 것을 말한다(국가공무원법 제80조 제 4 항).

9) 파　　견

국가사업의 수행, 행정지원, 연수, 그 밖에 능력개발 등을 위해 경찰공무원을 국가기관·공공단체·교육기관·연구기관 등에 파견근무[1]하게 하는 것을 말한다(경찰공무원임용령 제30조). 파견은 전보에 준하는 변경행위의 일종이라 보아야 한다.[2]

Ⅲ. 경찰공무원관계의 소멸

경찰공무원관계의 소멸이란 경찰공무원으로서의 신분이 해소되는 경우를 말한다. 경찰공무원관계의 소멸에는 퇴직과 면직이 있다.

1. 퇴　　직

1) 의　　의

퇴직이란 퇴직사유의 발생과 더불어 당연히 경찰공무원의 신분이 상실되는 것을 의미한다. 현행법상 퇴직사유로는 경찰공무원법상의 결격사유발생과 사망, 임기만료, 정년, 국적상실의 경우가 있다.

(1) 당연퇴직

당연퇴직이란 임용권자의 처분에 의해서가 아니고 법이 정한 일정한 사유가 발생함으로 인해 당연히 경찰공무원관계가 소멸되는 것을 말한다. 당연퇴직은 법정사유가 발생하면 곧바로 경찰공무원관계가 소멸되고, 퇴직자는 더 이상 경찰공무원이 아니다. 따라서 당연퇴직의 인사발령이 있었다고 하여도 이는 법률상 당연히 발생하는 퇴직사유를 공적으로 확인하여 주는 관념의 통지에 불과하므로 항고소송의 대상이 되지 아니한다.

당연퇴직 인사발령여부가 행정소송의 대상이 되는지 여부(대판 1992. 1. 21, 91누2687)

대법원은 "공무원이 당연퇴직의 경우에는 결격사유가 있어 법률상 당연퇴직되는 것이지 공무원관계를 소멸시키기 위한 별도의 행정처분을 요하지 아니한다 할 것이며, 위와 같은 사유의 발생으로 당연퇴직의 인사발령이 있었다 하여도 이는 퇴직 사실을 알리는 이른바 관념의 통지에 불과하여 행정소송의 대상이 되지 아니한다"라고 판시하고 있다.

---

1) 파견기간은 1년 6월 이내로 한다. 다만, 특히 필요한 경우에는 6월 범위 안에서 이를 연장할 수 있다.
2) 한견우, 전게서, p.56

(2) 정년퇴직

경찰공무원의 정년퇴직에는 연령정년과 계급정년이 있다. 연령정년의 경우 계급에 상관없이 60세이며, 연령정년은 연장될 수 없다. 계급정년의 경우에는 치안감은 4년, 경무관은 6년, 총경은 11년, 경정은 14년을 근무하면 퇴직한다(경찰공무원법 제24조).

2. 면 직

면직이란 특별한 행위에 의하여 경찰공무원관계가 소멸되는 경우이다. 이에는 경찰공원의 사의표시에 의한 의원면직과 국가의 일방적 의사에 의한 일방적 면직이 있다.

1) 의원면직

경찰공무원 자신의 사의표시에 의하여 경찰공무원관계를 소멸시키는 행위이다. 의원면직행위는 공무원 본인의 신청을 요건으로 하는 쌍방적 행정행위로 보는 것이 통설이다. 그러므로 공무원의 사의표시가 있어도 임용권자에 의한 면직처분이 있기까지는 공무원관계는 존속된다. 따라서 경찰공무원이 사직원만 제출하고 직장을 무단이탈하는 경우에는 징계 및 형사책임의 원인이 된다.[1] 의원면직은 공무원의 자유로운 사의표시를 전제로 하는 것이므로, 상사 등의 강요에 의한 사의표시를 이유로 면직 처분하는 것은 위법한 것으로 취소 또는 무효사유가 된다.[2] 또한 의원면직의 특별한 경우로 20년 이상 근속한 공무원이 정년 전에 자진하여 퇴직하는 명예퇴직제도도 이의 한 형태라고 할 수 있다. 이 경우에는 예산의 범위 안에서 명예퇴직수당이 지급될 수 있다(국가공무원법 제74조의2).

2) 일방적 면직(강제면직)

본인의 의사와는 상관없이 일방적으로 행해지는 면직처분으로서 강제면직이라고 한다. 여기에는 징계면직과 직권면직이 있다.

강요에 의한 사의표시로 면직처분시 효과여부(대판 1975. 6. 24, 75누46)

대법원은 "상사인 세무서장이 원고에게 사직원을 제출할 것을 강력히 요구하므로 원고는 사직원을 제출할 의사가 없으면서 사직원을 제출하더라도 반려될 것으로 알고 수리되는 경우에는 행정쟁송을 할 의사로 사직원을 제출하였다면 이는 무효로 보아야 할 것이다"라고 판시하고 있다.

---

1) 김철용, 전게서, p.204.
2) 대판 1975. 6. 24, 75누46.

(1) 징계면직

징계면직은 징계처분에 의하여 공무원신분을 소멸시키는 것으로 이러한 징계면직에는 파면과 해임이 있다. 해임의 경우는 연금이 지급되는 점에서 연금이 제한되어 지급되는(퇴직급여액의 1/4~1/2 감액) 파면과 다르다. 파면은 5년간, 해임은 3년간 공직 재임용이 제한된다.

(2) 직권면직

직권면직은 법정사유가 있는 경우에 본인의 의사에 불구하고 임용권자가 직권으로 행하는 면직처분을 말한다. 국가공무원법상의 직권면직 사유로는 ① 직제와 정원의 개폐 또는 예산의 감소 등에 따라 폐직 또는 과원이 되었을 때, ② 휴직기간이 끝나거나 휴직사유가 소멸된 후에도 직무에 복귀하지 아니하거나 직무를 감당할 수 없을 때, ③ 해당 경과에서 직무를 수행하는 데 필요한 자격증의 효력이 상실되거나 면허가 취소되어 담당 직무를 수행할 수 없게 된 때 등은 징계위원회의 동의를 요하지 않는 직권면직의 사유가 된다. 그리고 징계위원회의 동의를 요하는 직권면직 사유로는, ① 직위해제로 인하여 대기명령을 받은 자가 그 기간 중 능력의 향상 또는 근무성적의 향상을 기대하기 어렵다고 인정할 때, ② 경찰공무원으로서 부적합할 정도로 직무수행능력 또는 성실성이 현저히 결여된 자, ③ 직무수행에 있어서 위험을 일으킬 우려가 있을 정도의 성격 또는 도덕적 결함이 있는 자 등이다(국가공무원법 제70조 제 1 항, 경찰공무원법 제22조 제 1 항).[1)]

Ⅳ. 경찰공무원의 불이익처분에 대한 구제

징계처분 기타 공무원의 의사에 반하는 불이익한 처분에 대한 구제수단으로는 처분사유설명서의 교부, 후임자 보충발령의 유예, 고충심사청구, 소청, 행정소송 등이 있다.

1. 처분사유설명서의 교부

경찰공무원에 대하여 징계처분·휴직·직위해제·면직처분을 행할 경우, 처분권자는 처분사유설명서를 교부하여야 한다(국가공무원법 제75조). 다만 본인의 원에 의한 휴직, 면직의 경우는 예외이다. 이처럼 처분사유설명서를 교부하는 이유는 피처분권자에게 출소(出訴)의 기회를 부여하고 처분의 적법성을 보장하기 위한 것이다. 문제는 처

---

1) 김형중, 전게서, p.481.

분사유설명서의 교부가 처분의 효력발생요건인가 하는 점인데, 처분사유설명서 교부의 취지 및 해당 공무원이 처분사유설명서를 받은 날을 소청제기 기간의 기산점으로 정하고 있는 점에 비추어 볼 때 긍정적으로 보아야 할 것이다.

2. 소 청

1) 의 의

소청이란 징계처분 기타 본인의 의사에 반하는 불이익처분을 받은 자가 관할 소청심사위원회에 심사를 청구하는 제도이다. 이는 행정심판의 일종으로 공무원의 권리구제와 행정의 적정성 확보를 목적으로 한다.

2) 소청사항

소청의 대상은 징계처분, 휴직, 직위해제, 면직처분 기타 본인의 의사에 반하는 불리한 처분[1]이나 부작위이다. 기타 본인의 의사에 반하는 불리한 처분이나 부작위에는 일반적으로 의원면직 형식에 의한 면직, 대기명령, 전직, 전보 등이 포함된다.

3) 소청절차

소청은 징계처분, 휴직, 직위해제, 면직처분에 대해서는 처분사유설명서를 받은 날부터 30일 이내, 기타의 경우에는 처분이 있음을 안 날부터 30일 이내에 소청심사위원회에 심사를 청구할 수 있다(동법 제76조 제1항). 여기서 '처분사유설명서를 받은 날부터'라 함은 공무원이 현실로 이를 수령한 날이 아니라 공무원이 이를 볼 수 있는 상태에 놓여진 날을 의미한다는 것이 판례의 입장이다.[2]

4) 소청심사기관

소청심사위원회는 경찰공무원의 징계처분 그 밖에 그 의사에 반하는 불리한 처분에 대한 소청을 심사하는 합의제 행정청으로서 안전행정부에 설치되며, 위원장을 포함 5인 이상 7인 이내의 상임위원으로 구성된다(동법 제9조). 다만 필요한 경우에는 약간 명의 비상임위원을 둘 수 있다.

5) 소청의 심사

소청심사위원회에 직권조사권이 부여되어 있다. 그리고 소청심사 시에는 반드시 소청인 또는 대리인에게 진술의 기회를 주어야 하며, 진술기회를 부여하지 아니한 결

1) 훈계, 권고, 내부적 결정 등은 '처분'의 성질을 가지지 않는 것이 명백하므로 여기서 말하는 '처분'에서 제외된다.
2) 김형중, 전게서, p.482.

정은 무효이다(동법 제13조).

6) 소청심사위원회의 결정

소청심심사위원회의 결정은 재적위원 3분의 2 이상의 출석과 재적위원 과반수의 합의에 의한다. 소청심사위원회의 결정은 기각, 각하, 취소 또는 변경, 무효 확인 및 의무이행결정으로 구분된다(동법 제14조 제 5 항). 소청을 심사한 경우에는 원징계보다 중한 징계를 과하는 결정을 하지 못하도록 하는 불이익변경금지의 원칙이 적용된다. 소청심사위원회의 결정은 처분 행정청을 기속한다(동법 제15조). 따라서 처분청은 위원회의 결정내용에 따른 작위·부작위의 의무가 발생하게 된다.[1]

7) 소청심사위원회의 결정에 대한 불복

소청심사위원회의 결정에 대하여 불복이 있는 경우에는 바로 행정소송을 제기할 수 있다(동법 제16조).

3. 행정소송

소청을 제기한 자가 소청심사위원회의 결정에 불복이 있는 때에는 위법하다고 생각되는 경우에 한하여 결정서의 송달을 받은 날로부터 90일 이내에 행정소송을 제기할 수 있다. 이 경우 행정소송의 피고는 경찰청장이 됨이 원칙이나, 임용권을 위임한 경우에는 그 위임을 받은 자를 피고로 한다(경찰공무원법 제28조). 또한 이러한 소송에도 행정심판전치주의가 적용되므로 원칙적으로 소청을 거치지 않고는 소송을 제기할 수 없다. 그러나 위원회가 60일이 경과되어도 결정을 하지 않거나, 긴급한 필요가 있을 때에는 직접 관할 행정법원에 소송을 제기할 수 있다.

4. 고충심사의 청구[2]

경찰공무원은 인사·조직·처우 등 직무조건과 기타 신상문제에 관하여 인사상담이나 고충심사를 청구할 수 있다. 이를 위하여 경찰청·지방경찰청 등에 경찰공무원

1) 김형중, 전게서, p.157.
2) 고충심사와 소청심사의 차이를 보면, 첫째, 고충심사는 경찰공무원의 모든 신상문제가 대상이나, 소청은 신분상 불이익처분이 주요대상이고,
둘째, 고충심사는 단순히 적정한 행정상 조치를 구하는 심사기능으로 심사청구기간도 별도로 정하여져 있지 않으나, 소청은 행정심판의 일종이고,
셋째, 고충심사는 심사결과에 기속력이 없으나, 소청은 결정에 기속력이 있다는 등으로 요약할 수 있다(김철용, 전게서, p.215).

고충심사위원회를 둔다(경찰공무원법 제25조 제 1 항). 경찰공무원 고충심사위원회의 심사를 거친 고충심사와 경정 이상 경찰공무원의 고충심사는 국가공무원법에 의하여 설치된 중앙고충심사위원회에서 심사한다(동법 동조 제 2 항). 이 경우 중앙고충심사위원회의 기능은 소청심사위원회에서 관장하는데, 이러한 고충심사위원회는 공무원을 위한 옴부즈만(Ombudsman)적 성격을 가진다고 할 수 있겠다. 그리고 구속력과 관련하여 경찰관청은 소청심사위원의 결정에 기속되는데 대하여, 고충심사위원회의 결정에는 법적 기속력이 인정되지 않으며 행정쟁송의 대상이 되지 않는다.

고충심사의 결정이 행정상 쟁송의 대상이 되는지 여부(대판 1987. 12. 8, 87누657 · 658)

대법원은 "고충심사제도는 공무원으로서의 권익을 보장하고 적정한 근무환경을 조성하여 주기 위하여 근무조건 또는 인사관리 기타 신상문제에 대하여 … 그 시정과 개선책을 강구하여 줄 것을 임용권자에게 청구할 수 있도록 한 제도로서, 고충심사결정 자체에 의하여는 어떠한 법률관계의 변동이나 이익의 침해가 직접적으로 생기는 것이 아니므로 고충심사의 결정은 행정상 쟁송의 대상이 되는 행정처분이라고 할 수 없다"고 판시하고 있다.

제 3 절 경찰공무원의 권리 · 의무 · 책임

Ⅰ. 경찰공무원의 권리

1. 개 설

국가공무원은 국민의 지위와 국가기관으로서의 지위라는 이중적 지위를 가지고 있기 때문에 일반국민이 부담하지 않는 특별한 의무와 책임을 지는 반면에, 일반국민에게 인정되지 않는 여러 가지 권리를 갖는다. 특히 경찰공무원은 사회질서유지라는 업무의 특수성으로 인하여 다른 공무원이 갖지 않는 특수한 권리를 가진다. 경찰공무원의 권리는 크게 나누어 신분상의 권리와 재산상의 권리로 나누어지는데, 이는 경찰공무원이 국가에 대하여 가지는 개인적 공권에 속한다.

2. 신분상의 권리

1) 일반공무원과 공통으로 갖는 권리

(1) 신분 및 직위보유권

경찰공무원의 신분은 법률에 의해 보장된다(헌법 제7조 제2항). 즉, 경찰공무원은 형의 선고, 징계처분 또는 국가공무원법 및 경찰공무원법에 정하는 사유에 의하지 아니하고는 그 의사에 반하여 신분 및 직위를 상실하지 아니한다. 다만, 시보임용기간 중은 이 권리가 인정되지 아니하며, 치안총감 및 치안정감에 대하여도 이 권리가 인정되지 아니한다(경찰공무원법 제30조).

(2) 직무집행권과 직명사용권

경찰공무원은 자기가 담당하는 직무를 방해받지 아니하고 집행하고,[1] 그 직명을 사용할 권리를 가진다. 따라서 직무를 방해한 자는 공무집행방해죄를 구성한다.

(3) 쟁송제기권(소청권, 행정소송권)

경찰공무원은 위법·부당하게 권리가 침해된 경우에는 소청 기타 행정소송을 제기할 권리가 있다. 이 경우에 행정소송의 피고는 경찰청장이 됨이 원칙이나, 임용권을 위임한 경우에는 그 위임을 받은 자를 피고로 한다(동법 제28조).

2) 경찰공무원의 특수한 권리

(1) 제복·제모 착용권

경찰공무원은 제복·제모를 착용할 권리를 갖는데, 이는 권리임과 동시에 의무이기도 하다(동법 제20조 제1항).[2]

(2) 무기 등 휴대·사용권

경찰공무원은 그 직무의 특성상 공무수행에 필요하다고 인정되는 상당한 이유가 있을 때는 합리적으로 판단하여 필요한 한도 내에서 수갑·포승·경찰봉 등 경찰장구를 사용할 수 있다. 그리고 직무수행을 위하여 필요한 때에는 무기를 휴대할 수 있고, 일정한 요건 하에서 무기를 사용할 수 있다(경찰관 직무집행법 제10조의4).

---

1) 직무집행권을 직위보위권의 한 내용으로 보는 견해도 있으나(홍정선, 전게서, p.179), 직무집행권과 직위보위권을 구별하여 다루는 견해도 있다.(김남진, 전게서, p.217; 김철용, 전게서, p.216)

2) 제복을 입는다는 것은 특권이라기보다는 제약으로서의 성질이 강하므로 이는 권리로서 파악하기보다는 의무로서의 성질을 강조하는 것이므로, 제복착용권을 부인하는 견해도 있다(류지태, 『행정법신론』(서울: 신영사, 2006), p.612).

3. 재산상의 권리

1) 보수청구권

(1) 의 의

경찰공무원은 근로의 대가로서의 보수청구권을 가지며, 보수라 함은 봉급과 기타 각종 수당을 포함한 금액을 말한다. 보수의 성질에 대하여는 직무에 대한 반대급부라고 보는 반대급부설과 공무원의 생활보장을 위하여 국가가 지급하는 금품이라는 생활자금설이 있으나, 공무원의 보수는 이러한 두 가지 성질을 모두 갖는다고 보아야 한다.

(2) 보수청구권의 성질 · 양도 · 소멸시효

보수청구권은 공법상의 권리로서 그에 대한 분쟁은 행정쟁송의 방법으로 해결되어야 할 것이며 양도 · 포기는 불가능하다. 공무원의 보수에 대한 압류는 2분의 1에 대해서만 가능하고 보수청구권의 소멸시효는 국가재정법상 5년이다. 그러나 대법원은 보수청구권의 소멸시효를 3년으로 판시하고 있다(대판 1966. 9. 20, 65다2506).

2) 연금청구권

(1) 의의 및 종류

연금이란 경찰공무원이 퇴직 또는 사망하거나 업무로 인해 질병 · 부상당한 경우에 공무원 도는 그 유족에게 지급되는 급여를 말한다. 연금에는 단기급여(공무상요양비, 재해부조금 등)와 장기급여(퇴직급여 · 장해급여 등)가 있다.

(2) 급여의 결정과 불복

공무원연금법상의 급여는 안전행정부장관의 결정으로 공무원연금관리공단이 지급하는 것을 원칙으로 하며, 현재 안전행정부장관의 결정권은 공단에 위탁되어 있다. 급여에 관한 결정에 이의가 있는 자는 공무원 연금급여 재심위원회에 심사를 청구할 수 있고, 그 심사결정에 불복하는 경우에는 공무원연금관리공단의 결정을 대상으로 항고소송을 제기할 수 있다.[1)]

(3) 양도 · 압류 · 소멸시효

연금을 받을 권리는 원칙적으로 이를 양도 · 압류하거나 담보에 제공할 수 없다. 연금을 받을 권리는 그 급여의 사유가 발생한 날로부터 단기급여에 있어서는 3년간,

---

1) 공무원연금관리공단의 급여결정에 불복하는 자는 공무원 연금급여 재심위원회의 심사결정을 거쳐 공무원연금공단의 급여결정을 대상으로 행정소송을 제기하여야 한다(대판 1996. 12. 6, 96누6417).

장기급여에 있어서는 5년간 행사하지 않으면 시효가 소멸한다(공무원연금법 제81조 제 1 항).

3) 실비변상·실물대여를 받을 권리

(1) 실비변상을 받을 권리

경찰공무원은 공무집행상 특별한 비용을 요할 때에는 따로 실비변상을 받는다(예컨대, 여비·운임·숙박료 등).

(2) 실물대여를 받을 권리

경찰공무원은 경찰공무원 급여품 및 대여품 규정에 의하여 제복 기타 물품의 급여·대여를 받는다. 경찰관이 급여품 또는 대여품을 분실하거나 훼손한 것이 고의 또는 중대과실로 인한 것인 때에는 그 대가를 변상하여야 한다. 그리고 경찰관이 퇴직하였을 때에는 급여품 및 대여품을 반납하여야 한다.

4) 보훈을 받을 권리

국가경찰공무원으로서 전투 기타 직무수행 또는 교육훈련중 사망한 자(공무상 질병으로 사망한 자 포함) 및 상이(공무상의 질병을 포함)를 입고 퇴직한 자와 그 유족 또는 가족은 국가유공자 등 예우 및 지원에 관한 법률이 정한 바에 의하여 예우를 받는다. 제주특별자치도 자치경찰공무원의 경우도 같다(제주특별자치도 설치 및 국제자유도시 조성을 위한 특별법 제137조 제 1 항, 경찰공무원법 제16조).[1]

Ⅱ. 경찰공무원의 의무

1. 개 설

공무원은 주권을 가진 국민의 수임자이며, 국민 전체에 대한 봉사자로서의 지위에 있기 때문에 일반 국민이 가지지 아니하는 특별한 의무를 진다. 종래 공무원의 근무관계의 본질은 특별권력(행정법)관계에서 구하는 것이 통설이었다. 그러나 오늘날에는 공무원에 관한 사항은 모두 법률 또는 대통령령 등으로 정하도록 되어 있기 때문에 공무원의 의무에 대한 근거는 법률의 근거에서만 가능하다.

경찰공무원의 의무는 모든 공무원이 가지는 「공통적 의무」와 경찰공무원만이 가지는 「특수한 의무」로 나눌 수 있다. 모든 공무원이 지켜야 할 「공통적 의무」는 국가공무원법에, 경찰공무원에게만 해당되는 「특수한 의무」는 경찰공무원법에 규정되어 있다.

---

1) 홍정선, 『경찰행정법』(서울: 박영사, 2013), p.187.

2. 경찰공무원의 주요의무

1) 국가공무원법상 의무

(1) 선서의무

모든 공무원은 취임할 때에 소속기관장 앞에서 선서할 의무를 지고 있다. 선서는 공무원의 직무행위에 대한 법률상 효과발생의 요건이 아니므로, 선서를 하지 않고 한 행위라 할지라도 법적 효과 발생에는 영향이 없다.

(2) 성실의무

모든 공무원은 국민 전체에 대한 봉사자로서 공익을 위하여 성실히 근무하여야 한다. 이 성실의무는 공무원의 의무 중에서 가장 핵심적이며 기본적인 의무이다. 공무원의 성실의무는 경우에 따라서는 근무시간 외에 근무지 밖에까지도 미칠 수 있다는 것이 판례의 입장이다. 따라서 이 의무는 윤리적 성격이 강하기는 하지만, 윤리적 의무보다는 법적 의무로 이해되어야 한다.

국가공무원법상의 공무원의 성실의무의 예(대판 1997. 2. 11, 96누2125)

국가공무원법상 공무원의 성실의무는 경우에 따라 근무시간 외에 근무지 밖에까지도 미치는 경우가 있다고 하였다. 대법원은 "전국기관차협의회(약칭 전기협)가 개최한 집회는 단체교섭권이 없고 파업결의를 다지기 위한 것이어서, 정당한 단체행동의 범위 내에 있는 것으로 보기 어렵고 철도기관사로의 성실의무는 철도의 정상운행에 지장을 초래할 가능성이 높은 집회에 참석하지 아니할 의무가 있다고 보아야 할 것이므로, 전기협이 주최하는 위 각 집회에 참석하지 못하도록 한 피고의 명령은 정당한 직무상 명령이라 할 것이다"라고 판시하고 있다.

(3) 직무상 의무

직무상 의무에는 ① 법령준수의 의무 ② 복종의 의무 ③ 직무전념의 의무 ④ 친절·공정의 의무 등이 있다.

① 법령준수의무

모든 공무원은 법령을 준수하여야 할 의무를 진다(국가공무원법 제56조). 이 의무는 합법성을 요구하는 공무원의 직무상 의무이다. 법령준수위반은 위법행위 또는 불법행위로서 무효·취소의 원인이 되며, 공무원 자신은 징계·형사 또는 민사상 책임을 진다.

② 복종의무

공무원은 직무를 수행함에 있어서 소속상관의 직무상의 명령에 복종하여야 한다(동법 제57조). 이 같은 복종의무는 직무수행상의 통일적이고 유기적인 수행을 확보하기 위한 것이다.

㈎ 소속상관

소속상관이라 함은 당해 직무에 관하여 지휘·감독권을 가진 기관의 직에 있는 자로서 직무상 소속상관을 말한다. 이러한 의미의 소속상관에는 소속기관의 장 뿐만 아니라 보조기관의 상급자와 기타 지휘·감독권을 가진 상급자를 포함한다.

㈏ 직무명령

(ㄱ) 의 의 직무명령이란 소속상관이 직무에 관하여 발하는 일체의 명령을 의미한다. 이는 법조(法條)의 형식으로 발해지더라도 일반 국민을 구속할 수 없다는 점에서 법규와 구별된다. 그리고 직무명령은 상관이 직무에 관하여 부하에게 발하는 명령인 점에서, 상급관청이 하급관청에 대하여 발하는 명령인 훈령과도 구별된다.

(ㄴ) 직무명령의 요건 직무명령이 유효하기 위해서는 형식적 요건과 실질적 요건을 갖추어야 하며, 이러한 요건을 하나라도 결한 직무명령은 위법·부당한 것이 된다. 형식적 요건으로는 첫째, 직무상 상사가 발한 것일 것, 둘째, 부하공무원의 직무에 관한 것일 것, 셋째, 직무상 독립적으로 보장되고 있지 않은 사항에 관한 것일 것, 넷째, 적법한 절차로 발해진 것일 것, 다섯째, 기타 법규에 저촉하는 것이 아닐 것 등을 들 수 있다. 실질적 요건으로 직무명령은 적법·타당하며, 실현 가능하고, 명백할 것이 요구된다.

㈐ 복종의무의 한계와 심사권

(ㄱ) 형식적 요건과 복종의무 형식적 요건은 구비여부가 외관상 명백한 것이 보통이므로 부하 공무원은 형식적 요건에 관해서는 심사권을 가지며, 요건이 결여된 경우에는 복종을 거부하여야 한다. 따라서 위법함을 알고도 복종을 거부하지 않았다면 그에 대한 책임을 면할 수 없다.

형식적 요건과 복종의무

① 대법원은 "하관(下官)은 소속상관의 적법한 명령에 복종할 의무는 있으나, 그 명령이 참고인으로 소환된 사람에게 가혹행위를 가하라는 등과 같이 명백한 위법 내지 불법한 명령인 때에는 이미 벌써 직무상의 지시명령이라 할 수 없으므로 이에 따라야 할 의무는 없다"고 판

시하고 있다(대판 1988. 2. 23, 87도2358).

② 대법원은 "상관의 명령이라고 해서 위법성을 알면서 행한 행위는 행위자 자신의 책임을 벗어날 수 없고, 따라서 상관의 명령에 복종하였다는 것으로 변명되거나 면책이 되는 것은 아니다"라고 판시하고 있다(대판 1967. 2. 7, 66누168).

(ㄴ) **실질적 요건과 복종의무** 직무명령의 내용이 명백하게 범죄를 구성하거나 직무명령에 중대하고 명백한 하자가 있는 경우에는 부하 공무원은 복종을 거부하여야 한다. 그러나 상관의 직무명령에 하자가 있더라도 단순히 법령해석상의 견해 차이에 불과하거나 직무명령이 부당하다고 인정되는 데 그치는 경우에는, 부하공무원은 자기의 의견을 진술할 수 있을 뿐 복종을 거부할 수 없다.

(라) 직무명령이 경합된 경우

둘 이상의 상급공무원으로부터 서로 모순되는 직무명령을 받았을 때에는, 견해의 대립이 있으나 직근상관의 명령에 복종해야 한다는 직근상관설이 통설적 견해이다.

③ 직무에 전념할 의무

(가) 직장이탈금지의 의무

경찰공무원은 직무에 전념할 의무를 진다. 따라서 공무원은 소속상관의 허가나 정당한 이유 없이 직장을 이탈하지 못한다(동법 제58조 제 1 항). 이 의무는 근무시간 중에 성립하는 것이나, 시간 외 근무명령이 있는 경우에도 성립한다. 이를 위반하면 형법상의 직무유기죄를 구성한다.[1]

(나) 영리업무 및 겸직금지의무

경찰공무원은 공무 이외에 영리를 목적으로 하는 업무에 종하지 못하며, 소속기관장의 허가 없이 다른 직무를 겸하지 못한다(국가공무원복무규정 제25조(영리업무의 금지)·제26조(겸직허가)).

④ 친절·공정의무

경찰공무원은 국민 전체의 봉사자로서, 공(公)·사(私)를 불문하고 인권을 존중하며 친절·공정하게 직무를 수행하여야 한다(동법 제59조). 친절공정의 의무는 단순한 도덕상 의무에 그치는 것이 아니고 법적의무로서, 이에 위반하면 징계의 사유가 된다.

---

1) 공무원이 출장 중 점심시간대를 훨씬 지난 시각에 근무장소가 아닌 유원지에 들어가 함께 출장근무 중이던 여직원에게 성관계를 요구한 것은 직장이탈금지에 해당한다(대판 1984. 5. 29, 83누266).

(4) 신분상 의무

① 비밀엄수 의무

㈎ 의 의

직무상 비밀이란 공무원 자신이 처리하는 직무에 관한 비밀뿐만 아니라 직무에 관련하여 지득한 비밀도 포함한다. 공무원은 재직 중은 물론 퇴직 후에도 직무상 알게 된 비밀을 엄수하여야 한다(동법 제60조).

㈏ 비밀의 개념

비밀의 개념 정의에는 형식설과 실질설이 대립하고 있다. 형식설은 행정기관이 비밀로 취급한 것은 모두 비밀에 해당하는 것으로 보는 견해이고, 실질설은 객관적·실질적으로 비밀성이 있는 것으로서, 형벌로서 보호할 만한 가치가 있는 것만을 비밀로 보는 견해이다. 오늘날 민주국가에서의 행정의 공개원칙 및 국민의 알권리와 관련하여 볼 때 실질설이 타당하며,[1] 판례도 이와 같은 입장이다.[2]

㈐ 직무상 비밀과 증언 등의 거부

(ㄱ) 형사소송법·민사소송법상의 규정 공무원 또는 공무원이었던 자가 법원 기타 법률상 권한을 가진 관청의 증인 또는 감정인이 되어 직무상 비밀에 대하여 심문을 받을 때에는, 소속공무원 또는 감독관청의 허가를 받은 사항에 한하여 진술할 수 있고 기타의 사항은 거부하여야 한다(형사소송법 제147조·제177조, 민사소송법 제306조·제333조).

(ㄴ) 국회에서의 증언·감정 공무원 또는 공무원이었던 자가 국회로부터 증언의 요구를 받은 경우에는 특례가 인정되는 바, 그 증언할 사항이 직무상 비밀에 속한다는 이유로 증언을 거부할 수 없게 하고 있다(국회에서의 증언·감정 등에 관한 법률). 다만, 군사·외교·대북관계의 국가기밀에 관한 사항으로서 그 발표로 말미암아 국가안위에 중대한 영향을 미친다는 주무장관의 소명이 있는 경우에는 그러하지 아니하다(법 제 4 조).

㈑ 비밀엄수의무의 위반효과

비밀엄수에 위반한 경우에는 징계사유가 될 뿐만 아니라, 특히 법령에 의해 직무상 비밀로 규정되어 있는 내용을 누설한 경우에는 형사상의 피의사실공표죄, 공무상 비밀누설죄로 처벌된다.

---

1) 김동희, 전게서, p.169.
2) 대판 1996. 10. 11, 94누7171.

② 품위유지의무

모든 공무원은 직무의 내외를 불문하고 그 품위를 손상하는 행위를 하여서는 아니 된다(국가공무원법 제63조). 그러나 품위유지의무는 공직의 체면·위신·신용에 간접적인 영향이 있는 경우를 제외하고는 공무원의 사생활(예컨대, 단순한 방탕이나 술을 자주 마시는 행위 등)에까지 미치지는 않는다고 할 것이다.

품위유지의무 위반의 예

판례에 의하면 "축첩·공무원의 도박행위·불륜행위·폭행행위·국립대학교수의 논문 표절행위·아편 흡식·교사가 여중생에게 음담패설을 한 행위·공무원이 예비군동원훈련 도중 군무이탈하여 구멍가게에서 술을 마신 행위 등"이 품위유지의무 위반에 해당한다고 판시하고 있다.

③ 청렴의무

공직자윤리법[1]은 공무원의 청렴의무의 제도적 확보를 위하여 일정한 공직자의 재산등록 및 공개, 선물의 신고의무, 일정한 직급 또는 직무분야에 종사하였던 퇴직공무원에 대한 취업제한 등을 규정하고 있다.

(가) 직무상의 증여 등의 수수·공여의 금지

공무원은 직무와 관련하여 직접 또는 간접을 불문하고 사례·증여 또는 향응을 수수할 수 없으며, 직무상의 관계 여하를 불문하고 그 소속상관에게 증여하거나 소속공무원으로부터 증여를 받아서는 아니된다(동법 제61조). 이 의무위반은 징계사유가 될 뿐만 아니라 형법상의 증·수뢰죄를 구성하게 된다.

(나) 재산등록 및 공개의무

(ㄱ) **등록의무자** 공직자윤리법은 공무원의 청렴의무를 제도적으로 확보하고 공직자의 윤리를 확보하기 위하여 상위공직자의 재산등록·등록재산의 공개, 퇴직공직자의 취업제한 등에 대하여 규정하고 있다. 경찰공무원 중 재산등록 의무자는 경사 이상의 모든 경찰관이다.

(ㄴ) **등록재산의 공개** 경찰공무원 중 치안감 이상의 경찰공무원 및 특별시·광역시·도의 지방청장의 경우에는 공개하는 것을 원칙으로 하고 있다.

---

1) 공무원이 공직자 윤리법상 의무를 위반한 경우는 징계책임 뿐만 아니라, 재산등록거부의 죄, 허위자료 제출 등의 죄, 출석거부의 죄 등의 형사책임까지 지게 된다.

④ 외국정부의 영예 등의 제한

공무원은 대통령의 허가 없이 외국정부로부터 영예 또는 증여를 받지 못한다(동법 제62조). 이것은 공무원이 국민에 대한 봉사자임을 일깨우며, 공무원에 대한 외국정부의 영향력을 배제하기 위한 규정으로 볼 수 있다.

⑤ 정치운동금지의무

경찰공무원은 국민 전체의 봉사자로서 정치적 중립성을 지키기 위하여 정치 목적을 가진 일체의 행동을 못하며, 정당에 가입하거나 정치단체 결성에 관여하는 행위 등 정치행위가 금지된다(동법 제65조 제 1 항).

⑥ 집단행위의 금지의무

헌법은 "공무원인 근로자는 법률이 정하는 자에 한하여 단결권·단체교섭권 및 단체행동권을 가진다"고 규정함으로써 원칙적으로 공무원의 근로3권을 부정하고 있다. 또한 국가공무원법도 노동운동을 비롯한 공무 이외의 집단적 행위를 포괄적으로 금지하고 있다. 따라서 사실상 노무에 종사하는 공무원과 대통령령으로 정하는 공무원 이외에는 노동운동 등 기타 집단행동은 하지 못한다.

2) 경찰공무원법상의 특수한 의무

경찰공무원법상 다음과 같은 사항 등은 경찰공무원이 갖는 특수한 의무규정 등이라고 볼 수 있다.

(1) 허위보고 및 통보금지의무

경찰공무원은 직무에 관하여 허위보고나 통보를 하여서는 아니 되며, 또한 직무를 태만히 하거나 유기하여서는 아니 된다(경찰공무원법 제18조 제 1 항).

(2) 지휘권남용 등의 금지의무

전시·사변 기타 이에 준하는 비상사태에 처하거나, 작전수행 중인 경우 또는 많은 인명손상이나 국가재산손실의 우려가 있는 위급한 사태가 발생한 경우에 경찰공무원을 지휘·감독하는 자는 정당한 사유 없이 그 직무수행을 거부 또는 유기하거나 경찰공무원을 지정된 근무지에서 진출·퇴각 또는 이탈하게 하여서는 아니 된다(동법 제19조).

(3) 제복착용·무기휴대의 의무

경찰공무원은 제복·제모를 착용할 권리를 갖는 동시에 이를 착용하여야 할 의무도 갖는다(동법 제20조 제 1 항).

또한 경찰공무원은 직무수행을 위하여 필요한 때에는 무기를 휴대할 수 있으며

(동법 동조 제 2 항), 무기를 휴대하라는 명령에 따른 휴대는 의무의 성질을 갖는다.

3) 경찰공무원 복무규정상의 의무

경찰공무원복무규정에 의거 직무수행시 행동규칙으로 ① 근무시간 중 음주금지의무, ② 민사관계의 부당개입금지의무, ③ 상관에 대한 신고 및 보고의무, ④ 지정장소 외에서의 직무수행금지의무와 비상대기의무, ⑤ 휴무일 또는 근무시간 외에 공무 아닌 사유로 즉시 직무에 복귀하기 어려운 지역으로 여행을 하고자 할 때에는 소속기관의 장에게 신고를 하여야 할 「여행제한의무」 등이 있다.

Ⅲ. 경찰공무원의 책임

1. 개 설

경찰공무원이 경찰공무원의 신분에서 의무를 위반함으로써 받게 되는 불이익이나 법적 제제를 경찰공무원의 책임이라 한다. 경찰공무원의 책임은 광의와 협의의 책임으로 나눌 수 있다.

1) 협의의 경찰공무원 책임

경찰공무원이 경찰공무원으로서 지는 의무를 위반하였기 때문에 경찰공무원 관계 내부에서 지게 되는 법적 제재로서, 징계책임과 국고에 대한 변상책임이 있다.

2) 광의의 경찰공무원 책임

협의의 경찰공무원 책임뿐만 아니라 그밖에 경찰공무원의 행위가 사회법익을 침해함으로써 지는 형사상의 책임 및 타인의 권리를 침해하여 손해를 발생시킴으로써 지게 되는 민사상의 책임을 포함한다.

2. 경찰공무원법상 책임(행정상의 책임)

1) 징계책임

(1) 징계의 의의 및 성질

① 징계의 의의

징계란 경찰공무원의 의무위반에 대하여 공법상 특별권력(행정법)관계의 질서를 유지하기 위하여 국가가 특별권력에 의거하여 과하는 제재를 말하며(징계벌), 이 징계벌을 받을 지위를 징계책임이라 한다.

② 징계벌과 형벌의 비교

징계벌과 형벌은 권력의 기초·목적·내용·대상을 달리하기 때문에 동일한 행위에 대하여 양자를 병과하더라도 일사부재리의 원칙에 저촉되지 아니한다.[1]

(ㄱ) **권력의 기초** 징계벌은 직접적으로 경찰공무원관계에 입각한 특별권력에 기초하고 있는데 반하여, 형벌은 일반통치권에 근거하여 과해진다.

(ㄴ) **목 적** 징계벌은 경찰공무원관계 내부의 질서를 유지하는 것을 목적으로 하는데 반하여, 형벌은 일반사회의 질서유지를 목적으로 한다.

(ㄷ) **내 용** 징계벌은 경찰공무원의 신분상 이익의 전부 또는 일부를 박탈함을 내용으로 하는데 반하여, 형벌은 신분상·재산상 이익뿐 아니라 신체의 자유도 박탈함을 포함한다.

(ㄹ) **대 상** 징계벌은 경찰공무원법상의 의무위반을 대상으로 하는데 반하여, 형벌은 형법상의 의무위반을 대상으로 한다.

(2) 징계사유

징계사유는 원칙적으로 징계책임법정주의가 채택되어 있다. 국가공무원법상의 징계사유로는 ① 법령위반 즉, 국가공무원법 및 동법에 의한 명령에 위반하였을 때(법령위반), ② 직무상의 의무위반 즉, 직무상의 의무에 위반하거나 직무를 태만한 때(의무위반·직무태만), ③ 직무의 내외를 불문하고 그 체면 또는 위신을 손상하는 행위를 한 때 등이다. 이러한 징계사유는 고의·과실의 유무와 관계없이 성립하며, 그 감독자도 감독의무를 태만히 한 경우에는 그 책임을 면치 못한다. 징계의 시효기간은 징계사유가 발생한 날로부터 2년, 단 금품·향응의 수수 또는 공금의 횡령·유용의 경우는 5년이 경과하여야 시효기간이 소멸된다. 특히 징계사유의 시효가 5년인 의무위반행위 및 「성폭력범죄의 처벌 및 피해자보호 등에 관한 법률」에 따라 성폭력범죄는 감경을 할 수 없는 징계감경금지대상이다.

(3) 징계의 종류

원칙적으로 징계종류의 선택은 징계권자의 재량적 판단에 속하나, 징계사유와 징계벌 사이에 비례원칙이 준수되지 않으면 재량권남용으로 위법한 것이 된다. 경찰공무원법상 징계의 종류는 파면·해임·강등·정직·감봉·견책의 6가지가 있다. 파면·해임·강등·정직은 중징계이며, 감봉·견책은 경징계라고 한다. 그리고 전투경찰대설치법상의 징계로서 전투경찰대의 대원 중 경사 이하의 경찰관에 대한 징계는 6가지

---

1) 대판 1986. 11. 11, 86누59.

징계 이외에 영창·근신을 더하여 8가지 징계를 두고 있다. 영창·근신의 기간은 15일 이내이다(법 제5조).

(4) 징계의 양정에 있어서의 재량인정 여부

① 징계사유

징계사유가 있는 때에는 징계요구권자는 반드시 징계위원회에 징계를 요구해야 하므로 징계를 요구할 것인가에 관하여는 결정재량이 인정되지 않는다.

② 징계의 종류

징계의 종류 중 어느 것을 선택할 수 있는지에 대해서는 선택재량이 인정된다. 대법원은 징계종류의 선택과 관련하여 기속적 재량행위로 본 경우도 있고, 자유재량행위로 본 경우도 있다. 최근 판례는 단순히 재량행위로 보고 있다.[1]

(5) 징계부가금(국가공무원법 제78조의2)

① 징계의결을 요구하는 경우 그 징계사유가 금품 및 향응수수, 공금의 횡령, 유용인 경우에는 해당 징계 외에 금품 및 향응 수수액, 공금의 횡령액·유용액의 5배내의 징계부가금 부과의결을 징계위원회에 요구하여야 한다.

② 징계위원회에서 징계부가금 의결을 하기 전에 금품 및 향응수수, 공금의 횡령·유용으로 따른 법률에 따라 형사처벌을 받거나 변상책임 등을 이행한 경우(몰수나 추징을 포함)에는 징계위원회는 징계부가금을 조정하거나 감면 등의 조치를 하여야 한다.

③ 징계부가금 부과처분을 받은 사람이 납부기간 내에 그 부가금을 납부하지 아니한 때에는 처분권자(대통령이 처분권자인 경우에는 처분제청권자)는 국세체납처분의 예에 따라 징수할 수 있다.

(6) 징계의 절차

경찰공무원의 징계는 반드시 징계위원회의 절차를 거쳐야 하며, 징계권자가 징계의결을 집행한 때에는 징계의결서의 사본을 첨부하여 징계처분사유설명서를 교부하여야 한다. 따라서 징계절차를 거치지 아니한 징계는 무효가 된다. 징계의 절차는 경찰기관장의 요구 → 징계위원회의 의결 → 인사권자의 집행(징계변경) 순으로 집행된다.

(7) 징계권자

징계권은 인사권자(임용권자)가 보유하는 것이 원칙이다. 징계권자는 대통령과 경

---

1) 공무원인 피징계자에게 징계사유가 있어서 징계처분을 하는 경우 어떠한 처분을 할 것인가는 징계권자의 재량에 맡겨진 것이다(대판 1997. 11. 25, 97누14637).

찰청장 그리고 (징계위원회가 설치된) 소속기관의 장이 집행한다.

① 중징계의 집행

경무관 이상의 강등·정직과 경정 이상의 파면·해임은 경찰청장의 제청으로 안전행정부장관과 국무총리를 거쳐 대통령이 집행한다. 반면, 총경 및 경정의 강등·정직과 경감 이상의 파면·해임·강등·정직은 경찰청장이 행한다.

② 경징계의 집행

징계위원회의 의결을 거쳐 징계위원회가 설치된 소속기관의 장이 행사한다. 그리고 국무총리 소속하에 설치된 징계위원회에서 의결한 경무관 이상의 경징계는 경찰청장이 행사한다. 따라서 경무관 이상의 감봉·견책과 총경과 경정의 강등·정직은 반드시 경찰청장이 집행한다는 것에 주목할 필요가 있다.

(8) 징계의 효과

① 징계처분을 받은 자는 그 징계처분을 받은 날 또는 그 집행이 종료된 날부터 승진임용과 승급에 있어 제한을 받으며, 파면 또는 해임처분을 받은 자는 경찰공무원의 임용자격이 박탈된다.

② 경찰공무원의 징계는 준사법적 행정행위로서 징계처분등에 대해서는 징계권자가 이를 취소하거나 철회할 수가 없다.

③ 징계는 경찰관청의 권력적 의사표시인 법집행행위로서 경찰처분에 해당하기 때문에, 행정소송의 대상이 된다.

(9) 징계에 대한 구제

징계처분을 받은 자는 처분사유서를 받은 날로부터 30일 이내에 소청심사위원회에 이의신청을 할 수 있고, 소청심사위원회의 결정에 대해서 불복이 있거나 소청제기 후 60일이 지나도 위원회의 결정이 없는 때에는 행정소송을 제기할 수 있다. 국가공무원법은 행정소송을 제기하기 위해서는 소청심사위원회의 심의·결정을 반드시 거쳐야 하는 필수적인 소청심사전치주의를 규정하고 있다(국가공무원법 제16조 제 1 항). 그리고 소청심사위원회의 결정에는 불이익변경금지원칙이 적용된다.

(10) 재징계의결요구(국가공무원법 제78조의3)

① 처분권자(대통령이 처분권자의 경우에는 처분제청권자)는 아래의 사유로 소청심사위원회 또는 법원에서 징계처분 등의 무효 또는 취소(취소명령포함)의 결정이나 판결을 받은 경우에는 다시 징계의결 또는 징계부가금 부과의결을 요구하여야 한다.

(ㄱ) 법령의 적용, 증거 및 사실조사에 명백한 흠이 있는 경우(실체적 하자),

(ㄴ) 징계위원회의 구성 또는 징계의결, 그 밖에 절차상의 흠이 있는 경우(절차적 하자),

(ㄷ) 징계양정이 과다한 경우 등이다. 다만 징계양정이 과다한 사유로 무효 또는 취소의 결정이나 판결을 받은 '감봉이나 견책' 처분에 대하여는 징계의결 등을 요구하지 아니할 수 있다.

② 처분권자는 소청심사위원회의 결정 또는 법원의 판결이 확정된 날로부터 3개월 이내에 관할징계위원회에 재징계의결등을 요구하여야 한다. 한편 관할징계위원회에서는 다른 징계사건에 우선하여 징계의결 등을 하여야 한다(동법 동조 제 2 항).

2) 변상책임

(1) 국가배상법에 의한 변상책임

경찰공무원은 국가배상법이 정하는 바에 의하여 국가에 대하여 변상책임을 진다. 즉, 경찰공무원이 그 직무를 행함에 있어서 고의 또는 중대한 과실로 법령에 위반하여 타인에게 손해를 가하여, 국가가 배상을 한 때에는 그 경찰공무원에게 구상 할 수 있게 되어 있다. 따라서 이에 의하여 그 경찰공무원은 국가에 대하여 변상책임을 지게 된다(국가배상법 제 2 조 제 2 항).

(2) 회계관계직원 등의 변상책임

「회계관계직원 등의 책임에 관한 법률」 등에 의해 ① 회계관계경찰공무원이 고의·중과실로 의무위반행위를 함으로써 국가 등의 재산에 손해를 끼친 경우, ② 현금 또는 물품의 출납·보관자가 그 보관에 속하는 현금 또는 물품을 망실·훼손하였으나 선량한 관리자의 주의를 태만하지 않았다는 입증을 못하는 경우에는 변상책임이 있다. ③ 공무원의 변상책임 유무의 판정과 배상액의 결정은 감사원이 행한다.

3) 민·형사상 책임

경찰공무원이 직무상 불법행위로 개인에게 재산상의 손해를 가한 경우에 경찰공무원이 개인에게 직접 배상책임을 지느냐에 대하여는 견해가 대립하고 있다. 판례는 공무원의 고의·중과실에 기인하여 손해가 발생한 경우에는 선택적 청구권을 인정하고, 경과실(가벼운 과실)에 기인한 경우에는 이를 부정하고 있다.[1] 즉, 공무원이 고의·중과실인 경우 공무원 개인의 민사책임을 인정하고 있다. 아울러 경찰공무원의 일정한 행위가 형사상의 범죄를 구성하는 경우에는 형사상의 책임을 지게 된다.

1) 대판 1966. 2. 15, 95다38677 전원합의체.

제 3 편 경찰작용법

Police Administrative Law

제 1 장 경찰작용의 근거와 한계

Police Administrative Law

제 1 절 경찰권의 발동근거

Ⅰ. 개　　설

경찰작용은 권력적·명령작용으로서 사회공공의 안녕과 질서를 유지하기 위하여 국민의 권리와 자유를 침해하는 전형적인 권력작용이다. 따라서 법치주의 원칙상 경찰권의 발동에는 반드시 법률의 근거가 있어야 하며, 개별법적 근거를 요한다. 경찰관 직무집행법을 비롯한 개별법은 경찰권 발동을 위한 근거가 되며, 이를 개별적 수권규정(표준적 직무행위)이라고 한다. 그러나 경찰작용은 목전의 급박한 위험방지를 임무로 할 뿐만 아니라, 경찰작용의 성질상 요건과 효과를 입법기관이 법률에 구체적으로 규정하는 것은 불가능하다. 따라서 어느 정도 불확정 개념의 사용이 불가피하며 더 나아가 일반조항에 의한 경찰권 발동이 가능하다고 본다. 이처럼 경찰작용과 관련하여 일반적 수권조항을 허용할 수밖에 없다면, 우리나라의 경우 일반적 수권조항이 존재하는가 하는 문제와 경찰권 발동에 관한 경찰행정법의 일반법원칙에 의한 기속여부가 검토되어야 한다.

Ⅱ. 경찰권의 근거

1. 법률유보의 원칙과 경찰권 발동의 근거

경찰권은 국민의 기본권을 제한·침해하는 전형적 권력작용이므로 법률에 의한 행정의 원칙에 따라 국회가 제정한 법률에 따라서만 발동될 수 있다. 예외적으로 법률에서 구체적으로 범위를 정하여 위임한 경우에는 법규명령의 형식으로 경찰권 발동의 근거를 정할 수 있다. 그러나 법률의 근거가 있는 경우에도 1) 국민의 자유와 권리의 본질적인 내용은 침해할 수 없으며(헌법 제37조 제 2 항), 2) 그 법률은 원칙적으로 개별적 작용법(개별적 수권규정)이어야 한다는 점이다.

2. 법률유보의 방식

경찰작용의 법적근거의 방식에는 ① 일반경찰법상 개별적 수권조항에 의한 개별수권의 방식(경찰관 직무집행법 제 3 조 이하), ② 특별경찰법상 조항에 의한 개별수권의 방식(도로교통법·식품위생법·폐기물관리법 등),[1] ③ 일반경찰법상 일반조항(개괄조항)에 의한 개괄수권의 방식이 존재한다.

Ⅲ. 일반적 수권조항에 의한 경찰권 발동의 근거

1. 개 설

경찰권 행사는 국민의 기본권을 제한·침해하는 전형적 권력작용이다. 따라서 경찰작용은 다른 어떤 행정작용 분야보다도 법치주의의 대원칙에 따라 법률유보의 원칙이 적용된다. 이러한 법률적 근거는 일반적 수권조항의 형태로, 또는 개별적 수권조항의 형태로 존재할 수 있다.

1) 의 의

일반적 수권조항이라 함은 경찰권의 권한을 규정한 조항으로서 그 내용이 개별적인 권한 내용을 구체화하고 있는 것이 아니라 일반적인 위해방지를 위한 추상적인 내용으로 규정되어 있는 것을 말한다.

2) 경찰관 직무집행법 제 2 조 제 7 호의 내용에 관한 논의

경찰관 직무집행법 제 2 조는 "경찰관은 다음 각 호의 직무를 수행한다"라고 하

---

1) 위험방지의 목적에 기여하는 법규는 일반경찰행정법 외에 특별법으로 규정되기도 한다. 특별법에 따른 위험방지는 반드시 제도적 의미의 경찰에 의해서 수행되는 것만은 아니며, 그것은 관련 주무장관 등에 의해 수행되기도 한다. 예컨대, 교통상 안전 및 질서유지를 위한 법령(도로교통법·선박법·항공법), 식품위생법, 공중위생관리법 등 영업경찰법령, 의료법 등 보건관계법령 등 특별행정법의 모든 영역에서 경찰권을 개별적으로 수권하고 있다.

여, ① 국민의 생명·신체 및 재산의 보호, ② 범죄의 예방·진압 및 수사, ③ 경비·주요 인사 경호 및 대간첩·대테러 작전수행, ④ 치안정보의 수집·작성 및 배포, ⑤ 교통 단속과 교통 위해의 방지, ⑥ 외국 정부기관 및 국제기구와의 국제협력, ⑦ 그 밖에 공공의 안녕과 질서 유지를 경찰관의 직무범위로 규정하고 있다. 경찰관 직무집행법 제 2 조는 경찰관의 임무를 정하는 규범일 뿐이지, 경찰의 임무수행에 필요한 사인에 대한 침해까지 가능하게 하는 규범은 아니다. 문제는 제 7 호의 '그 밖에 공공의 안녕과 질서유지'에 관한 규정을 임무규정[1]으로 파악할 것인가, 아니면 일반적 수권조항으로 볼 것인가 하는 점이다.

2. 일반적 수권조항의 필요성

원칙적으로 경찰권 발동의 근거가 되는 수권법규는 구체적으로 또 명확하게 규정되어 있는 개별적 수권조항으로 되어 있는 것이 이상적이다. 그러나 기술수준의 변화, 사회적 사정의 변화 등으로 입법자가 예상할 수 없는 경찰상의 위해가 발생하는 경우에는 미리 규정된 개별적인 수권조항에 의하여 해결되지 못하는 경우가 존재한다. 뿐만 아니라 개별적 수권조항에 있어서도 경찰작용의 성질상 불확정 개념을 사용하거나 재량을 인정하는 것이 불가피한 경우가 있다. 따라서 경찰작용의 긴박성·다양성·상황적응성을 고려하여 경찰권 발동의 요건과 관련한 일반적 수권조항의 존재가 필요하다.[2]

3. 경찰권 발동근거로서의 일반적 수권조항의 인정여부

1) 학 설

우리나라의 경찰관 직무집행법 제 2 조 제 7 호에 '공공의 안녕과 질서유지' 규정을 소위 일반적 수권조항으로 볼 수 있는가? 그리고 이를 근거로 하여 경찰권을 발동할 수 있느냐 하는 것이 논의의 초점이다. 즉, 개별적인 근거규정이 없더라도 경찰관 직무집행법 제 2 조 제 7 호에 규정된 '공공의 안녕과 질서유지'라는 규정만으로 경찰권을 발동할 수 있는가 하는 것이다.

---

1) 경찰의 임무규범은 경찰이 수행하여야 할 과제인 동시에 다른 행정권과의 직무 한계를 설정해 주는 것으로 비침해적 경찰작용을 위한 근거가 된다. 반면 수권규범은 경찰이 행할 수 있는 조치에 대한 권한을 부여하고 경찰상 필요한 조치의 발동요건 및 한계를 정하는 점에서 임무규범과 구별된다.

2) 김동희, 『행정법 Ⅱ』(서울: 박영사, 2004), p.194.

이에 대하여는 긍정설[1]과 부정설[2] 그리고 입법필요설[3]로 학설의 견해가 대립하고 있으나, 경찰관 직무집행법 제 2 조 제 7 호의 '공공의 안녕과 질서유지'규정을 경찰권 발동의 근거인 일반적 수권조항으로 인정하는 긍정설이 다수설의 입장이다.

2) 판 례

대법원은 경찰관 직무집행법 제 2 조를 경찰권 발동의 근거규정으로 하여 개별적인 법적 근거가 없는 청원경찰의 직무집행을 방해한 피고인에게 공무집행방해죄의 성립을 인정함으로써 동 조항을 일반적 수권조항으로 보고 있다(대판 1986. 1. 28, 85도 2448). 생각건대, 위험방지를 위한 경찰권 발동의 요건이나 효과를 개별적인 특별법률로 상세히 정하는 것은 입법, 기술적으로 불가능하고, 또한 일반적 수권조항은 개별적 수권조항이 없는 경우에만 제 2 차적 · 보충적으로 경찰권의 근거규정이 될 수 있다고 보는 것이 타당하다고 할 것이다.

Ⅳ. 경찰권 발동의 효과

일반적 수권조항에 의한 경찰권을 발동하기 위해서는 '공공의 안녕'이나 '공공의 질서'에 대한 위험이 존재하여야 한다. 따라서 '공공의 안녕, 질서, 위험'이라는 불확정개념의 해석이 중요한 의미를 가진다.

1. 경찰편의주의와 재량권 영(0)으로의 수축이론

1) 경찰편의주의 원칙

경찰편의주의 원칙이라 함은 경찰권 발동의 요건이 구비되고(공공의 안녕 · 질서에 대한 위해라고 하는 요건이 충족), 경찰권을 발동할 대상인 경찰책임자가 특정된 경우에도 여전히 경찰권을 발동할 것이지 개입여부에 대하여 경찰기관에게 재량권이 인정되는 것을 말한다. 즉, 전통적인 행정법이론에 의하면 공공의 안녕 혹은 질서에 대한 위험이 존재하는 경우에도 그에 대한 개입여부의 결정권은 경찰기관에게 있다는 법원칙을 말한다. 경찰편의주의가 적용되는 경찰권 발동은 형사소송법 각 조(條)가 "~한다"

1) 김남진, 『행정법 Ⅱ』(서울: 법문사, 2002), p.263; 강구철, "경찰권의 근거와 한계", 『고시연구』, 1991. 9; 류지태, 『행정법신론』(서울: 신영사, 2006), p.758 등 참조.
2) 김동희, 전게서, p.164; 박윤흔, 『최신행정법강의(하)』(서울: 박영사, 2009), pp.306~307 등 참조.
3) 홍정선, 『행정법특강』(서울: 박영사, 2009), p.1040 참조.

로 규정되고 있는 강행규정인 사법경찰권 발동과는 달리, 경찰관 직무집행법과 다양한 개별법에 의해 "~할 수 있다"라는 편의주의 원칙의 형태로 명문화되어 있다.

2) 경찰재량의 유형

경찰기관이 경찰권을 발동할 때에 "~할 수 있다"라는 편의주의가 인정되는 경우의 행위를 재량행위라 한다. 독일의 볼프(Wolff)와 바호프(Bachof)는 경찰의 개입여부를 결정함에 있어서 경찰관에게 허용된 2단계의 구조로 구성된 재량이 있다고 하였는바, 이를 결정재량과 선택재량이라 하였다.[1)]

(1) 결정재량

결정재량은 공공의 안녕과 질서에 대한 위험이 존재하는 경우, 경찰에게 경찰조치를 할 것인가 말 것인가의 개입여부에 대한 결정권이 인정되는 재량행위를 말한다.[2)]

(2) 선택재량

경찰개입이 결정되었다면 경찰기관은 법규가 허용한 여러 가지의 경찰조치 중에서 어떤 수단을 선택할 것인가에 대하여 재량이 인정되는데, 이를 선택재량이라 한다.[3)]

2. 경찰편의주의 한계로서 재량권 영(0)으로의 수축

경찰권 행사는 편의주의 원칙상 경찰기관이 현존하는 위험에 대하여 개입하지 않더라도 반드시 위법한 것은 아니다. 그러나 학설·판례는 예외적인 상황 하에서는 오직 하나의 결정(조치)만이 의무에 합당한 재량권[4)] 행사로 보고 있다. 이것을 재량권의 영(또는 1)으로의 수축[5)]이라고 하는데 분설하면 다음과 같다.

1) 재량권 영(0)으로의 수축이론은 경찰기관의 부작위(불행사)에 대한 경찰개입청구권과 손해배상청구권을 구성하기 위한 법리로서 성립·발전되어 왔다. 경찰권의 행사여부는 원칙적으로 재량처분으로 인정되고 있기 때문에 일반국민이 경찰권의 발동

---

1) 볼프 R·쉔케 저, 서정범 역, 전게서, pp.57~64.
2) 김형중, 『경찰행정법』(서울: 경찰공제회, 2007), p.509.
3) 김형중, 전게서, pp.509~510.
4) '의무에 합당한 재량'에 따른다는 것은 법적근거를 가지고 경찰권이 발동되어야 하고, 나아가 공공의 안녕 혹은 질서가 관련될 가능성이 있는지 여부, 그 같은 가능성이 구체적 위험이나 장해로 발전되어 있는지의 여부가 심사되어야 하고 그 심사에 따라 결정되어야 한다.
5) 재량권의 영(0)이란 뜻은 재량영역이 없다는 의미이고, 1이란 적법한 행위는 한 가지 뿐이라는 것을 의미하는 것이다.

을 요청하였음에도 불구하고 경찰권이 발동되지 않았다고 해서 일반국민은 당해 경찰기관에 대하여 경찰권의 발동을 요구하는 행정쟁송을 제기할 수 없다. 그러나 특정인의 생명·신체가 타인에 의해 위협받고 있는 긴급한 상황이라면 경찰개입결정에 대한 해석을 달리해야 할 필요가 생긴다.

2) 목전의 상황이 매우 중대하고 긴박한 것이거나, 그로 인하여 국민의 중대한 법익(생명·신체에 대한 위협)이 침해될 우려가 있는 경우에는 경찰권은 반드시 발동되어야 하고, 경찰권발동여부에 대하여 결정할 재량의 여지는 없어진다.

이와 같이 경찰권발동에 대한 결정재량권이 영(0)으로 수축되면 경찰권을 발동하여야 할 의무가 발생하게 된다. 따라서 이러한 경우 국민은 경찰기관에 대해 경찰권의 발동을 청구할 수 있는 권리(경찰개입청구권)가 발생한다. 그럼에도 불구하고 경찰기관이 경찰권을 발동하지 않아 그 특정인에게 손해가 발생한 경우, 이는 경찰기관의 부작위로 인한 위법이 되고 국가는 이에 대하여 배상책임을 지게 된다.

3) 독일의 행정판례에 있어 그 초기에는 재량권이 영으로 수축되는 것으로 인정되기 위하여는 개인의 법익침해, 위험의 절박성 또는 피침해법익의 중대성을 요건으로 보았다. 그러나 이러한 요건은 점차 완화되고 있다. 이처럼 재량권이 영(0)으로 수축되는 경우 당해 재량행위는 내용적으로는 기속행위로의 전환을 의미하고, 따라서 경찰권발동의 결정재량이 부정된다.[1]

3. 무하자재량행사청구권

1) 의 의

경찰행정청의 재량이 인정되는 경우에 재량행위의 상대방 기타 이해관계인에게는 행정청에 대하여 재량권을 하자 없이 행사하여 줄 것을 청구할 수 있는 권리를 말한다. 무하자재량행사청구권은 현대행정의 발전에 따른 재량영역의 확대에 대응하여 행정청의 위법한 재량권 행사로부터 개인의 권리·이익을 보장하기 위한 이론이라고 볼 수 있다.

2) 성 질

무하자재량행사청구권은 특정한 처분을 구할 수 있는 권리는 아니다. 그러나 행정청이 어차피 결정해야 할 사항에 대하여 개인이 그 과정에 관여하여 하자없는 처분

---

1) 김형중, 전게서, p.510.

을 할 것을 요구한다는 점에서 절차적 공권에 해당한다고 보아야 한다. 또한 단순히 위법한 처분을 배제하는 소극적 또는 방어적 권리가 아니라, 행정청에 대하여 적법한 재량처분을 할 것을 구하는 적극적 공권이다.

3) 학설과 판례

무하자재량행사청구권이라는 공권을 특별히 인정할 필요가 있는가에 대하여 긍정설과 부정설이 대립하고 있으나, 관계인은 행정청에 대하여 재량권을 행사함에 있어서 그 법적 한계를 준수하여 줄 것을 청구할 수 있는 주관적 권리가 성립한다고 보는 긍정설이 다수설이다. 대법원 또한 무하자재량행사청구권의 법리를 인정하고 있다.

무하자재량행사청구권의 예(대판 1991. 2. 12, 90누5825)
대법원은 "다수의 검사임용신청자 중 일부만을 검사로 임용하는 결정을 함에 있어 그 임용 여부의 응답을 해줄 의무가 있다"고 판시하고 있다.

4) 무하자재량행사청구권의 내용

(1) 재량의 하자없는 행사

재량행위의 경우 행정청의 의무는 다만 재량권의 한계를 준수할 의무에 그치는 것이고, 이러한 의무에 대응하는 개인의 청구권도 행정청이 재량권의 한계[1]를 준수하면서 처분할 것을 구할 수 있는 것일 뿐, 특정 처분을 구할 수 있는 것은 아니다.

(2) 경찰개입청구권으로의 전환(재량권의 영(0)으로의 수축)

경찰기관에 인정된 재량권이 예외적으로 영(0)으로 수축되어 단 하나의 결정만이 행정기관에 허용되는 경우, 즉 재량권을 행사치 않으면 국민의 생명 · 신체 · 재산에 중대한 위험이 가해진다고 판단되는 경우에 재량권은 영(0)으로 수축된다. 이 경우 무하자재량행사청구권은 상대방이 행정기관에 대하여 일정한 행위를 행사해 주도록 요구할 수 있는 경찰개입청구권으로 전환된다.

4. 경찰개입청구권

1) 의 의

경찰개입청구권이라 함은 경찰기관이 공공의 안녕과 질서에 대한 위험방지를

---

1) 재량권의 하자(흠)에는 재량의 일탈, 재량의 남용, 재량권의 불행사 또는 해태 등이 있는데, 이와 같은 경우에는 재량권의 한계를 벗어난 것이므로 위법이 된다.

위해 경찰권을 발동해야 함에도 불구하고 발동하지 않음으로 인해 법익을 침해받은 자가 자신의 이익을 위하여 경찰기관에 경찰권의 발동을 청구할 수 있는 권리를 말하며, 이를 경찰권발동청구권이라고도 한다. 따라서 경찰개입청구권은 경찰기관에 대하여 특정처분을 구할 수 있는 공권이라는 점에서, 무하자재량행사청구권과는 구별된다.[1)]

2) 경찰개입청구권 인정 여부

(1) 학 설

긍정설과 부정설의 견해로 학설이 대립하고 있다. 긍정설은 경찰편의주의에 따른 재량에도 한계가 있어 국민의 생명·신체에 위험이 있는 경우에는 경찰권을 발동해야 할 의무가 있다는 것이다. 따라서 이러한 경우 경찰권발동여부에 대한 재량권이 영(0)으로 수축되어 경찰권발동의 의무만이 남게 된다는 견해로서 다수설의 입장이다. 반면 부정설은 경찰권을 발동할 것인가의 여부는 경찰기관의 재량이므로 경찰권발동을 개인이 청구할 수 없다는 견해이다.

(2) 판 례

대법원은 무장공비 청와대 습격사건인 '1·21사태'와 관련하여 군인과 경찰공무원들이 즉시 출동하지 않아 직무유기로 청년이 사망하였다고 인과관계를 인정함으로써 국가의 배상책임을 인정하고 있다. 또한 근래에는 개인의 신변보호요청에 대하여 게을리한 경찰관에 대해 배상책임을 인정하고 있다.

무장공비가 청와대를 습격한 사건과 관련한 행정개입청구권 문제(대판 1971. 4. 6, 71다124)

대법원은 "1·21 사태시(김신조 등 무장공비가 청와대를 습격한 사건) 무장공비가 출현하여 그 공비와 격투 중에 있는 청년의 동거인이 경찰에 세 차례나 출동을 요청하였음에도 불구하고 즉시 출동하지 않아 사살된 사건"에서 행정청의 부작위로 인한 손해에 대하여 국가의 손해배상 책임을 인정하고 있다. 이 행정청구권은 경찰행정의 영역에서 처음 인정되었으며, 재량권의 영(0)으로의 수축이론이 맨 처음 적용된 대법원 판례이다.

개인의 신변보호요청에 게을리한 국가(경찰관)에 대한 배상책임(대판 1998. 5. 26, 98다11635)

기속행위라 함은 엄격하게 법의 기속을 받아 행정주체에게 재량이 없는 행위를 말한다. 개인의 신변보호요청에 대하여 게을리한 경찰관에 대해 배상책임을 인정한 사건에 대해 대법원

---

1) 무하자재량행사청구권은 경찰기관에 대하여 적법한 재량처분만을 구할 수 있을 뿐이며, 종국처분의 내용까지 그 권리가 미치지 아니한다. 이런 점에서 경찰개입청구권과 구별이 된다.

은 "피해자가 살해되기 며칠 전 신변에 위협을 느껴 범죄 신고와 함께 신변보호요청을 받았으면, 신변보호를 받은 피해자의 신변을 특별히 보호해야 할 의무가 있다"고 함으로써 본래 재량적 성질을 가지는 경찰권 발동도 일정한 경우에는 재량권이 영(0)으로 수축하여 다른 선택이 불가능한 의무로 전환된다고 판시하고 있다.

3) 반사적 이익의 공권화 확대 경향

반사적 이익이란 경찰기관이 법규에 의해 공익을 위한 경찰권발동의 결과 개인이 어떤 이익을 얻게 되더라도 법에 의한 보호를 받지 못하는 이익을 말한다. 대법원은 유기장영업허가로 인한 영업상의 이익은 반사적 이익에 불과하다고 판시하고 있다(대판 1985. 2. 8, 84누369).

오늘날 국가관의 변천, 개인의 지위향상 등에 따라 과거에는 반사적 이익으로 보았던 것들이, 행정소송을 통하여 구제되어야 할 이익으로 보는 경향이 강해지고 있다. 이처럼 과거의 반사적 이익으로 간주되던 이익들이 법적으로 보호되는 이익 또는 공권으로서의 성격이 인정되는 경우가 점차 늘어남으로써 개인의 경찰개입청구권의 범위가 넓어지고 있다.

따라서 반사적 이익이 보호이익화될 경우 경찰개입청구권이 인정된다는 것이 판례의 입장이다. 특히 독일의 띠톱판결,[1] 우리나라에서 연탄공장 건축허가처분 취소소송을 인정한 사건은 반사적 이익의 공권화 확대 경향을 나타내는 판례라고 할 수 있다.[2]

4) 경찰개입청구권과 구제책

경찰개입청구구권이 성립되는 경우 개인은 경찰기관에 대하여 제 3 자에 대한 규제·단속 등을 위하여 개입하여 줄 것을 직접 청구할 수 있다. 또한 개인의 청구행사에 대하여 경찰기관이 아무런 조치를 하지 않은 경우, 그 청구인은 행정심판 또는 행정소송을 제기할 수 있다. 그리고 경찰기관이 개입의무가 존재함에도 개입하지 않음으로써 손해가 발생한 경우에는 손해배상을 청구할 수 있으며, 판례도 이를 인정하고 있다.

---

1) 띠톱판결은 주거지역에 설치된 석탄제조업소에서 사용하는 띠톱에서 배출되는 먼지와 소음으로 피해를 받고 있던 인근주민이 행정청에 건축경찰상의 금지처분을 발할 것을 청구한 것에 대해 1968년 8월 18일 독일 연방헌법재판소에서 재량권의 영(0)으로의 수축으로 인한 경찰개입청구권을 인정한 판례이다.
2) 대판 1975. 5. 13, 73누96·97.

제 2 절 개별적 수권조항(경찰관 직무집행법)

Ⅰ. 개별적 수권규정에 근거한 경찰권(표준적 직무행위)

1. 의 의

독일의 경찰법규에서는 이러한 개별적 수권규정들을 '표준적 직무행위'라고 부르고 있다.[1] 경찰상의 표준적 · 전형적 직무행위는 자주 반복되는 경찰상의 조치를 유형적으로 표준화해서 특별히 규정한 것이다. 따라서 표준적 직무조치라 함은 일반적 수권조항 이외의 경찰법상 규정되어 있는 개별적인 경찰권 발동요건 및 내용에 관한 일체의 수권조항을 의미한다. 현행법상 경찰관 직무집행법 제 3 조(불심검문)이하가 개별적 수권조항을 규정하고 있다.[2]

2. 경찰의 표준적 직무행위

경찰권발동의 개별적 수권조항 가운데 경찰관 직무집행법 제 3 조(불심검문) 이하의 규정은 특별한 의미를 가진다고 볼 수 있다. 그 이유는 그들 개별조항에 의거한 경찰작용은 경찰의 표준적 또는 전형적 직무행위로 볼 수 있기 때문이다. 즉, 실질적 의미의 경찰작용(또는 경찰조치) 가운데 표준적 · 전형적 직무행위에 해당하는 것들이 그곳에 모아져 있기 때문이다.

Ⅱ. 개별적 수권조항(표준적 직무행위)에 의한 수단

경찰권의 발동에 대한 개별적 수권규정 즉, 표준적 직무행위를 엄밀하고 구체적으로 규정함으로써 경찰권 발동의 요건과 한계를 명확히 할 수 있고, 또한 경찰권의 남용으로부터 국민의 자유와 권리를 보호할 수 있다.

---

1) 독일의 일반경찰－질서법에는 경찰의 개별적 조치를 위한 일련의 개별적 수권조항이 존재한다(연방 및 주의 통일경찰법모범초안 제 9 조에서 제24조까지 규정). 따라서 이러한 경찰의 개별적 조치를 「경찰상의 표준적 직무조치」라고 한다(볼프 R · 쉔케 저, 서정범 역, 전게서, p.64).
2) 김형중, 전게서, pp.514~523.

1. 불심검문(경찰관 직무집행법 제 3 조)

1) 의 의

불심검문이란 경찰관이 거동이 수상하다고 인정되는 자를 정지시켜 직접 질문하여 조사하는 행위를 말하며, 임의동행, 흉기의 소지여부 조사까지 포함하는 개념이다.

2) 불심검문의 성격

(1) 행정경찰·사법경찰작용

불심검문은 행정경찰작용과 사법경찰작용으로서의 성격을 아울러 가진다.[1] 왜냐하면 범죄예방이나 위험방지라는 행정경찰작용과 이미 행하여진 범죄에 대한 사법경찰작용인 수사가 중복적으로 행하여지는 경우가 적지 않기 때문이다.

(2) 대인적 즉시강제

불심검문이 경찰상 즉시강제에 해당하느냐에 따라 견해의 대립이 있다. 불심검문을 행함에 있어 불심검문을 당한 자는 답변을 강요당하지 않고, 임의동행 요구 시 동행요구를 거절할 수 있다는 점에서 엄격한 의미에서는 즉시강제에 해당하지 않는다고 볼 수도 있다. 그러나 실제 불심검문 시 신체적 접촉이 불가피하고 소지품검사를 하고 질문에 응하지 않고 도주 시 추적하여 어느 정도의 신체에 대한 물리력 행사(예컨대, 팔 등을 붙잡는 행위 등)를 할 수 있다는 점에서 즉시강제에 해당한다고 보는 견해도 있다.[2]

(3) 근 거

불심검문은 국민의 자유와 권리를 제한하는 전형적인 권력작용이기 때문에 엄격한 법률적 근거를 요한다(형사소송법, 경찰관 직무집행법, 전투경찰대 설치법, 주민등록법 등). 그러나 불심검문 거부 시에는 현행법상 처벌규정이 없어 처벌할 수 없다.

3) 수 단

경찰관 직무집행법상 불심검문의 수단으로는 정지 및 질문·임의동행·흉기조사 등이 인정되고 있다.

(1) 정 지

정지라 함은 경찰관이 보행자를 불러 세우거나 차를 정지시켜 질문할 수 있는 상태에 두는 것을 말한다. 정지의 수단은 요구나 설득과 같은 임의적 수단에 의하는 것

---

1) 김성수, 『개별행정법』(서울: 법문사, 2005), pp.474~475.

2) 박윤흔, 전게서, pp.363~364; 이에 대하여 불심검문을 경찰조사의 성격으로 보는 견해도 있다(김동희, 전게서, p.188; 홍정선, 전게서, p.1034).

이 원칙이나, 예외적으로 상대방이 불응에 그치지 않고 도주하는 경우와 같이 급박하고 부득이한 경우에는 강제에 이르지 않는 정도의 유형력의 행사는 허용된다고 보아야 할 것이다.[1]

(2) 질　　문

경찰관은 수상한 행동이나 그 밖의 주위 사정을 합리적으로 판단하여 검문대상자(범죄혐의관련자 등)를 정지시켜 질문할 수 있다. 이 때 질문을 받는 사람은 정지의 의무를 부담하지도 않으며 그 의사에 반해 답변을 강요당하지 않는다고 명문화하고 있다.

(3) 흉기조사 및 소지품 검사

경찰관은 불심검문의 대상자에 대하여 질문을 할 때에 흉기의 소지여부를 조사할 수 있다. 여기서 흉기라 함은 사회통념상 사람을 살상할 수 있는 일체의 장구를 말한다(예컨대, 등산용 칼·망치 등). 소지품 검사의 수단은 착의를 가볍게 만지거나 가방을 두드리는 방법 등의 외표검사에 한한다. 다만 검사결과 흉기소지의 개연성이 클 경우에 폭력을 사용하지 않는 범위에서 내부검사를 할 수 있다고 본다.[2]

(4) 임의동행

경찰관이 불심검문을 할 때는 그 장소에서 질문을 하는 것이 원칙이다. 그러나 그 장소에서 질문을 하는 것이 당해인에게 불리하거나 교통에 방해가 된다고 인정되는 경우에는 본인의 승낙을 얻어 부근의 경찰관서나 지구대 또는 치안센터에 동행을 요구할 수 있다. 경찰관의 동행요구가 있는 경우에도 당해인은 경찰관의 동행요구를 거절할 수 있다.

경찰관이 임의동행 시에 반드시 상대방의 동의나 승낙을 얻어야 하며, 상대방의 승낙을 얻지 못한 연행은 위법한 행위로서 상대방이 이에 항거하여 폭행·협박을 가하여도 공무집행방해죄를 구성하지 않는다. 또한 임의동행을 하였더라도 6시간을 초과하여 경찰관서에 머무르게 할 수 없다는 규정은 선언적 규정에 불과하고 당해인은 6시간을 초과하기 전이라도 언제든지 퇴거할 자유가 있으며, 경찰관은 6시간 이내라고 해서 그를 머무르게 할 수 없다.

임의동행은 강제성이 내포된 강제처분의 일종인가?(대판 1997. 8. 22, 97도1240)

대법원은 "임의동행은 상대방의 동의 또는 승낙을 그 요건으로 하는 것이므로 임의동행 요

1) 김동희, 전게서, p.187.
2) 김남진, 『행정법 Ⅱ』(서울: 법문사, 2005), p.331.

구를 받은 경우 상대방은 이를 거절할 수 있을 뿐만 아니라 임의동행 후 언제든지 경찰관서에서 퇴거할 자유가 있다할 것이고, 임의동행을 한 경우 당해인을 6시간을 초과하여 경찰관서에 머물게 할 수 없다고 규정하고 있다고 하여 그 규정이 임의동행한 자를 6시간 동안 경찰관서에 구금하는 것을 허용하는 것은 아니다"라고 판시하고 있다.

2. 보호조치(경찰관 직무집행법 제 4 조)

1) 개 념

경찰관은 수상한 행동이나 그 밖의 주위 사정을 합리적으로 판단하여 응급의 구호를 요한다고 믿을만한 상당한 이유가 있는 자를 발견한 때에는 보건의료기관이나 공공구호기관에 긴급구호를 요청하거나 경찰관서에 보호하는 등 적당한 조치를 취할 수 있다.

2) 보호조치의 대상자

보호조치의 대상자에는 본인의 의사와는 관계없이 강제보호 할 수 있는 강제보호대상자(예컨대, 정신착란자, 자살기도자 등)와 임의보호대상자(예컨대, 미아, 병자, 부상자 등)가 있다. 강제보호조치는 대인적 즉시강제의 성질을 가지며, 임의보호조치는 비권력적 사실행위의 성질을 갖는다. 다만 보호조치와 관련하여 임의보호대상자가 이를 거절할 경우에는 예외로 한다.

보호조치는 경찰강제 중 대인적 즉시강제에 속하며, 적극적으로 국민의 복리증진에 기여한다는 특징이 있으며, 보호조치의 발동을 위하여는 구체적인 위험의 존재가 필요하다. 본 조항에 따른 보호조치는 위험방지를 목적으로 하는 것이며, 범죄수사의 목적으로 활용될 수는 없다.[1)]

3) 보호기간

경찰관서에서의 일시보호는 24시간을 초과할 수 없다. 따라서 경찰관은 24시간이 경과하기 전에 구호대상자를 보호자나 관계기관에 인계하거나 또는 보호조치를 해제하여야 한다.

4) 임시영치

구호대상자가 휴대하고 있는 무기·흉기 등 위험을 야기할 수 있는 물건에 대해서는 경찰관서에 임시로 보관할 수 있으며 영치물의 보관은 10일을 초과할 수 없다. 임시영치는 대물적 강제처분의 성질을 가진다.

---

1) 홍정선, 전게서, p.1035.

3. 위험발생의 방지조치(경찰관 직무집행법 제 5 조)

1) 의의와 법적 성격

위험발생의 방지라 함은 경찰관이 인명·신체에 위해를 끼치거나 재산에 중대한 손해를 끼칠 위험한 사태가 발생한 경우에 취하는 경찰조치를 말한다. 위험발생의 방지조치는 경찰상 즉시강제수단의 일종이며, 대인적·대물적·대가택 강제수단에 해당한다. 위험발생방지는 공공의 안녕·질서에 대한 위험을 발생시키지 않는 책임이 없는 사람(경찰비책임자)에게도 경찰조치를 취할 수 있다.

2) 수 단

위험한 사태란 현실적으로 사람의 생명, 재산에 위해를 미칠 우려가 있는 상황을 말하며, 구체적인 위험사태의 인정은 경찰관이 스스로 판단하여 위해방지상 필요하다고 인정되는 조치를 취할 수 있다. 실정법상 구체적인 위해 방지조치수단으로는 ① 경고, ② 억류 및 피난조치(예컨대, 산사태나 폭설 등 기상악화 시 등산객들을 억류 또는 피난조치시키는 행위 등) ③ 위험방지조치 등을 들 수 있다.

4. 범죄의 예방과 제지(경찰관 직무집행법 제 6 조)

1) 의의와 법적 성격

경찰관은 범죄행위가 목전에 행하여지려고 하고 있다고 인정될 때에는 이를 예방하기 위하여 관계인에게 필요한 경고를 하고, 그 행위로 인하여 사람의 생명·신체에 위해를 끼치거나 재산에 중대한 손해를 끼칠 우려가 있어 긴급을 요할 때 그 행위를 제지하는 것을 말한다. 이는 경찰상 즉시강제수단의 일종이다.

2) 수단(경고·제지)

범죄예방을 위하여 관계인에게 필요한 경고조치와 범죄행위를 제지하는 것이다. 경고의 방법에는 제한이 없으며(예컨대, 경적, 확성기 사용, 구두신호 등), 제지의 형태에도 또한 아무런 제한이 없고 범죄행위의 양상에 따라 달라질 수 있다.[1] 여기서 범죄행위는 모든 형벌법령에 저촉되는 일체의 행위를 말하며 범죄 실행의 예비·음모의 직전도 포함된다고 봄이 타당하다.[2]

---

1) 범죄행위를 행하려는 자를 뒤에서 껴안은 행위, 손에 쥐고 있는 흉기를 빼앗는 행위 등도 제지방법의 일종이다.
2) 조철옥, 『경찰학개론』(서울: 대영문화사, 2008), p.178.

불법집회를 막기 위한 출입의 저지는 범죄제지조치에 해당(대판 1990. 8. 14, 90도870)

대법원은 "집회장소 사용 승낙을 하지 않은 A대학교측의 집회 저지 협조요청에 따라 경찰관들이 A대학교 출입문에서 신고된 A대학교에서의 집회에 참가하려는 자의 출입을 저지한 것은 경찰관직무집행법 제 6 조의 주거침입행위에 대한 사전 제지조치로 볼 수 있고, 비록 그 때문에 소정의 신고없이 B대학교로 장소를 옮겨서 집회를 하였다 하여 그 신고없이 한 집회가 긴급피난에 해당한다고도 할 수 없다"고 판시하고 있다.

5. 위험방지를 위한 출입(경찰관 직무집행법 제 7 조)

1) 의의 및 성질

경찰관은 위험한 사태가 발생하거나 범죄예방을 위한 경우에 인명·신체 또는 재산에 대한 위해가 임박하여 그 위해를 방지하기 위하여 부득이하다고 인정할 때에 타인의 토지·건물 및 공개된 장소에 출입할 수 있다. 위험방지를 위한 출입은 대가택적 즉시강제의 성질을 가진다.

2) 종 류

위험방지를 위한 출입은 위해방지 및 피해자 구조를 위한 긴급출입과 범죄 및 위해예방을 위한 예방출입 그리고 대간첩 작전지역 안에서의 검색으로 구분된다. 범죄의 예방 또는 인명·신체 또는 재산에 대한 위해예방을 목적으로 하는 예방출입(흥행장·여관·음식점 등)의 경우에는 상대방의 동의를 얻어야 출입이 가능하다. 이 경우의 출입은 경찰조사의 성질을 갖는다. 그러나 위험한 사태가 발생하여 인명·신체 또는 재산에 대한 위해가 임박한 경우에 타인의 토지·건물·선박과 차량 등에 출입하는 긴급출입일 때에는 주야를 불문하고 허용되며, 상대방의 동의를 요하지 않는다.[1] 이 경우의 출입은 대가택즉시강제의 성질을 갖는다. 그리고 경찰관은 대간첩 작전수행을 위하여 작전지역 안의 장소를 출입할 수 있다. 이러한 검색은 법관의 영장 없이 주·야간 가리지 않고 가능하다. 작전지역 안에서의 검색은 사생활 보호에 대한 중대한 예외로 대간첩 작전수행을 위한 목적에만 국한된다.

1) 김남진·서정범, 『경찰법』(서울: 화학사, 1998), p.335.

6. 사실의 확인 등(경찰관 직무집행법 제 8 조)

1) 사실의 조회

경찰관서의 장은 직무수행에 필요하다고 인정되는 상당한 이유가 있을 때에는 국가기관 또는 공사단체 등에 대하여 사실을 조회하거나, 긴급을 요할 때에는 소속 경찰관으로 하여금 현장에 나가 해당 기관 또는 단체장의 협조를 받아 그 사실을 확인하게 할 수 있다. 여기서의 사실확인 및 출석요구는 형사소송법상 범죄수사를 위한 출석요구, 공무소 등에의 조회 등과는 구별되는 개념이다.[1)]

2) 출석요구

경찰관은 미아를 인수할 보호자의 여부, 유실물을 인수할 권리자의 여부, 사고로 인한 사상자 확인, 행정처분을 위한 교통사고 조사상 사실확인을 위해 필요한 때에는 관계인에게 출석을 요하는 사유·일시 및 장소를 명확히 한 출석요구서에 의해 경찰관서에 출석요구를 할 수 있다. 여기서 출석요구는 출석의무를 부과하는 행정행위로 보기는 어렵고 경찰법상 사실행위로 보는 것이 타당하다. 따라서 행정목적이 아닌 수사목적을 위한 출석요구는 할 수 없다.

7. 경찰장비의 사용 등(경찰관 직무집행법 제10조)

경찰장비의 사용에는 경찰장구의 사용, 분사기 등의 사용, 무기의 사용 등이 있다.

1) 경찰장구의 사용(동법 제10조의2)

(1) 의 의

경찰관의 직무를 집행하는 과정에 상대방을 물리적으로 제압하는 경우 사용하는 기본적 도구가 경찰장구이다. 경찰장구의 사용은 경찰관의 무기사용 다음으로 인명·신체에 실력을 가하는 수단이다. 경찰관 직무집행법은 경찰장구로서 수갑·포승·경찰봉·방패 등을 예시적으로 규정하고 있으나, 호신용경봉·전자충격기·진압장구 등을 포함한다. 경찰장구의 사용은 대인적 즉시강제로서 경찰관 직무집행법이 법적 근거이다.

(2) 경찰장구의 사용요건

경찰관은 경찰관 직무집행법 제10조의2의 사유가 있는 경우 그 사태를 합리적으

---

1) 본 조항에 의한 사실조회는 형사소송법 제200조(피의자의 출석요구와 진술거부권의 고지)와 형사소송법 제199조(수사와 필요한 조사)의 조회와는 구별되는 개념이다.

로 판단하여 필요한 한도 내에서 경찰장구를 사용할 수 있다고 규정하고 있다. 그 요건으로 ① 현행범인 경우와 사형·무기 또는 장기 3년 이상의 징역이나 금고에 해당하는 죄를 범한 범인의 체포와 도주 방지, ② 자기 또는 타인의 생명·신체에 대한 방호, ③ 공무집행에 대한 항거의 억제를 위하여 필요하다고 인정되는 상당한 이유가 있을 경우 등이 이에 해당한다.

(3) 장구사용의 한계

장구사용에는 상당성과 최소침해의 원칙이 지켜져야 한다. 즉 경찰장구를 사용할 만한 상당한 이유가 존재하더라도 필요한 한도 내에서만 사용하여야 한다. 따라서 단순한 경범피의자에게 수갑이나 포승 등을 사용하는 것은 상당성과 최소침해의 원칙에 위배되는 행위이다.

2) 분사기 등의 사용(동법 제10조의3)

(1) 의 의

경찰관은 체포·도주의 방지, 또는 불법집회·시위로 자기 또는 타인의 생명·신체와 재산 및 공공시설 안전에 대한 현저한 위해의 발생을 억제하기 위하여 부득이한 경우, 현장책임자가 판단하여 신체에 직접 위해를 가하지 않는 필요최소한의 범위 내에서 분사기 또는 최루탄을 사용할 수 있다.

(2) 사용방법과 한계

경찰관이 가스발사총을 사용하는 경우에도 1미터 이내의 거리에서 상대방의 얼굴을 향하여 이를 발사하여서는 아니 된다. 또한 최루탄발사기로 최루탄을 발사하는 경우에도 30도 이상의 발사각을 유지하여야 한다.

3) 무기의 사용(동법 제10조의4)

경찰관 직무집행법상의 무기사용은 원칙적으로 사람에게 직접적인 위해를 주지 않는 사용을 기본으로 하고, 다른 수단이 없다고 인정되는 최후의 수단으로서 무기사용을 허용하고 있다.

(1) 무기의 개념

경찰관 직무집행법 제10조의4의 무기는 "인명 또는 신체에 위해를 가할 수 있도록 제작된 권총·소총·도검 등 성질상의 무기"[1]만을 말하며, 채찍·돌팔매·각목·쇠

1) 무기는 사람을 살상하는 용도에 쓰일 목적으로 제작된 성질상 무기와 제작목적은 사람의 살상이 아니라 사용에 따라 사람의 살상에 이용할 수 있는 용법상 무기(예컨대, 식도·과도)로 나누어지는데, 경찰

파이프 등은 무기의 사용에 포함되지 않는다.

(2) 법적 근거

경찰관의 무기휴대의 근거는 경찰공무원법 제20조에, 무기사용의 근거는 경찰관 직무집행법 제10조의4에 규정하고 있다.

(3) 무기의 사용요건

무기사용에는 위해를 수반하지 않는 무기의 사용과 위해를 수반하는 무기사용으로 나눌 수 있다.

① 위해를 수반하지 않은 무기사용

경찰관이 범인 등 상대방에게 신체적 손상을 주지 않고 단지 무기를 위협적으로 사용하는 경우를 말한다. 그 요건으로는,[1)]

첫째, 범인의 체포·도주의 방지를 위해 필요한 때,

둘째, 자기 또는 타인의 생명·신체에 대한 방호를 위해 필요한 때,

셋째, 공무집행에 대한 항거를 억제하기 위해 필요한 때 등이다.

② 위해를 수반하는 무기사용

경찰관이 범인 등 상대방에게 위해를 수반하는 무기사용 요건은 다음과 같다.

첫째, 사형·무기 또는 장기 3년 이상의 징역이나 금고에 해당하는 죄를 범하거나 범하였다고 의심할 만한 충분한 이유가 있는 자가 경찰관의 직무집행에 대하여 항거하거나 도주하려고 할 때 또는 제 3 자가 그를 도주시키려고 경찰관에게 항거할 때, 이를 방지 또는 체포하기 위하여 무기를 사용하지 아니하고는 다른 수단이 없다고 인정되는 상당한 이유가 있을 때,

둘째, 체포·구속영장과 압수·수색영장을 집행할 때에 본인이 경찰관의 직무집행에 대하여 항거하거나 도주하려고 할 때 또는 제 3 자가 그를 도주시키려고 경찰관에게 항거할 때, 이를 방지 또는 체포하기 위하여 무기를 사용하지 아니하고는 다른 수단이 없다고 인정되는 상당한 이유가 있을 때,

셋째, 범인 또는 소요행위자가 무기·흉기 등 위험한 물건을 소지하고 경찰관으

관 직무집행법 제10조의4의 적용을 받는 무기는 성질상의 무기만이 해당된다.

1) 경찰관은 경미 범죄자의 체포·도주방지를 위해 필요한 때에는 무기를 사용할 수 있으나 상대방에게 신체적 손상을 주어서는 안 된다(예컨대, 공포탄 발사, 총구를 하늘로 향한 위험발사 등). 그리고 자기 또는 타인의 생명, 신체의 보호를 위해서는 무기사용이 가능하나 재산을 포함하지 않는다. 끝으로 항거란 적법한 공무집행을 적극적 또는 소극적으로 방해하거나 거부 내지 저항하는 것을 말한다.

로부터 3회 이상[1]의 투기명령 또는 항복명령을 받고도 이에 불응하면서 계속 항거할 때, 이를 방지 또는 체포하기 위하여 무기를 사용하지 아니하고는 다른 수단이 없다고 인정되는 상당한 이유가 있을 때,

넷째, 정방방위와 긴급피난에 해당하는 경우에 경찰관은 자신 또는 타인의 생명·신체의 보호를 위하여 범인에게 무기를 사용할 수 있다. 특히 이 경우에는 비례의 원칙, 보충성의 원칙, 긴급성 등이 요구된다.

다섯째, 대간첩 작전수행에 있어 무장간첩이 경찰관의 투항명령을 받고도, 이에 불응하는 경우 등에는 공포탄 발사나 위협사격 없이 실탄사격을 할 수 있다.[2]

(4) 무기사용의 한계

① 경찰비례의 원칙

필요하다고 인정되는 상당한 이유가 있을 때에는 그 사태를 합리적으로 판단하여 필요한 한도 내에서 사용하여야 한다.

비례의 원칙위반의 총기사용은 위법(대판 1991. 5. 28, 91다10084)

대법원은 "타인의 집 대문 앞에 은신하고 있다가 경찰관의 명령에 따라 순순히 손을 들고 나오면서 그대로 도주하는 범인을 경찰관이 추격하면서 등 부위에 권총을 발사하여 사망케 한 사건은 현재의 부당한 침해를 방지하거나 현재의 위난을 피하기 위한 상당성 있는 행위라고 볼 수 없는 것으로서 범인의 체포를 위하여 필요한 한도를 넘어 무기를 사용한 것으로 위법하다"고 판시하고 있다.

② 보충성의 원칙

무기를 사용하지 아니하고는 다른 수단이 없다고 인정되는 상당한 이유가 있을 때 사용하여야 한다.

보충성의 원칙에 반하는 권총사용(대판 1993. 7. 27, 93다9163)

대법원은 "경찰관은 범인의 체포·도주의 방지, 자기 또는 타인의 생명·신체에 대한 방호, 공무집행에 대한 항거의 억제를 위하여 상당한 이유가 있을 때에는 필요한 한도 내에서 무기를 사용할 수 있으나 … 원고가 체포를 면탈하기 위하여 항거하며 도주할 당시 … 가스총과 경찰봉을 사용하거나 다시 한번 공포를 발사하여 위 원고를 제압할 수 있었음에도, 도망가는 원

1) 3회 이상이란 적어도 3회 이상 투기기회를 주어야 한다는 것을 의미하는 것으로, 각 회마다 투기 및 투항에 필요한 시간적 간격이 있어야 한다. 따라서 투기 및 투항에 필요한 시간적 간격도 없이 연속하여 투기명령을 하는 경우는 1회의 투기명령으로 보아야 한다.

2) 김형중, 전게서, p.523.

고의 다리를 향하여 권총을 발사한 행위는 「경찰관직무집행법」 제11조 소정의 총기사용의 허용범위를 벗어난 위법행위라고 아니할 수 없다"고 판시하고 있다.

(5) 사용기준

총기발사를 하기 전에 미리 구두 또는 공포탄에 의한 사격으로 상대방에게 경고하여야 한다. 공포탄인 경우에도 하늘을 향하여 발사하여야 한다. 그러나 상황이 급박하고 경고의 시간적 여유가 없을 때, 경찰관 급습, 타인의 생명·신체에 중대한 위험을 야기하는 범행이 목전에 실행되는 때에는 사전경고 없이 총기사용을 할 수 있다.

(6) 무기·탄약의 회수 및 보관

분사기나 최루탄 또는 무기를 사용한 경우 그 책임자는 사용일시, 사용장소, 사용대상, 현장책임자, 종류, 수량 등을 기록하여 보관해야 한다(경찰관 직무집행법 시행령 제 7 조).

제 3 절 경찰권 발동의 한계

Ⅰ. 개 설

경찰권 발동의 한계라 함은 경찰권을 발동함에 있어 요구되는 한계를 말한다. 법치국가에 있어서 경찰권의 발동은 반드시 엄격한 법규의 근거를 요한다. 그러나 경찰법규는 오직 경찰권의 발동에 관한 근거만을 제시하고 구체적인 경찰권 발동의 정도나 조건 등에 관하여는 규정하지 않는 것이 일반적인 경향이다. 그 이유는 장래에 발생할 위해를 모두 예측하여 입법화한다는 것은 사실상 불가능하기 때문이다. 따라서 경찰권의 구체적인 발동 및 정도 등에 관하여는 추상적인 수권규정만을 규율하고 있고, 만약 경찰권 발동의 요건이 충족된 경우에도 경찰권을 발동할 것인지 개입여부의 결정권은 경찰에게 있다(경찰편의주의 원칙). 물론 경찰편의주의가 인정된다고 하여도 경찰에게 무제한의 재량이 인정되는 것은 아니며 이러한 경찰의 재량에도 한계가 있다. 경찰권 발동의 한계로는 법규상의 한계와 조리상의 한계를 들 수 있다.

Ⅱ. 법규상의 한계

경찰권의 발동은 국민의 자유와 권리를 제한하는 권력작용으로서 법치행정의 원칙상 반드시 법규의 근거가 있어야 하며, 그 법규가 허용하는 한도 안에서만 행사되어야 한다. 따라서 경찰법규는 경찰권의 근거이자 한계로서 경찰권에 대한 제 1 단계적 제약이다.[1] 예컨대, 경찰관 직무집행법상의 보호조치(법 제 4 조), 무기사용의 한계(동법 제10조 제 4 항) 등이 그 예이다.

Ⅲ. 조리상의 한계

경찰법규는 경찰권 발동의 요건을 불확정개념으로 규정하고 있을 뿐만 아니라 경찰권 발동의 요건이 충족된 경우에도 경찰권 행사와 관련해서는 경찰편의주의 원칙이 적용되는 결과 법규적 제약이 형식적인 것에 불과한 경우가 많다. 따라서 국민의 인권을 보장하기 위하여 경찰권 발동에 대한 조리상의 한계가 요청된다. 이러한 조리상의 한계는 경찰권의 발동에 대한 제 2 단계적 제약으로서 중요한 의미를 가진다. 경찰권의 발동, 행사를 제한하는 이러한 법원칙으로는 소극목적의 원칙, 평등의 원칙, 공공의 원칙, 비례의 원칙, 책임의 원칙 등이 있다.

1. 경찰소극목적의 원칙

경찰권은 법령에 특별한 규정이 없는 한 공공의 안녕과 질서유지라는 소극목적을 위해서만 발동될 수 있으며, 적극적으로 공공복리의 증진을 위하여서는 발동해서는 안 된다는 원칙을 말한다. 이를 경찰소극목적의 원칙이라고 한다. 따라서 경찰권이 사회공공의 복리증진 또는 사법(私法)관계의 형성·유지를 목적으로 발동되는 경우, 경찰소극목적의 원칙이라는 조리상의 한계를 일탈한 위법한 작용이 된다.

2. 경찰평등의 원칙

경찰평등의 원칙은 종래 경찰권 발동의 한계로서 열거되지 않았었다. 그러나 이 원칙은 헌법 제11조에 규정된 평등원칙에서 도출되는 경찰행정법의 일반원리이

1) 김동희, 전게서, p.200.

므로 경찰권 행사에 있어서도 중요한 제한원리가 된다.[1] 경찰평등의 원칙이라 함은 경찰권을 행사함에 있어서 특별한 합리적인 사유가 없는 한, 모든 국민에 대하여 성별·종교·인종·사회적 신분 등을 이유로 불합리한 차별을 해서는 안된다는 원칙을 말한다.

3. 경찰공공의 원칙

1) 의 의

경찰권은 사회공공의 안녕과 질서유지를 위해서만 발동될 수 있고, 사회공공의 안녕과 공공질서에 직접적인 영향이 없는 사적 생활에 대하여는 발동할 수 없다는 원칙으로 사생활자유의 원칙이라고도 한다. 경찰공공의 원칙은 다시 사생활불가침의 원칙, 사주소불가침의 원칙, 민사관계불간섭의 원칙, 사경제자유의 원칙으로 나누어진다.

2) 내 용

(1) 사생활불가침의 원칙

이는 사회생활과 직접 관련이 없는 사적 생활의 범위 내에서의 행위는 경찰이 관여할 수 없다는 원칙을 말하며 이에 위반하면 위법이 된다. 다만 사생활이라도 사회질서에 직접적인 영향을 줄 때에는 경찰권 발동의 대상이 된다. 예컨대, 미성년자의 음주·흡연과 같이 사회의 공공질서에 영향을 미치는 경우, 감염병이 발생한 경우 또는 술취한 자가 술취한 상태로 인하여 자기 또는 타인의 생명·신체와 재산에 미칠 우려가 있는 경우에는 경찰권[2] 발동의 대상이 된다.

(2) 사주소불가침의 원칙

경찰은 공공의 질서유지를 직접 목적으로 하는 것이므로 직접 공중과 접촉하지 아니하는 사주소 내의 행위에는 관여할 수 없다는 원칙을 말한다. 그러나 사주소(회사·사무실·개인용 주거·연구실 등) 안의 행위라 할지라도 공공의 안녕과 질서유지에 영향을 미치는 경우(예컨대, 외부에서 보이도록 되어 있는 사주소 내의 나체행위, 인근에 불편을 주는 과도한 소음발생 행위 등)에는 경찰권 발동의 대상이 된다. 그러나 경찰상 공개된 장소(예컨대, 불특정 다수인이 출입하는 흥행장·여관·음식점·극장 등)는 사주소에 속하지 아니한다.

---

1) 김동희, 전게서, p.206; 홍정선, 전게서, p.1044.
2) 김철용, 전게서, p.270.

대학의 강의실은 경찰상 공개된 장소인가?(대판 1992. 9. 25, 92도1520)

대법원은 "일반적으로 대학의 강의실은 그 대학 당국에 의하여 관리되면서 그 관리업무나 강의와 관련되는 사람에 한하여 출입이 허용되는 건조물인 것이지 널리 일반인에게 개방되어 누구나 자유롭게 출입할 수 있는 것은 아니다"라고 판시하여 대학의 강의실을 공개된 장소로 보지 않고 있다.

(3) 민사관계불간섭의 원칙

민사상 법률관계는 특정인의 개인적 이해에 관계되는 것으로 직접 공공의 안녕과 질서유지에 영향을 미치지 않기 때문에 경찰이 관여하지 못함이 원칙이다. 예컨대, 경찰관이 개인과 개인 간의 채무불이행·불법행위에 관여하는 행위, 사람이 살도록 방의 전세를 내줄 것을 명하는 행위, 범죄의 종료 후 범죄로 생긴 손해를 배상시키려고 한 행위 등은 그 직무상의 행위로는 볼 수 없고 권한을 넘는 위법행위라 할 것이다.[1] 그러나 민사관계라 하더라도 사회공공의 안녕과 질서유지에 영향을 미치는 경우(예컨대, 미성년자에 대한 술·판매의 판매제한, 총포·도검·화약류의 거래제한 등)에는 경찰권발동의 대상이 된다.

(4) 사경제자유의 원칙

사유재산제도와 계약자유의 원칙이 인정되는 사경제적 거래는 개인의 자유영역에 속하므로 경찰은 원칙적으로 이에 관여하지 못한다는 원칙을 말한다.

4. 경찰비례의 원칙

1) 의 의

경찰권 발동은 사회질서 유지를 위하여 묵과할 수 없는 장해발생 또는 장해발생의 직접적인 위험을 제거하기 위하여 필요한 경우에만 발동할 수 있으며 또한 필요한 최소한도의 범위 내에서 발동되어야 한다는 원칙을 말한다. 경찰비례의 원칙은 헌법 제37조 제 2 항(기본권 제한)에서 도출되는 헌법원리이고, 경찰관 직무집행법 제 1 조 제 2 항(경찰관의 직권은 그 직무수행에 필요한 최소한도 내에서 행사되어야 하며 이를 남용하여서는 아니 된다)은 이를 구체화한 것이다.

---

1) 강구철, "경찰권의 근거와 한계", 『고시연구』, 1991, p.83.

2) 경찰권 발동의 조건

경찰권의 발동조건에는 필요성의 원칙이 적용되는데, 이에는 진압작용으로서 발동되는 경우와 예방작용으로서 발동되는 경우로 구분할 수 있다.

(1) 진압경찰의 경우

경찰권이 진압작용으로 발동되는 경우에는 사회질서유지상 묵과할 수 없는 장해를 제거하기 위해서만 발동하여야 한다. 여기서 묵과할 수 없는 장해라 함은 그 장해를 방치함으로써 생기는 사회적 불이익의 정도가 그 장해를 제거함으로써 생기는 사회적 불이익보다 큰 장해를 말한다.

(2) 예방경찰의 경우

경찰권이 장해 발생 전에 예방작용으로 발동하는 경우에는 묵과할 수 없는 장해가 발생할 직접적 위험이 있거나 또는 상당한 확실성이 있는 경우에만 발동해야 한다. 그러나 발생여부가 불확실하거나 단순히 가능성만 존재하는 경우에는 경찰권을 발동하지 못한다.

(3) 판단기준

묵과할 수 없는 장해, 직접적 위험발생 또는 상당한 확실성의 판단은 시간과 장소에 따라 달라지므로 그 발동조건의 판단에는 경찰기관의 주관이 개입되어서는 안되며, 건전한 사회통념과 지방적 관습에 의하여야 할 것이다.

3) 경찰권 발동의 정도

우리나라의 학설은 전통적으로 경찰비례의 원칙에 대하여 경찰권 발동의 조건과 정도 즉, 경찰권은 사회공공의 안녕과 질서를 유지하기 위하여 묵과할 수 없는 장해 또는 위험발생의 위험을 제거하기 위하여 필요한 경우에 최소한의 범위 내에서 발동되어야 한다고 설명되어 왔다. 현행 경찰관 직무집행법 제 1 조 제 2 항은 바로 비례의 원칙을 명시적으로 규정하고 있는 조항이라고 볼 수 있다.

(1) 경찰비례의 원칙

경찰비례원칙의 구체적인 내용으로서 ① 적합성의 원칙, ② 필요성의 원칙(최소침해의 원칙), ③ 상당성의 원칙(협의의 비례원칙)을 들 수 있다.

비례원칙의 문제

비례의 원칙의 문제는 특히 자동차의 견인에 있어서 중요한 의미를 갖는다. 독일 판례는 장애자 전용 주차 공간, 보행자 전용구역 같은 교통시설이 갖는 기능을 손상시킨 경우, 그것이 다른 교통관계인에게 구체적인 장애가 되거나 위험을 초래할 가능성이 있는지의 여부를 심사할 필요 없이 구체적 위험은 교통 법규 위반으로부터 이미 발생되었기 때문에 즉시 적법한 견인조치가 가능하다고 본다. 이전에는 자동차를 견인하는 조치가 비례의 원칙에 반하는 것으로 간주되어 왔다.

① 적합성의 원칙

적합성의 원칙이란 경찰기관이 취한 조치 또는 수단이 공공의 질서에 대한 위험방지의 목적을 달성하는 데에 적합해야 한다는 것을 의미한다.

적합성의 판단은 재량문제인가?

적합성의 판단은 재량의 문제가 아니며 개별 경찰처분에서 사용된 수단이 적합하였는지의 여부는 법적문제로서 사법심사의 대상이 된다. 예컨대, 도심의 시위자에게 교통에 아무런 장애도 없도록 하라는 막연한 지시는 사실상 혹은 법률상 불가능한 것을 목적으로 하는 조치이기 때문에 적합하지 않은 것으로 간주하여야 한다.

② 필요성의 원칙

필요성의 원칙이란 위험이나 장해의 제거를 위한 많은 수단들 중에서 불특정 다수인이나 또는 경찰상 위험을 제거하기 위한 경찰권 발동의 대상이 되는 특정인에게 가장 적은 침해를 주는 수단을 선택해야 한다는 원칙으로 최소침해의 원칙이라고도 한다.

③ 상당성의 원칙

상당성의 원칙이란 경찰상의 조치가 비록 경찰상의 목적을 달성하기 위한 최소한의 범위 내의 것이라 할지라도, 경찰권의 발동으로 침해되는 불이익이 그것에 의해 초래되는 이익보다 큰 경우에는 당해 경찰조치를 취해서는 안 된다는 것을 의미한다. 이를 협의의 비례의 원칙이라고도 한다. 예컨대, 참새를 잡기 위하여 대포를 쏘아서는 안 된다는 표현은 이 상당성의 원칙을 의미하는 것이다.

④ 적용단계

비례의 원칙은 이 세 가지 원칙이 모두 충족되어야 하므로, 어느 하나의 원칙에 대한 위반이 이루어져도 즉시 비례의 원칙에 대한 위반으로서 위법의 효과가 발생한다. 적합성의 원칙, 필요성의 원칙, 상당성의 원칙은 단계적 구조를 이루고 있으므로, 적합한 수단은 필요성의 원칙에 의해 검증이 필요하고, 그 후 공공의 이익과 개인적 이익의 비교형량을 통한 수단의 정당성 평가가 요구된다.[1)]

---

1) 김형중, 전게서, p.529.

5. 경찰책임의 원칙

1) 의 의

경찰책임의 원칙이라 함은 경찰권은 원칙적으로 경찰위반의 행위나 상태의 발생 또는 발생위험에 대하여 직접 책임을 질 지위에 있는 자(경찰책임자)에 대하여서만 발동할 수 있고 그 밖의 제 3 자에 대하여는 발동할 수 없다는 원칙을 말한다. 즉, 경찰권 발동의 대상에 관한 원칙을 말한다.

2) 경찰책임의 주체

경찰책임을 지는 당사자를 경찰책임자라고 한다. 모든 자연인은 경찰책임자가 될 수 있다. 그리고 사법상의 법인뿐만 아니라 사법(私法)상 권리능력 없는 법인도 경찰책임을 진다. 그러나 위험방지를 위한 경찰처분은 법인이 아닌 대표의 권한을 가진 법인의 구성원에게 발해져야 한다.

3) 경찰책임의 종류

경찰상의 의무위반으로 개인이 부담하게 되는 경찰책임의 종류에는 행위책임과 상태책임이 있다.

(1) 행위책임

① 의 의

행위책임에는 자기행위에 대한 책임과 타인의 행위에 대한 책임이 있다. 자기행위에 대한 책임은 자기의 행위로 인하여 사회적 장해의 발생 또는 위험을 야기하게 한 자가 지는 책임을 말한다. 타인의 행위에 대한 책임은 자기의 지배에 속하는 타인(예컨대, 피고용인·제한능력자 등)을 보호·감독할 지위에 있는 자(예컨대, 친권자·사용주 등)는 자신의 지배를 받는 자의 행위로부터 발생하는 경찰위반의 상태에 대하여도 책임을 지는 것을 말한다.[1] 이 경우 책임은 대위책임이 아니라 자기의 지배권의 범위 내에서 공공의 안녕·질서에 대한 위험을 발생케 한 것에 대한 자기책임의 성격을 갖는다.

② 행위책임과 고의·과실

행위책임의 경우, 위해발생에 대한 경찰책임자의 고의·과실이 있는가? 그가 행

---

1) 이때의 행위책임은 구체적 행위자의 책임을 대신하는 것이 아니라 개별적 행위자의 책임과 병존하는 책임의 성질을 갖는다. 따라서 경찰기관은 어느 당사자에게 경찰권을 발동할 것인가에 대해 재량권을 행사할 수 있다.

위능력이 있는가 없는가의 유무와는 상관없이 인정된다. 예컨대, 발작으로 인해 도로 교통을 위협하는 간질병자나 만취상태에서 차도에 누워 있는 자도 행위책임자(자기책임자)에 해당된다.

(2) 상태책임

① 의 의

물건(토지·공작물) 또는 동물의 소유자·점유자 기타 관리자가 그 물건 또는 동물로 말미암아 발생한 경찰위반상태에 대하여 지는 책임을 말한다. 예컨대, 태풍에 의하여 가옥이 파괴되거나 파괴될 우려가 있고 거주자나 통행인의 생명 또는 신체에 위해를 미칠 우려가 있는 경우에, 경찰관은 관리자에게 필요한 경고를 발하거나 위해방지상 필요하다고 인정되는 조치를 취하게 할 수 있다.

② 행위책임의 귀속

경찰상의 위해를 야기한 물건을 현실적으로 지배하고 있는 사실상의 지배권자에게 경찰권을 발동할 수 있다. 통상적으로 당해 물건의 소유권자는 2차적으로라도 경찰책임의 대상이 된다. 그러나 사실상의 지배권자가 소유자의 의사에 반하여 지배권을 행사하는 경우에는 소유권자는 이러한 상태책임으로부터 면제된다. 예컨대, 제 3 자가 타인의 자동차들 절취하여 사용한 후 도로에 버린 경우, 이 때 제 3 자는 소유자의 의사에 반하여 지배권을 행사하였기 때문에, 이 경우에는 소유권자에게 경찰책임을 물을 수 없다는 것이 다수의 견해이다.[1]

③ 상태책임의 범위

상태책임의 범위는 물건으로부터 발생하는 손해에 대하여 원인 여하를 불문하고 원칙적으로 전적인 책임을 진다. 소유권자가 감당할 수 있는 위험영역을 넘는 비정형적인 사건(예컨대, 불가항력, 자연재해 등)에 의하여 당해 물건이 경찰위반상태를 발생시킨 경우에는 소유권자의 책임이 배제된다. 예컨대, 유조차가 노상에서 전복되어 흘러나온 기름이 스며든 토지의 소유자에게 자신의 토지에의 기름으로 인한 수질오염의 위해가 존재한다 할지라도 그 기름오염으로 인한 위해제거책임을 토지의 소유자에게 물을 수는 없다고 보아야 한다.[2]

---

1) 김철용, 전게서, p.273.
2) 김형중, 『경찰행정법』(서울: 수사연구사, 2005), p.424.

(3) 행위책임과 상태책임의 경합(복합적 책임)

① 의 의

하나의 경찰위반사실이 다수인의 행위 또는 다수인이 지배하는 물건의 상태에 기인하였거나, 행위책임과 상태책임이 경합됨으로써 발생하는 경우를 포괄하여 복합적 책임이라 한다. 이처럼 다수인의 행위 또는 다수인의 물건이 합쳐져 경찰위해를 일으키고 있는 경우에 누구에게 경찰권을 발동할 것인가 하는 것이 문제시 된다.

② 다수인의 행위에 대한 책임

단일의 경찰위반 사실이 다수인의 행위에 의해 이루어진 경우의 책임이다. 이 경우 그 내용이 명확한 때에는 그 부분에 따라 각각 책임범위가 정해질 수 있다. 그러나 책임범위가 불명확할 때에는 결국 경찰기관의 성실한 재량(선택재량)에 의해 그 책임범위를 결정할 수밖에 없다는 것이 다수설의 입장이다.[1)]

③ 행위책임과 상태책임과의 중복

행위책임과 상태책임이 경합하는 경우에는 행위책임자에게 우선 경찰권이 발동되어야 한다. 예컨대, 타인의 토지에 매설한 위험물이 폭발한 경우 토지소유자에게 책임을(상태책임) 먼저 물을 것이 아니라, 이를 매설한 자에게 책임을(행위책임) 먼저 물어야 한다.

4) 경찰긴급권 이론(경찰책임에 대한 예외)

(1) 의 의

경찰권은 경찰위반의 직접책임자(직접원인제공자)에게만 발동되는 것이 원칙이지만, 예외적으로 경찰장해제거를 위한 급박한 경우에는 경찰책임이 없는 자(경찰비책임자)에게도 경찰권을 발동할 수 있다. 예컨대, 화재현장에 있는 자를 소화작업에 동원시키는 소화종사명령 등과 같이 경찰권발동이 인정되는 경우 등을 말한다(소방기본법 제24조 제 1 항). 이때 제 3 자가 받는 손실은 보상되어야 한다(동법 동조 제 2 항).

(2) 발동근거

경찰책임이 없는 자에게 경찰책임을 부과하는 경우 그 발동근거로서 반드시 개별적·구체적 수권조항이 있어야 발동할 수 있다는 견해와 일반적 수권조항에 의하여 경찰권을 발동할 수 있다는 견해가 대립하고 있으나, 후자가 통설적인 견해이다.[2)] 이 견해는 경찰긴급권 발동의 근거로 경찰관 직무집행법 제 2 조 제 7 호의 공공의 안녕과

1) 김현준, “수인(數人)의 경찰책임자”, 『공법연구』(한국공법학회), 제35집 제 3 호, p.233 이하.
2) 김남진, 전게서, p.269; 김철용, 전게서, p.275.

질서유지에 관한 규정을 일반적 수권조항으로 보고, 이 일반조항에 근거하여 경찰권을 발동할 수 있으나 다음과 같은 요건하에서만 가능하다고 주장한다. 첫째, 위험이 급박하고 다른 방법을 통한 위험방지가 불가능할 것, 둘째, 제 1 차적 경찰책임자에 대한 경찰권 발동으로는 위험의 제거를 기대할 수 없는 경우, 셋째, 경찰비책임자의 생명이나 건강을 해치지 않아야 하고, 비책임자의 본래의 급박한 업무를 방해하는 것이 아닐 것, 넷째, 일시적·임시적 방편이어야 하며 경찰권 발동의 대상이 된 경찰비책임자가 입은 손실에 대하여 보상이 행해질 것 등이다.

Ⅳ. 한계일탈의 효과와 구제

경찰권의 한계를 일탈한 경찰권의 발동은 위법한 경찰작용으로서 무효 또는 취소사유가 된다. 이에 대한 구제수단으로 다음과 같은 것이 있다.

1. 위법한 경찰권 발동의 구제책으로는 ① 행정소송 또는 직권에 의한 취소·정지, ② 행정상 손해배상 또는 원상회복청구, ③ 고소·고발, ④ 정당방위, ⑤ 공무원의 형사·징계책임, ⑥ 헌법소원 및 청원제도 등이 있다.

2. 적법한 경찰권 발동에 의한 구제책으로는 '특별한 희생'에 대한 손실보상청구권이 인정되고 있다.

제 2 장 경찰행정상 입법

Police Administrative Law

제1절 개 설

Ⅰ. 경찰행정상 입법의 의의

경찰행정상 입법이라 함은 경찰행정주체가 법조의 형식으로 일반적, 추상적[1]인 규율을 제정하는 작용 또는 그에 의해 제정된 규범으로서의 명령을 말한다. 일반적으로 국회가 제정하는 법을 '법률'이라 부르는 데 대하여, 행정권이 정립하는 법[2]을 총칭해서 '명령'이라고 부른다. 이러한 명령은 행정법의 법원의 한 분야이기도 하다. 이러한 행정입법에는 국가행정권에 의한 입법과 지방자치단체에 의한 입법이 있는데, 전자는 법규성 여부에 따라 법규의 성질을 가지는 법규명령과 법규의 성질을 가지지 않는 행정규칙(또는 행정명령)으로 나누어진다. 그리고 후자는 제정주체에 따라 조례와 규칙으로 나누어진다.

---

1) 여기서 '일반적'이란 불특정 다수인에게 적용된다는 의미를 가지며, '추상적'이란 불특정 다수의 사건에 적용된다는 의미를 가진다. 즉, 법은 특정인 또는 특정사건에 적용하기 위하여 제정된 것이 아니라, 불특정 다수인과 불특정 다수의 사건에 적용하기 위하여 제정된 것이다.
2) 행정기관이 일반 국민에게 행하는 가장 보편적인 작용은 행정행위(처분)를 하는 것이지만, 때로는 법을 제정하는 경우도 있다. 이렇게 행정기관이 법을 제정하는 것을 행정상 입법이라 한다.

Ⅱ. 경찰행정상 입법의 필요성과 통제

1. 행정입법의 필요성

현대 복리국가에 있어서 행정기능이 확대·강화됨에 따라 행정의 내용 역시 다양화, 전문화됨으로써 비전문적 기관인 의회의 입법상의 능력은 많은 제약을 받게 되었다. 또한 수시로 변화하는 현실에 대응하여 신속하게 기술적인 문제를 다룰 수 있는 행정기관에 의한 입법의 필요성이 강력하게 대두되었다. 그 결과 의회에서는 골격만을 법률로써 제정하고 구체적·세부적 사항의 규정은 행정기관에 위임하는 경향이 모든 현대국가에서 나타나게 되었고, 나아가 행정입법의 존재를 인정하지 않을 수 없게 되었다. 예컨대, 전문적·기술적 입법사항의 증대, 사정변화에 즉응하기 위한 탄력적인 입법의 필요성 증가, 지방적(조례, 규칙) 특수사정에 대응하는 것 등 어려운 경우가 적지 아니하다는 점에서 행정입법의 필요성이 증가하고 있다.

2. 통제의 필요와 현대적 과제

현대의 행정의 복잡성과 전문화로 인하여 행정입법의 필요성은 더 증가되어 가고 있는 실정이다. 따라서 법치행정이 행정입법에 의한 행정으로 변할 우려가 있으므로 행정입법에 대한 통제의 필요성 또한 증가하고 있다. 오늘날 행정상 입법에 있어서의 과제는 행정상 입법은 인정하되 그 한계를 어디에 둘 것인가(한계론), 또한 그 한계를 벗어난 경우 어떻게 통제할 것인가(통제론)에 있다. 따라서 행정입법에 관한 논의의 중심은 19세기의 위임입법금지론[1]에서부터 위임입법한계론으로 이행되고, 다시 행정입법에 대한 통제론으로 변천하고 있다고 볼 수 있다.

---

1) 19세기 위임입법금지론과 관련하여 근대 법치국가에서는 권력분립, 법률의 지배, 의회주의 원리가 철저히 지켜졌던 관계로 위임위법은 인정할 수 없었다. 영미법계에서도 자기의 권한을 타에 위임하는 것은 허용되지 않는다는 권한비위임(權限非委任)원리 및 의회는 국민으로부터 위임받은 입법권을 다시 행정부에 위임할 수 없다는 복위임(復委任)금지의 원리가 위임입법금지론의 근거로 작용하였다.

제 2 절 경찰상 법규명령

Ⅰ. 개 설

1. 의 의

법규명령이란 일반통치권에 기초하여 행정기관이 정립하는 일반적·추상적 명령으로서 법규성을 가지는 것을 말한다. 여기서 법규는 국가와 국민 사이의 관계를 규율하는 성문의 일반적·추상적 규정으로서 국민과 행정권을 구속하고 재판규범이 되는 법규범을 말한다.

2. 성 질

법규명령의 정립행위는 형식적 의미에서는 행정에 속하나, 실질적 의미에서는 입법에 속한다. 따라서 이러한 법규명령은 법규이기 때문에 일반적·대외적 구속력을 가지며, 이에 위반한 행정기관의 행위는 위법행위로서 무효 또는 취소사유가 된다. 또한 이러한 행위로 인하여 자신의 권익이 침해된 국민은 행정쟁송을 통하여 그 무효확인이나 취소를 청구하거나, 손해배상을 청구할 수 있다.

Ⅱ. 법규명령의 종류

1. 수권의 범위·근거에 따른 분류

1) 비상명령

비상명령이란 비상사태를 수습하기 위해 행정권이 발하는 헌법적 효력을 지닌 독립명령으로서, 종래 우리나라 제4·5공화국헌법상의 긴급조치, 또는 비상조치[1]가 이에 해당한다. 현행 헌법에서는 헌법적 효력을 가지는 법규명령은 인정되지 않는다.

2) 법률대위명령

법률대위명령이란 헌법에서 직접 수권을 받아 발하는 독립명령으로서, 법률적 효력을 지닌 명령을 의미한다. 우리 헌법상의 대통령의 긴급명령, 긴급재정·경제명

1) 독일 바이마르 헌법 제48조의 '비상조치', 프랑스 제 5 공화국헌법 제16조의 '비상조치' 등이 그 예가 된다.

령이 이에 해당한다.

3) 법률종속명령

법률종속명령이란 법률의 범위 내에서 제정되어 법률보다 하위의 효력을 지닌 법규명령을 말한다. 이에는 위임명령과 집행명령이 있다.

(1) 위임명령

위임명령이란 법률 또는 상위법령에서 위임받은 사항에 관하여 발하는 명령으로서, 위임을 받은 범위 내에서 새로운 입법사항(예컨대, 국민의 권리·의무에 관한 사항)을 정할 수 있다.

(2) 집행명령(직권명령)

집행명령이란 법률의 범위 내에서 이를 시행하기 위하여 구체적·기술적 사항을 규율하기 위하여 발하는 명령으로서, 새로운 국민의 권리·의무에 관한 사항을 규율할 수는 없다. 집행명령은 법률의 명시적 위임근거가 없더라도 발할 수 있으며, 일반적으로 위임명령과 집행명령은 하나의 명령에 혼합적으로 규정되어 있는 것이 보통이다.

2. 법형식·권한의 소재에 따른 분류

헌법상 인정되고 있는 법규명령에는 다음과 같은 것이 있다.

1) 대통령의 긴급명령, 긴급재정·경제명령

대통령은 국가비상시에 긴급명령과 긴급재정·경제명령을 발동할 수 있으며, 독립명령의 일종으로 법률적 효력을 가진다.

2) 대통령령

대통령령을 보통 '시행령'으로 부르며 내용상 위임명령과 집행명령이 이에 속한다.

3) 총리령·부령

국무총리 및 각부장관이 정하는 총리령 및 부령이 이에 해당한다. 이에는 위임명령과 집행명령을 포함하고 있다. 부령은 보통 '시행규칙'이라고 한다.

4) 중앙선거관리위원회규칙

중앙선거관리위원회는 법령의 범위 안에서 선거관리, 국민투표관리 등에 관한 규칙을 제정할 수 있다(헌법 제114조 제6항). 이 규칙은 법규명령으로서의 성질을 가지고 있으며, 위임명령과 집행명령이 모두 포함되어 있다.

Ⅲ. 법규명령의 근거

법규명령을 제정하기 위해서는 헌법 또는 법률, 기타 상위명령의 근거가 필요하다.

1) 대통령의 긴급명령, 긴급재정·경제명령은 헌법 제76조가 규정하고 있다.

2) 위임명령은 법률 또는 상위명령에 개별적 수권규정이 있을 때에 한하여 위임된 범위 안에서 발할 수 있다.

3) 집행명령은 헌법이나 상위법령에 의한 명시적 수권규정이 없더라도 직권으로 발할 수 있다.

Ⅳ. 법규명령의 한계

1. 대통령의 긴급명령, 긴급재정·경제명령의 한계

대통령은 "내우·외환·천재지변 또는 중대한 재정·경제상의 위기에 있어서 국가의 안전보장 또는 공공의 안녕질서를 유지하기 위하여 긴급한 조치가 필요하고 국회의 집회를 기다릴 여유가 없을 때라고 판단될 때에 한하여 발할 수 있다"고 그 요건을 규정하고 있다(헌법 제76조 제1항). 아울러 대통령이 긴급재정·경제명령과 긴급명령을 한 때에는 지체없이 국회에 보고하여 그 승인을 얻어야 한다(동법 동조 제3항).

2. 위임명령의 한계

1) 포괄적 위임의 금지

입법권자(입법부)는 자신의 입법권한을 전면적으로 행정부에 위임할 수 없다. 즉, 위임은 구체적·개별적인 수권이 있어야 하고 일반적·백지적 수권은 허용되지 아니한다. 우리나라 헌법 제75조는 대통령령에 관하여 "법률에서 구체적으로 범위를 정하여 위임받은 사항과 법률을 집행하기 위하여 필요한 사항에 관하여 대통령령을 발할 수 있다"라고 규정하여 포괄적 위임을 금지하고 있다. 그리고 이러한 취지는 기타의 모든 위임명령에도 적용되는 것이라고 보아야 한다.

2) 국회전속적 법률사항 위임의 금지

헌법에서 법률로 정하도록 규정된 사항을 국회전속사항이라 한다. 국회는 헌법에 의하여 국회의 전속적 권한으로 된 사항에 관한 입법권은 원칙적으로 위임할 수 없다. 헌법은 죄형법정주의와 조세법률주의, 그밖에 국적취득요건, 재산권의 수용·사용·제한 및 그에 대한 보상 등을 법률로 정하도록 하고 있다.

3) 처벌규정의 위임

처벌규정을 법규명령에 위임하는 것은 죄형법정주의에 의하여 원칙적으로 인정되지 않는다. 그러나 법률에서 범죄의 구성요건의 구체적 기준과 벌칙의 최고·최소한도를 정하고 그 범위 내에서 구체적인 사항을 위임하는 것은 허용된다고 보는 것이 통설·판례의 입장이다.

죄형법정주의와 위임입법의 한계(헌재 1995. 10. 26, 93헌바62)

죄형법정주의와 위임입법의 한계와 관련하여 헌법재판소는 "처벌법규를 위임하기 위하여는 첫째, 특히 긴급할 필요가 있거나 미리 법률로서 자세히 정할 수 없는 부득이한 사정이 있는 경우에 한정되어야 하며, 둘째, 이러한 경우일지라도 법률에서 범죄의 구성요건은 처벌대상행위가 어떠한 것일 것이라고 이를 예측할 수 있을 정도로 구체적으로 정하여야 하며, 셋째, 형벌의 종류 및 그 상한과 폭을 명백히 규정하여야 한다"고 판시하고 있다.

4) 재 위 임

법령에 의하여 위임된 입법에 관한 권한을 전면적으로 다시 하위명령에 위임하는 것은 허용되지 않는다. 다만, 판례는 위임받은 사항에 관하여 일반적인 사항을 규정하고, 그 세부적인 사항을 하위명령에 재위임하는 것은 가능하다고 판시하고 있다.

재위임의 범위(헌재 1996. 2. 29, 94헌마213)

법률에서 위임된 사항에 관하여, 대통령령은 대강을 정한 다음 그 세부적인 사항의 보충을 다시 부령(部令)과 같은 하위명령에 위임하는 것을 재위임이라 한다. 헌법재판소는 "재위임에 의한 부령의 경우에도 위임에 의한 대통령령에 가해지는 헌법상의 제한이 당연히 적용되므로 위임받은 사항을 전혀 규정하지 아니하고 그대로 재위임하는 것은 허용되지 않으며, 위임받은 사항에 관하여 대강을 정하고 그 중의 특정사항을 범위를 정하여 하위법령에 다시 위임하는 경우에만 재위임이 허용된다"고 판시하여 재위임의 범위를 제한하고 있다.

3. 집행명령

집행명령은 법률 또는 상위명령을 집행하기 위하여 필요한 구체적인 절차·형식만을 규정할 수 있음에 그친다. 따라서 집행명령으로 상위법령에 규정이 없는 새로운 국민의 권리·의무에 관한 사항을 정하는 것은 집행명령의 한계를 일탈한 것이 되어 무효가 된다.

Ⅴ. 법규명령의 성립요건·효력요건

1. 성립요건

(1) 주 체

법규명령은 대통령, 국무총리, 행정각부 장관 등 정당한 권한을 가진 기관이 그 권한의 범위 내에서 제정한 것이어야 한다.

(2) 내 용

내용이 상위법령에 근거가 있어야 하며 그에 저촉되지 않아야 한다. 또한 그 규정내용이 명확하고 실현 가능한 것이어야 한다.

(3) 절 차

소정의 절차에 따라 정립되어야 한다. 대통령령은 법제처의 심사와 국무회의의 심의를 거쳐야 하며, 총리령, 각 부령은 법제처의 심사를 거쳐 각각 제정한다. 또한 다수 국민의 일상생활과 관련하여 중요한 의미를 가지는 법령안[1]은 그 입법취지, 중요내용을 항목별로 관보 또는 일간지에 게재하여 특별한 사정이 없는 한 20일 이상 입법예고기간을 거쳐 이해관계인 등으로부터 의견제출을 받도록 하고 있다.

(4) 형 식

법규명령은 법조문형식으로 한다. 명령제정권자(대통령령, 총리령, 부령)는 명령에 서명, 날인하고 번호와 일자를 기재하여야 한다.

(5) 공 포

법규명령은 이를 외부에 공포함으로써 성립한다. 공포는 관보에 게재하는 방법에 의하며, 공포일은 그 법규명령을 게재한 관보발행일이다.

2. 효력요건

법규명령의 시행시기는 특별한 규정이 없는 한 공포한 날로부터 20일이 경과함

---

1) 대통령령으로 되어 있는 '법제업무 운영규정'에 따르면 다수 국민의 일상생활과 관련되는 중요분야의 법령안은 '법령안 입법예고'가 되도록 규정하고 있다.

으로써 효력이 발생한다(법령 등 공포에 관한 법률 제13조). 다만, 국민의 권리·의무에 직접 관계되는 명령은 특별한 사유를 제외하고는 공포일로부터 적어도 30일을 경과한 날로부터 시행하여야 한다(동법 제13조의2).

3. 성립·효력요건의 하자

법규명령이 적법·유효요건 등을 갖추지 못한 때에는 하자있는 명령이 되고, 하자있는 법규명령은 무효가 된다. 현행 행정소송법은 법규명령에 대한 취소소송을 인정하지 않고 있으며, 판례도 이러한 태도를 취하고 있다.

일반적·추상적 규율로서 명령(대판 1996. 9. 20, 95누8003)

대법원은 "일반적·추상적 규율로서 명령은 취소쟁송 등의 대상은 되지 않으나, 비록 행정입법(명령·조례)의 형식으로 발하여졌으나 그것이 행정행위(처분)의 성질을 가지는 것인 때에는 예외적으로 취소쟁송의 대상이 될 수 있다"고 판시하고 있다.

Ⅵ. 법규명령의 소멸

1. 폐 지

폐지란 법규명령의 효력을 장래에 향하여 소멸시키려는 행정권의 직접적·명시적 의사표시를 말하며, 개개의 구체적인 법규명령을 폐지하는 경우이다. 다만, 그 명령을 발한 행정청이 폐지된 경우 등에는 그 내용이 상위명령에 저촉되지 않거나 폐지된 행정청의 관할사항이 다른 기관의 관할사항으로 존속하고 있을 때에는 원칙적으로 효력이 있다.

2. 종기의 도래 또는 해제조건의 성취

법규명령에 시행기간이 규정되어 있는 한시법인 경우에 그 종기[1]의 도래에 의하여 소멸하며, 또한 해제조건의 성취에 의하여 그 효력이 소멸된다.

3. 근거법령의 소멸

법규명령은 법률 또는 상위법령이 소멸하면 그 효력이 소멸됨이 원칙이다. 집행

1) 종기란 기한의 도래로 행정행위가 당연히 효력을 소멸하는 경우이다. 예컨대, 12월 31일까지 허가한다는 경우가 이에 해당한다.

명령은 근거법령인 상위법령이 폐지되면 특별한 규정이 없는 한 실효된다. 다만 상위법령이 개정됨에 그친 경우에는 집행명령이 새로이 제정, 발효될 때까지는 여전히 그 효력은 유지한다는 것이 판례의 입장이다.

집행명령의 효력(대판 1989. 9. 12, 88누6962)

대법원은 "상위법령의 시행에 필요한 세부적 사항을 정한 이른바 집행명령은 근거법령인 상위법령이 폐지되면 특별한 규정이 없는 한 실효된다. 그러나 상위법령이 개정됨에 그친 경우에는 성질상 이와 모순·저촉되지 아니하는 한 개정된 상위법령의 시행을 위한 집행명령이 새로이 제정·발효될 때까지는 여전히 그 효력을 유지한다고 할 것이다"라고 판시하고 있다.

Ⅶ. 법규명령에 대한 통제

1. 국회에 의한 통제

1) 직접적 통제

법규명령의 성립발효에 대한 동의권·승인권이나, 일단 유효하게 성립한 법규명령의 효력을 소멸시키는 권한을 의회에 유보하는 방법에 의해 통제를 받는 경우이다. 그 대표적인 예로는 독일의 「동의권의 유보」, 영국의 「의회에의 제출절차」, 미국의 「입법적 거부」 등을 들 수 있다. 우리나라의 경우는 법률적 효력을 가지는 긴급명령, 긴급재정·경제명령을 발한 때에는 지체없이 국회에 보고하여 그 승인을 얻도록 하고, 만일 승인을 얻지 못한 때에는 그때부터 효력을 상실하도록 하고 있다. 이처럼 긴급명령, 긴급재정·경제명령을 발한 경우에만 국회가 사후승인을 통해서 직접 통제할 수 있도록 하고 있고, 그 외의 법규명령에 대해서는 이러한 실질적 통제제도가 없고, 다만 제정된 법규명령 등을 국회에 송부하도록 규정하고 있다.

2) 간접적 통제

국회는 국무총리·국무위원의 해임건의 및 대통령 등에 대한 탄핵소추, 국정감사권 등의 방법으로 간접적으로 법규명령을 통제할 수 있다.

2. 사법적 통제

법규명령에 대한 사법적 통제방법은 추상적 규범통제제도를 취하고 있는 국가와 구체적 규범통제제도를 취하고 있는 국가로 나눌 수 있는데, 우리나라는 구체적 규범통제제도[1]를 채택하고 있다.

1) 구체적 규범통제제도

우리 헌법 제107조 제 2 항은 “명령·규칙 또는 처분이 헌법이나 법률에 위반되는 여부가 재판의 전제가 된 경우에는 대법원은 이를 최종적으로 심사할 권한을 가진다”고 규정하고 있는데, 이를 명령·규칙심사권이라고 한다. 우리 헌법은 구체적 규범통제만 인정하고 있기 때문에 법규명령의 위헌·여부가 재판의 전제가 되는 경우에만 법규명령을 간접적으로 심사할 수 있다. 그리고 법원에 의해서 무효로 판정된 법규명령은 일반적으로 실효되는 것이 아니라 당해 사건에 대해서만 그 적용이 거부될 뿐이다. 따라서 공식절차에 의하여 폐지되지 않는 한 이 규정은 형식적으로는 여전히 유효하다.

2) 처분적 명령인 경우

법규명령은 원칙적으로 일반적·규범이기 때문에 비록 이에 하자가 있더라도 항고소송의 대상이 되지 않는다. 다만, 그 하자있는 법규명령에 근거하여 특정인에게 행정행위(처분)가 행하여진 경우 이 처분에 대하여 항고소송을 제기할 수 있을 뿐이다. 법규명령과 관련하여 비록 행정입법(명령·형식)으로 발하여졌으나, 그것이 직접 국민의 권리·구체적으로 규율하는 처분적 명령(처분법규)인 경우에는 예외적으로 항고소송(취소소송)의 대상이 될 수 있다는 것이 다수설과 판례의 태도이다.

행정소송의 대상(대판 1987. 3. 24, 86누656)

대법원은 “행정소송의 대상이 될 수 있는 것은 구체적인 권리의무에 관한 분쟁이어야 하고 일반적·추상적인 법령 그 자체로서는 국민의 구체적 권리·의무에 직접적 변동을 초래하는 것이 아니므로 그 대상이 될 수 없다”고 판시하고 있다.

행정소송의 대상(대판 1996. 9. 20, 95누8003)

대법원은 “조례(경기도 두밀분교 통폐합에 관한 조례)가 집행행위의 개입 없이도 그 자체로서 직접 국민의 구체적인 권리·의무나 법적 이익에 영향을 미치는 등의 법률상 효과를 발

1) 구체적 규범통제제도는 해당 명령·규칙에 위헌·위법적인 내용이 있다는 것만으로는 위헌·위법결정을 하지 못하고, 그 명령·규칙이 재판의 전제, 즉 그 명령·규칙을 어떤 사건에 적용하려고 할 때 적용전에 법원이 명령·규칙이 헌법이나 법률에 위반되었는지를 심사할 수 있는 제도를 말한다. 추상적 규범통제제도는 해당 명령·규칙에 대하여 어느 때라도 위헌·위법이라고 선언하여 무효화시킬 수 있는 제도를 말한다.

생하는 경우, 그 조례는 항고소송의 대상이 되는 행정처분에 해당한다"고 하여 처분적 명령의 항고소송을 인정하고 있다.

3) 헌법재판소에 의한 통제

헌법은 명령·규칙에 대한 위헌·위법심사권을 법원에 부여하고 있다. 그렇다면 헌법재판소도 법원에 부여한 법규명령의 위헌성 여부에 대하여 헌법소원이 제기된 경우, 그에 대한 심사권을 가질 수 있는가하는 것이 문제시 된다. 헌법소원을 인정하는 적극설의 입장은 행정기관의 집행행위를 기다려 그 법규명령의 내용이 처분적 법규가 아닌 경우에는 헌법재판소는 이를 심사할 수 없지만, 법규명령 중에서도 행정기관의 집행행위 없이도 개인의 권익을 직접 침해하는 법규명령에 대해서는 처분성을 인정하여, 헌법재판소가 이를 심사할 수 있다고 하고 있다. 적극설이 다수설이며 헌법재판소도 이러한 입장을 택하고 있다.

법규명령에 대한 헌법재판소의 심사여부(헌재 1990. 10. 15, 89헌마178)

헌법재판소는 "헌법소원심판의 대상으로서의 공권력이란 입법·사법·행정 등 모든 공권력을 말하는 것이므로, 입법부에서 제정한 법률, 행정부에서 제정한 시행령이나 시행규칙 및 사법부에서 제정한 규칙 등이 별도의 집행행위를 기다리지 않고 직접 기본권을 침해하는 것일 때에는 모두 헌법소원심판의 대상이 될 수 있는 것이다"라고 판시하고 있다.

3. 행정적 통제

1) 행정감독권에 의한 통제

이는 상급행정청이 하급행정청의 행정입법권의 행사에 대하여 행정입법의 기준 방향을 제시하고, 감독권의 행사로서 행정입법의 경위 등을 감독할 수 있다. 또한 취소권의 행사에 의하여 위법한 행정입법을 폐지토록 명하는 등의 통제를 할 수 있다.

2) 절차적 통제

행정입법의 제정에 관하여 일정한 절차를 거치도록 함으로써, 행정상 입법의 적정화를 도모하고 입법내용의 공정타당성을 확보하는 것이다. 이에는 행정입법안의 통지, 의견제출, 이해관계인의 청문 등이 있다. 우리나라의 행정절차법의 입법예고제도도 이의 일종이다.

4. 국민에 의한 통제

법규명령을 제정할 경우에 공청회, 청문 등을 통하여 국민의 의사를 반영시키거나, 매스컴 및 각종 압력단체의 활동 등 여론을 통한 간접적인 통제방법이다. 행정절차 중 청문절차는 제도화된 국민통제라 볼 수 있다.

제3절 경찰상 행정규칙

Ⅰ. 개 설

1. 의 의

행정규칙의 의미에 관하여는 여러 견해가 대립하고 있다. 전통적인 견해에 의하면 행정규칙이란 행정기관이 정립하는 일반적·추상적인 규정으로서 법규의 성질을 가지지 않는 것을 말한다. 행정규칙이라는 용어는 학문상의 용어이며, 행정명령, 행정규정으로 부르는 학자도 있다.

2. 필요성

현대행정이 전문화·기술화됨에 따라 법집행에 있어 정책판단의 여지가 많아졌고, 행정조직의 복잡·방대화로 말미암아 행정조직 간의 원활한 행정운영·사무집행의 통일성 보장을 위하여 상급행정기관에 의한 행정규칙 제정의 필요성이 증가하고 있다.

3. 근거 및 한계

1) 근 거

행정규칙은 특별한 법령의 수권을 요하지 아니하며, 법령이나 상위행정규칙에 반하지 않는 범위 내에서 특정한 행정목적의 달성을 위하여 행정기관이 행정규칙을 정립할 수 있다고 하는 것이 종래의 통설·판례의 입장이다.

2) 한 계

행정규칙은 법률 및 법규명령 또는 상위행정규칙에 저촉되지 않아야 하며, 당해 행정목적의 필요한 한도 내에서 제정되어야 하고 남용·일탈해서는 안 된다. 특히 국민의 권리·의무에 관한 사항은 새로이 규정할 수 없다.

Ⅱ. 행정규칙의 법적 성질(법규성 여부)

행정규칙의 법적 성질과 관련하여 전통적 견해는 행정조직 내부에서만 효력(내부적 효력)을 가진다는 것이다. 그러나 일부 행정규칙은 행정조직 내부에서만 구속력을 가지는 것이 아니고, 행정영역 밖의 일반 국민에게도 효력(외부적 효력)을 미치는 경우가 있다. 이때 행정규칙의 외부적 효력이 법적 효력을 갖는 것인지, 사실적 효력에 지나지 않는 것인지 하는 문제가 논의의 대상이 된다.

1. 전통적 견해(내부적 효력)

종래의 통설과 판례의 입장으로 행정규칙의 법규성을 부인하는 견해이다. 이 견해에 따르면 행정규칙은 행정조직 내부 또는 특별권력(행정법)관계의 내부에서 그 조직·작용에 대해 규율하기 위한 것일 뿐, 행정주체와 국민 간의 권리·의무에 대하여는 직접적인 영향을 미치지 아니한다는 것이다. 따라서 행정규칙에 위반한 행위자체가 곧 위법이 되지 아니하며 그 효력에 영향이 없다고 본다. 다만 행정규칙에 위반한 행위를 한 경우 공무원은 공무원법에 의한 징계책임을 지게 될 뿐이다.

2. 외부적 효력

1) 사실상의 외부적 효력

행정규칙은 본래 행정내부사항을 규율하기 위하여 제정된 것이다. 상급기관에 의해 행정규칙이 발령되면 하급기관이나 당해 공무원은 행정규칙이 정한 바에 따라 사무를 집행하면 결국 그 효과는 외부(당사자인 국민)에 미치게 된다. 이처럼 처음부터 외부적 효력을 의도한 것이 아니었으나, 사실상 외부에 효력을 미치게 되는 것을 사실상 외부적 효력이라 한다. 행정규칙은 이런 사실상 외부적 효력이 있으나, 그 효과는 간접적이며 사실적인 것에 지나지 않는다는 견해이다.

2) 법적인 외부적 효력

법적인 외부적 효력이라 함은 사실상의 외부적 효력을 말하는 것이 아니라 처음부터 행정규칙이 외부적 효력을 의도하여 일반 국민에게 그 효력을 미치게 하는 것을 말한다. 행정규칙이 일반 국민에 대하여 이 법적인 외부적 효력을 발생할 수 있는가에 관하여는 여러 견해가 대립하고 있다.

(1) 비법규성설

종래 통설과 판례의 입장으로 행정규칙은 행정내부관계에서만 효력을 발생할 뿐 일반 국민에 대하여는 그 효력을 발생하지 못하는 점에서 비법규적이며, 법원은 행정규칙을 재판의 기준으로 삼을 수 없다는 점에서 비재판규범적이라한다. 이 견해에 의하면 행정규칙은 법규성이 인정되지 않으므로 수명기관이 이를 위반하여도 수명기관의 행위는 위법이 되지 않고 그대로 적법·유효하게 된다. 따라서 국민은 행정규칙 위반행위의 취소를 청구하는 소송을 제기할 수 없고, 다만 행정규칙을 위반한 당해 공무원은 특별권력(행정법)관계에서 징계벌을 받게 될 뿐이라고 한다.

(2) 법규성설

행정규칙에 대하여 법규성을 인정하지 않는 전통적인 비법규성설의 견해를 비판하면서, 일정한 행정규칙에 대한 법규성 내지 준법규성을 인정하려는 견해를 법규성설이라 한다. 이를 주장하는 논거들은 특별명령법규설, 특별권력관계 부정론, 행정규칙법규성설, 형식적 법규개념론, 준법규성설, 유형설 등이 있다.

Ⅲ. 법규명령형식의 행정규칙과 행정규칙형식의 법규명령

1. 법규명령형식의 행정규칙

행정규칙은 일반적으로 고시·훈령·예규 등의 형식으로 정립되나, 경우에 따라서는 법률의 위임에 의하여 대통령령이나 부령(部令) 등 법규명령 형식으로 정립되는 때도 있다. 이처럼 형식은 법규명령이나 그 규율내용이 행정규칙인 경우[1]를 법규명령형식의 행정규칙이라고 하는데, 이런 경우 과연 법규명령으로 볼 것인가 아니면 행정규칙으로 볼 것인가 하는 것이 문제가 된다.

1) 학 설

법규명령으로 보는 견해(다수설)와 행정규칙으로 보는 견해(소수설)로 나뉘어지고

---

1) 형식은 법규명령이나 그 규율내용은 실질적으로 행정규칙인 경우, 예컨대 법률의 수권 없이 정립된 구 사무관리규정, 민원사무처리규정 등은 대통령령의 형식을 취하고 있다.

있으나, 법규명령으로 보는 것이 학계의 일반적 견해이다. 이 견해에 의하면 사실상 행정규칙에 불과한 것이라도 그 형식이 법규의 형식에 의하여 정립된 이상 법규명령의 성질을 갖게 된다고 본다. 따라서 일반 국민에 대한 효력은 물론 법원에 대해서도 구속력을 갖게 된다.

2) 판　　례

법규명령의 형식이 부령인 경우, 대법원은 기본적으로 부령인 '시행규칙' 형식으로 정한 행정규칙에 대해서는 일관되게 국민이나 법원을 구속하지 못하는 행정규칙에 불과하다고 판시하고 있다. 그러나 법규명령의 형식이 대통령령인 경우, 대법원은 대통령령인 '시행령' 형식으로 정한 행정규칙에 대해서는 법규명령으로 보고 외부적 효력(법규성)을 인정하고 있다. 반면, 대법원은 부령형식의 제재적 처분기준은 원칙적으로 행정규칙으로 보고 법규성을 인정하지 않고 있다. 근래 들어 대법원은 대통령령 형식의 제재적 처분기준에 대하여 법규성을 인정하는 판결을 하고 있어, 대통령령과 부령을 달리 취급해야 할 합리적인 이유가 없음에도 불구하고 석연치 않은 태도를 보이고 있다.

'시행규칙' 형식으로 정한 행정규칙의 구속력(대판 1984. 2. 28, 83누551)

대법원은 "「자동차운수사업법」 제31조 등의 규정에 의한 사업면허의 취소 등의 처분에 관한 규칙은 부령의 형식으로 되어 있으나 … 이는 교통부장관이 관계 행정기관 및 직원에 대하여 그 직무권한행사의 지침을 정해 주기 위하여 발한 행정조직 내부에 있어서의 행정명령의 성질을 가지는 것이지, 대외적으로 국민이나 법원을 기속하는 힘이 아니다"라고 판시하고 있다. 이 경우는 시행규칙인 교통부령(현행 국토교통부령)을 행정규칙으로 본 판례이다.

대통령령 형식의 제재적 처분기준에 대한 법규성 인정 여부(1997. 12. 26, 97누15418)

대법원은 "당해 처분의 기준이 된 주택건설촉진법시행령과 관련하여 … 규정형식상 대통령령이므로, 그 성질이 부령이 시행규칙이나 또는 지방자치 단체의 규칙과 같이 통상적으로 행정조직 내부에 있어서의 행정명령에 지나지 않는 것이 아니라, 대외적으로 국민이나 법원을 구속하는 힘이 있는 법규명령에 해당한다"고 판시하고 있다. 이 경우는 대통령령의 형식(시행령)이나 내용적으로는 재량처분인 제재적 처분의 기준을 법규명령으로 본 판례이다.

2. 행정규칙형식의 법규명령

형식적으로는 고시·훈령·지시와 같이 행정규칙의 형식으로 제정되었으나, 실질적 내용은 대국민적 구속력을 가지는 법규명령인 경우(예컨대, 소비자피해고시, 국세징수법기본통칙 등)를 행정규칙형식의 법규명령이라고 한다. 이런 경우 행정규칙으로 볼 것인지, 법규명령으로 볼 것인지 견해가 대립하고 있다.

1) 학 설

이에는 법규명령설, 행정규칙설, 규범구체화 행정규칙설, 위헌·무효설 등이 있으나 법규명령설이 다수설이다. 법규명령설에 의하면 이러한 형식의 행정규칙은 법률 또는 법규명령의 구체적·개별적인 위임에 따라 법규를 보충하는 기능과 대외적 효력을 가지므로 법규명령으로 보아야 한다는 것이다.

2) 판 례

대법원도 법규명령설의 입장으로 법규를 내용으로 하는 행정규칙에 대하여 법규명령으로 보고 있다. 대법원은 국세청 훈령인 재산제세조사사무처리규정의 법적 성질에 대해 법규명령과 결합하여 법규로서의 효력을 갖는다고 판시하고 있으며, 그 외 행정규칙형식의 법규명령에 대해서도 이 입장을 유지하고 있다.

법규를 내용으로 하는 행정규칙에 대한 효력여부(대판 1989. 11. 14, 89누5676)

대법원은 "재산제세조사사무처리규정이 국세청장의 훈령형식으로 되어있다 하더라도 이에 의한 거래지정은 소득세법시행령의 위임에 따라 그 규정의 내용을 보충하는 기능을 가지면서 그와 결합하여 대외적 효력을 발생하게 된다"고 판시하고 있다.

법규명령으로서의 성질을 갖는다고 보는 예를 들면, 긴요물품 등의 최고가격고시, 불공정거래행위지정고시, 물품수출입제한품목공고, 기준가격고시 등을 들 수 있다.

Ⅳ. 행정규칙의 종류

1. 내용에 의한 분류

1) 조직규칙

행정기관이 그 보조기관이나 소속관서의 설치·조직, 내부적 권한분배, 사무처리절차 등을 정하기 위해 발하는 명령이다. 우리의 실정법은 중앙행정기관 및 보조기관 등의 설치·조직과 직무범위를 법률과 대통령령으로 정하도록 하고 있는 결과, 행정조직에 관한 사항을 행정규칙의 형태로 규율하는 것은 사실상 제한되어 있다(헌법 제96조, 정부조직법 제 2 조 제 1 항).

2) 근무규칙

상급행정기관이 하급행정기관의 근무에 관한 사항을 계속적으로 규율하기 위하여 발하는 행정규칙으로 훈령, 통첩,[1] 사무관리규정 등이 있다.

3) 영조물규칙

영조물(국·공립학교, 병원, 도서관 등)의 관리청이 영조물의 조직·관리·사용 등을 규율하기 위하여 발하는 행정규칙으로 국·공립학교 학칙, 국·공립도서관 열람수칙 등이 있다. 영조물규칙은 특별권력(행정법)관계의 구성원에 대한 규율이라는 점에서 특별규칙(특별명령)이라고도 한다.

2. 형식에 의한 분류

실정법상 행정규칙은 통상 고시와 훈령으로 발령된다.

1) 고 시

고시는 행정기관의 의사표현의 한 방법으로 일반적으로 행정규칙의 성질을 갖지만, 그의 법적 성질 내지 효력은 형식보다는 내용에 의하여 개별적으로 그 성질을 판단하여야 한다.

2) 훈 령

상급기관이 하급기관의 권한행사에 관하여 발하는 명령을 말한다. 광의의 훈령은 좁은 의미의 훈령, 지시, 예규, 일일명령으로 세분된다.

(1) 좁은 의미의 훈령

상급기관이 하급기관에 대하여 장기간에 걸쳐 그 권한의 행사를 일반적으로 지시하기 위하여 발하는 행정규칙이다. 훈령 가운데 좁은 의미의 훈령, 즉 일반·추상적 규범으로서의 그것을 보통 행정규칙(또는 행정명령)이라고 부른다.

(2) 지 시

상급기관이 직권 또는 하급기관의 문의나 신청에 대하여 개별적·구체적으로 발하는 명령이다. 이와 같은 지시는 일반적·규율이 아니므로 행정규칙으로 보기는 어렵다.

---

1) '통첩'은 실정법에서 사용되고 있지는 않지만 행정실무에서 널리 쓰이고 있는 용어이다. 상급행정기관이 지휘권에 의거하여 하급행정기관에 대하여 발하는 명령으로서 문서로 시달되는 것을 통첩이라 한다. 통첩은 명령적 성질을 가지며 훈령과 엄격하게 구분되는 것도 아니다. 따라서 실질적 의미의 훈령 또는 직무명령이 문서에 의하여 시달되는 경우를 통첩으로 보게 된다.

(3) 예 규

법규문서 이외의 문서로서 행정사무의 통일을 기하기 위하여 반복적 행정사무의 처리기준을 제시하는 것이다.

(4) 일일명령

당직, 출장, 시간외 근무, 휴가 등 일일업무에 관한 명령이다.

V. 행정규칙의 성립 · 발효요건 및 소멸

1. 성립요건

행정규칙이 성립하기 위하여는 정당한 권한이 있는 발령기관이 수명기관에게(주체적 요건), 행정규칙으로서의 정당한 한계 내에서 실현 가능하고 명확한 내용을(내용적 요건), 문서(고시·훈령·통첩 등)나 구술의 형식(형식적 요건)으로, 소정의 절차(절차적 요건)를 갖추어야 한다. 그리고 행정규칙은 법규·명령과 같은 공포는 필요 없으나 대부분 관보에 게재하고 있다.

2. 효력발생요건

특별한 규정이 없으면 행정규칙은 성립요건을 갖추면 효력이 발생하고 특별한 효력발생요건을 요하지 않는다. 그러나 국민생활과 직접 관련이 있는 경우에는 공개·이해관계자에게 열람권을 법적으로 보장하는 것이 요청된다.

3. 행정규칙의 하자

행정규칙이 성립·효력발생요건 등을 갖추지 못한 때에는 하자있는 행정규칙이 되고, 그것이 중대하고 명백한 경우에는 무효가 된다.

4. 행정규칙의 소멸

법규명령과 같이 폐지·종기도래·성취 등으로 인하여 효력을 상실한다.

Ⅵ. 행정규칙의 효력

1. 내부적 효력

종래의 통설과 판례의 입장으로 행정규칙은 행정조직 내부나 특별권력(행정법)관계 구성원에 대하여만 구속력을 가질 뿐 국민에 대한 법적 구속력은 없다. 따라서 행정규칙에 위반한 행위는 징계책임이나 징계벌을 받게 되는 법적 효과만이 발생한다.

2. 외부적 효력

행정규칙이 갖는 외부적 효력의 내용은 원칙적으로 사실상의 효력에 불과하다. 행정규칙이 상급기관에 의해 발령되면 행정기관이나 당해 공무원은 행정규칙이 정한 바에 따라 사무를 집행하게 되고, 결국 그 효과는 외부(당사자인 국민)에 사실상의 영향을 미치게 된다. 이처럼 처음부터 외부적 효력을 의도한 것이 아니었으나 사실상 외부에 효력을 미치게 되는 것을 사실상 외부적 효력이라 한다. 반면 처음부터 행정규칙이 외부적 효력을 의도하여 일반 국민에게 그 효력을 미치게 하는 것을 법적인 외부 효력이라 하는데 법규성의 인정여부와 관련하여 여러 가지 견해가 대립하고 있다.

Ⅶ. 행정규칙의 통제

1. 행정적 통제

법규명령의 경우와 동일하게 감독권, 행정규칙 제정절차 등을 통하여 행정규칙을 통제할 수 있다. 그리고 중앙행정심판위원회는 불합리한 법령 등의 개선에 관하여 적절한 시정조치를 요청할 수 있는 통제권을 부여받고 있다.

2. 국회에 의한 통제

법규명령과는 달리 행정규칙을 국회가 직접적으로 통제할 수 있는 방법은 없다. 그러나 국정조사 및 감사, 대정부질문 등을 통한 간접통제는 가능하다.

3. 사법적 통제

행정규칙은 일반적·추상적 규정이기는 하지만 법규가 아니므로 국민에 대한 관계에서는 외부적 효력을 발생하지 않는다. 따라서 행정규칙이 비록 위법한 경우에도 행정소송을 제기할 수 없다. 다만 행정규칙이 법규명령으로서의 성질을 갖고 외부적 구속력을 인정하는 경우에는, 행정행위의 위법성을 이유로 행정소송 제기가 가능할 것이다.

4. 헌법재판소에 의한 통제

헌법재판소에 의한 행정규칙의 통제는 주로 헌법소원을 통해서 이루어진다. 헌법소원은 직접 기본권 침해를 받은 경우, 다시 말하면 외부적 효력을 가지는 경우에만 가능하다 할 것이다(헌법 제111조 제 1 항, 헌법재판소법 제68조 제 1 항).

5. 국민에 의한 통제

국민에 의한 통제로 청원, 압력단체의 활동, 여론에 의한 비판 등을 들 수 있다.

제 3 장 경찰작용의 행위형식

Police Administrative Law

제 1 절 행정행위의 개념과 특질

Ⅰ. 행정행위 개념의 성립

행정행위의 개념은 우리나라의 경우 실정법상의 용어가 아니고 학문상의 개념으로 정립된 것이다. 실정법상으로는 허가·인가·특허·면허 등 여러 가지 명칭으로 사용되고 있으며, 실정법상 행정행위와 같은 개념으로 행정처분 또는 처분이라는 용어를 사용한다. 예컨대, 갑이라는 사람은 음주운전을 한 결과 운전면허 취소처분을 받았다고 할 때, 여기서의 처분은 행정행위를 말하는 것이다.

Ⅱ. 개념정립의 실익

1. 행정쟁송의 대상

행정심판이나 항고소송은 행정행위(처분)에 대하여서만 소(訴)를 제기할 수 있도록 제도화하고 있다. 그리고 항고소송에는 관할법원, 제소기간, 제소절차 등의 특례가 인정되고 있기 때문에 행정행위의 개념을 정립할 필요가 있다. 즉, 행정행위가 아닌 것은 항고소송의 대상이 될 수가 없다.

2. 특수성 인정

일단 행정행위의 개념에 해당하면 다른 행정작용(계약·사실행위 등)이나 사법행위와는 달리 공정력·확정력·강제력 등 특수한 효력이 인정되고, 그에 대한 구제제도(행정쟁송·손해전보)에도 특수성이 인정된다.

Ⅲ. 행정행위의 개념

종래 행정행위의 개념으로 최광의설·광의설·협의설·최협의설이 주장되어 왔으며, 최협의설이 통설·판례이다.

1. 개념에 관한 학설

1) 최광의설

행정주체가 행하는 모든 행위를 말한다. 이 설은 통치행위, 행정상 입법행위, 사실행위, 공법상 계약, 합동행위 등을 모두 포함하는 개념이다.

2) 광 의 설

행정주체가 행하는 공법행위만을 말한다. 이 설에 의하면 사실행위, 사법행위가 제외된다.

3) 협 의 설

행정주체가 법 아래서 구체적 사실에 관한 법집행으로서 행하는 공법행위를 말한다. 이 설에 의하면 광의의 행정개념에서 추상적 법정립작용인 행정상 입법과 고도의 정치성을 지닌 통치행위는 제외되며, 공법상 계약·공법상 합동행위는 여전히 포함된다.

4) 최협의설

행정주체가 법 아래에서 구체적 사실에 관한 법집행으로서 행하는 권력적 단독행위인 공법행위를 말한다. 이 설에 의하면 공법상 계약이나 공법상 합동행위는 제외된다. 현재 이 견해가 통설이며 판례이다.

2. 행정행위의 개념적 요소

통설·판례의 입장인 최협의설에 따르면 행정행위란 행정주체가 법 아래서 구체적 사실에 대한 법집행으로서 행하는 권력적 단독행위인 공법행위를 말하는데, 그 개념적 요소는 다음과 같다.

1) 행정주체의 행위

행정주체의 행위이므로 행정청의 행위뿐만 아니라 공권력을 부여받은 사인의 행위도 포함된다. 그러나 보조기관(차관, 국장 등)의 행위나 국회나 사법부의 행위는 원칙적으로 이에 해당되지 않는다.

2) 법 아래서 구체적 사실에 관한 법집행 행위

행정행위는 개별적·구체적으로 행정목적을 실현하기 위한 법집행작용이므로, 일반적·추상적 규범의 정립작용인 행정상 입법(법규명령·행정규칙)과 구별된다.

3) 법적 행위

행정행위는 법적 행위, 즉 법적 효과를 발생·변경·소멸시키는 행위이다. 따라서 직접적으로 법적 효과를 발생시키지 않는 사실행위이거나, 행정기관 상호간에 있어서의 내부적 행위는 행정행위가 아니다. 종래 특별권력(행정법)관계 내부행위에 대해서는 처분성이 부정되었으나, 오늘날에는 특별권력(행정법)관계에 있어서의 그 구성원에 대한 처분에 대해서는 원칙적으로 행정행위의 성격을 인정하는 것이 현재 학설·판례의 입장이다.

4) 공법행위

행정행위는 행정작용 가운데서도 공법행위로서의 성질을 가진다. 따라서 행정주체의 행위라도 물품구입·국유재산매각 등과 같은 행정상의 사법작용은 행정행위에 해당되지 않는다.

5) 권력적 단독행위

행정행위(처분)는 행정주체가 행정객체에 대하여 우월한 지위에서 행하는 공권력 행사작용인 점에서 대등한 지위에서 행하는 공법상의 계약과 공법상의 합동행위와 구별된다.

3. 행정행위의 특질

행정행위는 행정주체가 법 아래서 구체적 사실에 관한 법집행으로서 행하는 권력적 단독행위인 공법행위이다. 이러한 행정행위에는 민법상의 법률행위와는 달리 법률적합성, 공정력, 존속성(불가쟁성 및 불가변성), 강제성, 행정행위에 대한 구제제도의 특수성이 인정된다.

제 2 절 행정행위의 종류

행정행위와 관련하여 행정행위의 종류에 대한 개념을 확실히 파악해 두는 것이 필요하다. 특히 기속행위와 재량행위, 복효적 행정행위의 사익과 사익 간의 충돌문제는 행정권 발동에 있어서 중요한 문제가 된다.

Ⅰ. 법률행위적 행정행위와 준법률행위적 행정행위

행정행위는 그 내용, 즉 법률적 효과에 따라 법률행위적 행정행위와 준법률행위적 행정행위로 구분하는 것이 통례이다. 법률행위적 행정행위는 행정청의 의사표시를 구성요소로 하고 그 표시된 의사의 내용에 따라 법적 효과를 발생하는데 대하여, 준법률행위적 행정행위는 의사표시 이외의 정신작용(판단, 인지, 관념)의 표시를 요소로 하고 그 법적 효과는 행위자의 의사 여하를 불문하고 전적으로 법이 정한 바에 따라 결정된다. 양자를 구별하는 실익은 일반적으로 부관을 붙일 수 있는지의 여부를 들고 있다.

Ⅱ. 기속행위와 재량행위

기속행위란 법규가 행정주체에 대하여 아무런 재량의 여지도 주지 아니하고 행정청은 오직 그 법규를 집행함에 그치는 경우의 행정행위를 가리킨다. 재량행위라 함은 법규가 행정행위의 내용에 관하여 일의적·확정적으로 규정하지 아니하고 행정청에 대하여 일정한 선택 또는 판단의 여지를 부여하고 있는 경우의 행정행위를 말한다.

우리나라 행정소송법은 행정청의 위법행위에 대하여만 사법심사를 인정하고, 행정청의 자유재량행위는 위법의 문제가 아니라 부당으로 보고 사법심사의 대상에서 제외하고 있다. 따라서 행정소송에서 제외될 자유재량행위의 의의와 한계를 명백히 하기 위하여 양자를 구별할 실익이 있다. 또한 기속행위에는 원칙적으로 부관을 붙일 수 없고, 재량행위의 경우에는 부관을 붙일 수 있다는 것이 통설이다. 따라서 부관을 붙일 수 있는지 여부를 판단하기 위하여도 양자를 구별할 필요가 있다.

Ⅲ. 수익적 행정행위, 부담적 행정행위, 복효적 행정행위

행정행위는 상대방에 대한 법률효과를 기준으로 수익적 행정행위, 부담적 행정행위 및 복효적 행정행위로 구분된다. 수익적 행정행위는 상대방에게 권리, 이익을 부여하는 행정행위를 말하며, 특허행위나 각종 급부제공행위 등이 이에 해당한다. 부담적 행정행위는 상대방에게 의무를 부과하거나 권리, 이익을 침해, 제한하는 등의 불이익처분을 주는 행위를 말하며, 하명행위가 주로 이에 해당한다. 복효적 행정행위는 하나의 행정행위가 동일인에게 수익적 효과와 동시에 부담적 효과를 발생하거나, 한사람에게는 이익을 주는 반면, 또 다른 사람에게는 불이익을 주는 행정행위를 말한다.

Ⅳ. 대인적 행정행위, 대물적 행정행위, 혼합적 행정행위

행정행위는 대상을 기준으로 대인적 행정행위, 대물적 행정행위, 혼합적 행정행위로 나누어진다. 대인적 행정행위는 의사면허나 운전면허와 같이 개인의 능력, 인격을 기준으로 행하여지는 행정행위를 말하며, 대물적 행정행위는 자동차검사증의 교부, 건축물준공검사와 같이 오직 물건의 객관적 사정에 착안하여 행하여지는 행정행위를 말한다. 혼합적 행정행위는 석유사업허가와 같이 인적 자격요건 외에 물적 요건도 아울러 고려하여 행하여지는 행정행위를 말한다. 이 같은 구별의 실익은 그 행정행위의 효과가 타인에게 이전될 수 있는지의 여부를 밝히는 데 있다.

Ⅴ. 기타의 분류방법

1. 쌍방적 행정행위와 독립적 행정행위

쌍방적 행정행위는 허가, 공무원임명과 같이 일반 국민의 신청 등 상대방의 협력을 필요로 하는 행위를 말하며, 독립적 행정행위는 과세처분과 같이 행정청이 일방적으로 행하는 행정행위를 말한다.

2. 요식행위와 불요식행위

요식행위는 법령이 일정한 형식을 요하는 행정행위로서, 소정의 형식을 갖추지 않은 경우에는 위법의 문제(무효 등)가 발생한다(예컨대, 대집행계고, 징집영장발부, 납세고지서 발부 등). 불요식행위는 일정한 형식을 요하지 않는 행정행위로서 원칙적으로 행정행위는 불요식행위이다.

3. 적극적 행정행위와 소극적 행정행위

적극적 행정행위는 현재의 법률상태에 변경을 가져올 수 있는 행정행위를 말한다. 예컨대, 하명, 허가, 특허, 허가취소 등이 그 예이다. 소극적 행정행위는 현재의 법률상태에 아무런 변경도 가져오지 않는 행정행위를 말한다. 예컨대, 허가나 특허의 신청에 대한 거부(각하)처분이나 부작위 등을 들 수 있다.

4. 가행정행위와 종행정행위

가행정행위(잠정적 행정행위)라 함은 행정행위의 법적 효과 또는 구속력이 최종적으로 결정될 때까지 잠정적으로만 행정행위로서의 구속력을 가지는 행정의 행위형식을 말한다. 가행정행위는 법적 효과가 종행정행위(종국적 행정행위), 즉 종국적 행정행위가 행하여질 때까지 잠정적으로 인정된다. 따라서 종국적 행정행위가 행하여짐으로써 가행정행위는 소멸한다.

5. 사람이 직접 행하는 행정행위와 자동화작용에 의한 행정행위

자동화기계에 의한 행정결정은 근본적으로 공무원인 인간이 작성한 프로그램에 의한 조력을 필요로 한다. 따라서 공무원이 작성한 프로그램과 행정의 자동기계결정은 행정규칙과 행정행위의 관계를 이루게 되므로, 행정상 자동기계결정의 법적 성질은 행정행위에 해당한다 할 것이다. 이처럼 행정의 자동기계결정도 행정행위의 일종으로 본다면 그의 위법, 부당한 결정은 소(訴)의 이익이 인정되는 한 행정쟁송의 대상이 된다고 할 것이다.

제 3 절 행정행위의 내용

Ⅰ. 개 설

행정행위는 그 내용, 즉 법률적 효과에 따라 법률행위적 행정행위와 준법률적 행정행위로 구분하는 것이 통례로 되어있다. 행정행위의 이와 같은 분류는 민법상의 법률행위의 개념을 차용하여 이루어진 것이므로, 근래에는 이것을 비판, 부인하려는 견해도 있다. 행정행위의 내용을 도표화하면 다음과 같다.

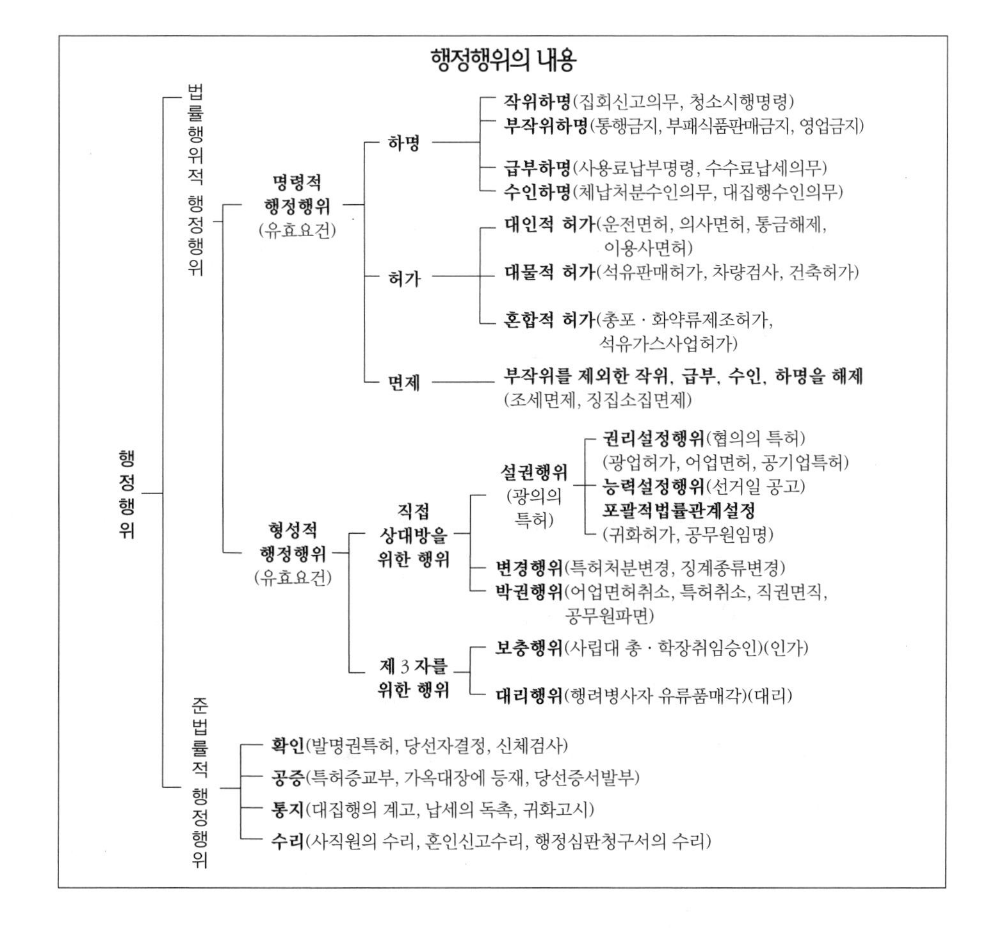

Ⅱ. 법률행위적 행정행위

법률적 행정행위는 의시표시를 구성요소로 하며, 그 효과의사의 내용에 따라서 법률적 효과가 발생하는 행정행위를 말한다. 법률적 행정행위는 그 법률효과의 내용에 따라서 다시 명령적 행정행위와 형성적 행정행위로 나누어진다.

1. 명령적 행정행위

명령적 행정행위는 특정인에게 의무를 부과하거나(하명) 또는 의무를 해제(허가와 면제) 시키는 것을 내용으로 하는 행정행위를 말하며, 이점에서 국민의 권리 또는 능력의 발생, 변경, 소멸을 목적으로 하는 형성적 행정행위와 구별된다.

1) 경찰하명

(1) 경찰하명의 의의

경찰하명이라 함은 경찰기관이 사회공공의 안녕, 질서의 유지라는 경찰목적을 위하여 일반통치권(경찰권)에 의거하여 특정인 또는 불특정 다수인에게 작위·부작위·급부·수인 등의 의무를 명하는 경찰작용을 말한다. 예컨대, 위험시설 제거명령(경찰관직무집행법 제 5 조), 위법집회·시위 금지명령(집회 및 시위에 관한 법률 제20조) 등이 있다.

(2) 경찰하명의 종류

① 내용상의 분류

㈎ 작위하명

작위하명이란 적극적으로 일정한 행위를 행할 의무를 부과하는 행정행위를 말한다. 일반에 대한 작위하명은 급박한 필요가 있거나 경미한 부담인 경우[1]에 한하여 명하여진다. 작위하명은 특정인에게 대하여 행하여지는 것이 원칙이나 불특정다수인에 대한 것도 있다. 예컨대, 일정도로상의 차량우회명령 등이 여기에 해당한다.

㈏ 부작위하명

부작위하명이란 소극적으로 어떤 행위를 행하지 아니할 의무를 명하는 행위이다. 이는 경찰하명 중에서 가장 많이 발해지며 경찰금지라고도 한다. 예컨대, 극장내에서의 흡연금지 등을 들 수 있다.

---

1) 경범죄 처벌법 제 3 조 제 1 항 제 6 호 도움이 필요한 사람 등의 신고불이행 등과 같이 비교적 경미한 부담인 경우를 대표적인 사례로 들 수 있다.

(다) 수인하명

수인하명이란 경찰강제에 대하여 저항하지 않고 감수해야 할 의무를 명하는 경찰처분행위이다. 경찰강제 그 자체는 사실상의 작용이지만 그것이 적법하게 행하여지기 위해서는 수인하명이 수반되어야 한다. 따라서 수인하명에 의한 경찰강제는 법령에 의한 행위로서 위법성이 조각되고, 이에 저항하면 공무집행방해죄가 된다. 예컨대, 경찰조사·경찰강제 등에 반항하지 않고 응해야 하는 의무 등을 말한다.

(라) 급부하명

금전 또는 물품의 급부의무를 명하는 것이다. 경찰작용이 특정인을 위하여 행하여지거나 또는 특정인을 필요하게 된 경우에, 그 비용에 충당하기 위하여 수수료 기타의 급부를 명하기 위하여 행하여진다. 예컨대, 운전면허시험 등에 수수료 납부를 명하는 것이 그 예이다.

② 대상에 의한 분류

경찰하명은 직접 사람에 대해 의무·불이익 등을 부과하는 것인가, 물건의 성질 내지 상태에 관해 규율하는 것인가에 따라 대인적 처분과 대물적 처분으로 나눌 수 있다. 대인적 처분은 그 규율의 범위 여하에 따라 개별처분과 일반처분으로 나누어진다.

(가) 대인적 하명

경찰하명은 특정인에 대하여 행하여지는 개별하명이 보통이나(예컨대, 특정인에 대한 일정기간 영업정지처분, 운전면허 취소 등), 불특정 다수인에 대하여 일반적으로 행하여지는 경우도 있다. 이를 일반하명이라 한다. 예컨대, 위험도로상의 통행금지, 감염병 발생지역의 출입금지 등 규율의 대상은 다수인이나 규율의 범위가 시간적·장소적으로 한정되어 있는 경우를 말한다.

(나) 대물적 하명

특정 물건이나 설비 등 물적 사정에 중점을 두고 행하여지는 경찰하명이다. 예컨대, 무등록차량의 운행금지나 주차금지구역 지정 등이 있다. 오늘날 일방통행 등 교통표지의 법적 성격을 어떻게 이해할 것인가에 관하여 학설의 다수는 법규명령이 아닌 행정행위(경찰처분)의 일종으로 보고 있다.[1]

---

1) 교차로·커브길·경사 등에 관한 위험표지판·도로교통의 원활을 위한 방향표지판은 규율적 성격이 결여되어 있으므로 경찰명령도 경찰처분(물적 처분)도 아니고 사실행위이다. 그러나 우선통행·주차금지·대기선은 경찰처분에 해당한다. 또한 교차로상의 신호도 계속적으로 변화하는 색깔의 표시를 통한 교통규율이므로, 일반처분에 해당한다고 본다.

㈐ 혼합적 하명

대인적 하명과 대물적 하명의 요소가 혼합된 경우로서, 원칙적으로 이전이 제한된다. 예컨대, 총포·도검·화약류 등의 영업금지를 들 수 있다.

(3) 경찰하명의 형식

① 법규하명

별도의 행정행위의 존재를 요하지 아니하고 법령에 의해 직접 일정한 경찰의무를 발생케 하는 경우의 경찰하명을 말한다. 법규하명은 원칙적으로 일반적·추상적 규범이기 때문에 비록 이에 하자가 있더라고 항고소송의 대상이 되지 않는다(예컨대, 무면허운전금지, 음주운전금지, 술·담배류판매금지, 성매매금지 등). 다만, 그 하자 있는 법규하명에 근거하여 특정인에게 경찰처분이 행하여진 경우에, 그 처분에 대하여 항고소송을 제기할 수 있을 뿐이다(대판 1954. 8. 19, 4286행상37). 법규하명은 법령의 공포라는 형식에 의하여 효력이 발생한다.

② 경찰처분(처분에 의한 하명)

㈎ 의 의

경찰처분이라 함은 법령에 의거하여 특정한 경찰의무를 과하기 위해 행하는 구체적인 행정행위를 말한다(예컨대, 불법사행행위업소에 대한 영업장 폐쇄 등).

경찰처분은 법치주의의 원리에 입각해서 법이 주어진 범위 내에서 이루어져야 한다. 따라서 경찰처분은 「경찰권의 한계」에 관한 원칙의 적용을 받는다.

㈏ 경찰처분권자

경찰처분은 경찰관청에 의하여 행하여지는 것이 원칙이나, 그의 명을 받은 경찰집행기관이 행하는 경우도 있다(예컨대, 교통정리를 행하는 경찰관 등).

㈐ 경찰처분의 형식

경찰처분은 반드시 문서에 의해 행해질 필요는 없으며, 구술, 행동 및 그 밖의 여러 가지 표시를 통해 행하여진다. 예컨대, 자동감음장치에 의해 가동되는 교통신호 등에 의한 신호, 교통경찰관의 수동에 의한 교통지시 등은 경찰처분에 해당한다.[1)]

(4) 경찰하명의 효과

① 경찰의무의 발생

경찰하명은 그 내용에 따라 특정인 또는 특정의 다수인에게 작위·부작위·급부·

1) 김형중, 『경찰행정법』(서울: 경찰공제회, 2007), p.544.

수인 등의 의무를 발생시킨다. 경찰하명의 효과로서 발생되는 의무를 경찰의무[1]라 한다. 이와 같은 경찰의무는 원칙적으로 행정주체에 대하여 지는 것이지, 수명자의 제 3 자에게까지 경찰의무를 발생시키는 것은 아니다.[2] 따라서 수명자가 경찰의무를 이행하지 않은 경우에는 강제집행을 하거나 경찰벌을 과할 수는 있으나, 제 3 자가 수명자에게 경찰의무이행을 청구하거나 손해배상 등을 청구할 수는 없다.

② 경찰의무와 법률행위의 효력

경찰하명은 직접 상대방에게 작위·부작위·수인·급부의무를 사실상으로 행할 의무를 부과할 뿐이며, 상대방이 행하는 법률상의 능력이나 법률행위의 효력에는 직접적으로 아무런 관련이 없다. 예컨대, 경찰관청이 특정인에게 총포·도검·화약류의 판매를 금지시킨 경우, 그 사람이 경찰관청의 매매금지명령을 위반하여 매매계약에 의한 양도가 행하여졌다 하더라도 당해 매매계약의 효력이 부인되지는 않는다.

(5) 경찰하명의 효과가 미치는 범위

경찰하명의 효과가 미치는 범위는 인적 범위와 지역적 범위로 나누어 볼 수 있다.

① 인적 범위

경찰하명의 효과가 미치는 인적 범위는 당해 처분의 성질에 따라 다르게 나타난다.

(가) 대인적 하명

일신전속적 대인적 하명은 특정인의 개인적 사정에 두고 행하여지는 처분으로 처분의 상대방에 대하여서만 효과가 생긴다(예컨대, 운전면허정지).

(나) 대물적 하명

대물적 하명은 특정물건이나 설비 등 물적 사정에 중점을 두고 행하여지는 처분으로, 그 효과가 처분의 상대방에게만 미치는 것이 아니고 그 물건 또는 설비의 양수인·승계인에게도 미친다(예컨대, 검사불합격자동차의 사용금지).

(다) 혼합적 하명

대물적 하명이면서 대인적 하명의 요소를 아울러 지닌 혼합적 하명의 경우는 원

---

1) 경찰의무는 사회공공의 안녕과 질서의 유지를 법률에 의하여 또는 법률에 근거한 명령이나 행정행위에 의하여 개인에게 부과되는 의무이지만, 여기서는 경찰하명에 의하여 상대방이 지는 의무만을 경찰의무로 보고 있다.

2) 예컨대, 의료법 제15조에 의한 의사의 의료법상의 의무(환자를 진료할 의무)는 행정주체에 대한 의무이지 환자에 대한 의무가 아닌 까닭에 환자는 의사에게 '자기를 진료하여 줄 것을 요구할 수 있는 권리'를 가지지 않는다.

칙적으로 하명의 상대에게만 미치고 그 효과성의 제한을 받는다. 그러나 대물적 효과는 이전되는 것으로 볼 수 있다(예컨대, 풍속영업에 관련한 처분).

② 지역적 범위

경찰하명의 효과가 미치는 지역적 범위는 다른 행정처분에 있어서와 마찬가지로 경찰하명의 지역적 효과도 당해 경찰행정청의 관할구역 내에만 미친다. 다만 대물적 하명의 경우는 그 성질상 그 효과가 관할구역 밖에까지 미치는 경우가 있다. 예컨대, 운전면허정지처분을 받은 자동차는 전국 어느 곳에서도 운행하지 못하는 것이 그 예이다.[1]

(6) 경찰하명의 위반의 효과

경찰하명에 의하여 명하여진 작위·부작위 등의 의무를 수명자가 불이행한 경우에는 경찰상의 강제집행에 의하여 그 의무이행을 확보할 수 있다. 그러나 강제집행수단[2]에 의하여 의무이행을 실현시킬 수 없는 경우에는 경찰벌을 과하여 간접적으로 당해 경찰의무의 이행을 확보할 수밖에 없다. 경찰의무를 위반한 경우에는 그 의무위반에 대한 제재로서 경찰벌을 과하는 것이 보통이다.[3]

2) 경찰허가

(1) 의 의

경찰허가라 함은 경찰상 목적을 위해 일반적 금지를 특정한 경우에 해제함으로써 적법하게 일정한 행위를 할 수 있게 해주는 경찰상의 행정행위이다. 금지에는 절대적 금지와 상대적 금지가 있다. 절대적 금지 즉, 미성년자에 대한 주류·담배 판매금지나 마약복용 금지 그리고 인신매매금지는 허가대상이 될 수 없다. 왜냐하면 절대적으로 금지된 사항이기 때문이다. 반면 상대적 금지 즉, 무면허운전금지나 영업금지는 일정한 조건이 충족되는 경우에는 허가의 대상이 될 수 있다. 경찰허가는 경찰하명과 함께 경찰상의 행정행위의 중심을 이루고 있으며, 실정법상으로는 허가 외에도 면허·특허 또는 승인, 동의 등 여러 가지 용어로 사용된다.

---

1) 김형중, 전게서, p.547.
2) 현행법의 경찰상 강제집행의 수단으로는 공법상의 대체적 행위의무에 대해서는 대집행이 일반적으로 인정되고(행정대집행법), 금전급부의무의 불이행에 대해서는 강제징수(국세징수법)만이 일반적 수단으로 인정되어 있다. 그 이외의 의무불이행에 대하여는 극히 예외적으로 직접강제가 인정되고 있다.
3) 김동희, 전게서, p.213.

(2) 경찰허가의 종류

① 일반적 허가와 예외적 허가(승인)

(가) 일반적 허가

일반적 경찰허가는 법규상 예방적 통제의 목적으로 규정된 잠정적 금지를 일정한 전제요건이 갖추어지면 그 금지를 해제시켜 주는 것을 말한다. 일반적 허가는 본래의 허가 또는 협의의 허가라고도 한다.[1]

(나) 예외적 허가(승인)

예외적 허가(승인)라 함은 일정행위가 유해하거나 사회적으로 바람직하지 않은 것으로서 법령상 원칙적으로 금지되어 있으나, 예외적인 경우에는 이러한 금지를 해제하여 당해 행위를 적법하게 할 수 있게 해주는 행위를 말한다(예컨대, 치료목적 등 특정의 경우에만 아편사용을 허용하는 경우, 개발제한구역 내에서의 개발행위허가, 카지노 개설허가 등). 일반적 허가나 예외적 허가(승인) 등은 형식상으로 보면 모두 금지의 해제라는 점에서 동일하다.

② 대인적 허가·대물적 허가·혼합적 허가

(가) 대인적 허가

사람의 능력, 지식 등 주관적 요소를 기준으로 하는 대인적 허가는 이전이 불가능 하면, 운전면허·외국인의 체류허가·무기소지허가 등이 있다.

(나) 대물적 허가

물건의 내용, 상태 등 객관적 요소를 기준으로 하는 대물적 허가는 이전이 가능하며, 마약류취급면허, 음식점영업허가, 차량검사합격처분 등이 있다.

대물적 허가의 이전성(대판 1986. 7. 22, 86누203)

대법원은 "주유소 허가는 소위 대물적 허가의 성질을 갖는 것이어서 그 사업의 양도도 가능하고, 이 경우 양수인은 양도인의 지위를 승계하게 됨에 따라 양도인의 위 허가에 따른 권리·의무가 양수인에게 이전되는 것이다"라고 하여 대물적 허가의 이전성이 있음을 판시하고 있다.

(다) 혼합적 허가

인적 요소·물적 요소를 기준으로 하는 혼합적 허가는 타인에게 이전이 제한되며, 총포·화약류제조허가, 가스사업허가 등이 있다.

---

1) 홍정선, 전게서, p.347.

(3) 경찰허가의 형식

경찰허가는 경찰법규에서 규정한 일반적 금지를 특정한 경우에 해제하는 행위이므로 언제나 구체적인 행정행위(행정처분)의 형식으로 행하여진다. 이 점에서는 경찰처분의 경우와 같다. 경찰허가는 상대방의 출원에 의하여 문서로 행하여지는 것이 원칙이나, 법령에 특별한 규정이 없는 한 반드시 요식행위는 아니며 구두에 의해서도 출원이 가능하다.[1)]

(4) 경찰허가의 성립 · 효력발생요건

경찰허가도 적법하게 성립하고 효력을 발생하기 위해서는 주체[2)] · 내용 · 절차 · 형식 · 외부적 표시 등에 관한 요건을 갖추어야 함은 다른 행정행위와 동일하다. 경찰허가는 일반행정행위의 요건을 구비하는 것 외에 절차적 요건과 형식적 요건 등을 갖추어야 한다.

① 절차적 요건

(가) 신청(출원)

경찰허가는 상대방의 신청에 의하여 행하여지는 것이 원칙이나, 예외적으로 신청 없이 이루어지는 허가도 있다(예컨대, 통행금지해제, 입산금지해제 등).

(나) 시험 · 검사

경찰법규에서 경찰허가의 요건으로서 일정한 시험이나 검사 등을 거치도록 규정한 경우가 있다. 예컨대, 자동차운전면허와 같이 일정한 시험 · 검사 등에 합격한 자에 대하여서만 경찰허가를 부여하는 경우에도, 시험(운전면허), 검사(물품 · 시설 등 검사) 등 시험합격결정이나 검사합격결정 등의 확인행위를 거치지 아니한 경찰허가는 무효이다.

(다) 수수료 · 조세의 납부

경찰허가를 함에 있어서는 그 허가사무에 대한 반대급무로서 법령에 의하여 수수료 또는 조세의 납부를 그 요건으로 할 때가 있다. 경찰허가에 대하여 수수료를 징수하는 경우로는 운전면허시험, 운전면허증의 교부 · 재교부 등의 수수료가 그 예이다. 수수료는 경찰허가의 부관으로서 정해지는 경우가 대부분이다.

---

1) 경찰허가는 일정한 형식으로 행해지는 경우가 많으나(예컨대, 운전면허증, 영업허가증 등), 구두에 의한 경찰허가도 가능하다(김남진, 전게서, p.299).

2) 경찰상 허가의 성립요건인 주체상 요건(허가권자)과 관련하여 제도상의 경찰뿐만 아니라 특별행정기관(예컨대, 식품위생관련청, 산림행정청, 건축행정청)도 허가권자가 될 수 있음에 유념하여야 한다.

② 형식적 요건

경찰허가는 법령의 규정에 의하여 일정한 형식에 의한 공적 증명(공증행위)을 허가의 효력발생요건으로 할 때가 많다. 예컨대, 자동차의 운전면허는 면허증의 교부에 의하여 행하여지고(도로교통법 제85조 제 3 항), 자동차의 운행허가는 자동차검사증의 교부와 자동차등록원부에의 등록에 의하여 행하여지는 것이 그 예이다(자동차관리법 제 5 조).

(5) 경찰허가의 부관

일반행정행위의 부관은 행정행위의 효과를 제한 또는 보충하기 위하여 행정행위의 주된 내용에 부과하는 부수적인 의사표시를 말한다. 경찰허가의 부관은 경찰관청이 경찰허가를 함에 있어서 지장을 주게 되는 경찰장해를 제거하는 목적으로 이용되고 있다.

경찰허가는 기속행위인 것이 원칙이다. 따라서 법령에 의하여 엄격하게 기속된 경찰허가의 경우는 법적 부관, 즉 법정조건, 법정기한, 법정부담만을 붙일 수 있으며, 경찰행정청의 재량으로 부관을 붙일 수는 없다. 부관 중에는 법정부담이 가장 일반적이며 보통은 허가와 동시에 부담을 명한다. 예컨대, 도로공사를 위한 도로점용허가 시 교통소통 및 안전을 위한 경찰서장의 통제수 배치 및 안전시설설치 지시가 그 예이다. 그러나 예외적으로 특정허가에 재량성이 인정되는 경찰허가에 대하여는 일반의 행정행위에 있어서의 부관과 같이 조건·기한·부담·철회권의 유보·법률효과의 일부배제 등의 부관을 붙일 수 있다.

(6) 경찰허가의 효과

① 경찰허가의 효과의 내용

㈎ 경찰금지의 해제

경찰허가는 경찰행정상의 목적을 위한 일반적 금지를 해제하여 일정한 행위를 적법하게 행사할 수 있게 하여 주는 효과를 가진다. 따라서 허가는 단순한 자연적 자유를 회복시켜 주는 행위가 아니라 헌법상의 자유권을 적법하게 행사할 수 있는 법적 지위를 설정하여 주는 행위이다. 예컨대, 영업허가로 인해 금지가 해제된 영업의 자유는 직업의 자유(직업의 자유권)를 의미한다. 따라서 음식점 영업허가 등의 경우 새로운 영업권이 설정되는 것이 아니고 헌법상 영업의 자유권을 적법하게 행사할 수 있는 지위가 설정되는 데 그치는 것이다.[1]

---

1) 김동희, 전게서, p.234.

(나) 경찰허가와 반사적 이익

(ㄱ) **반사적 이익발생** 경찰허가에 대한 종래의 일반적 견해와 판례의 입장은 자연적 자유의 회복행위로 보는 입장이었다. 따라서 경찰허가는 금지를 해제하여 본래의 자유를 회복시켜주는 것에 불과하므로 이로써 얻는 이익도 사실상 독점적 이익에 불과한 반사적 이익(각종 영업허가)으로 보아 소(訴)의 이익도 부정하였다. 이런 점에서 없던 이익을 새로 설정하는 능력, 즉 권리나 능력을 설정하는 특허와 구별된다.

경찰허가는 반사적 이익?(대판 1963. 8. 31, 63누101)

대법원은 "공중목욕탕업 영업허가는 경찰금지의 해제로 인한 영업자유의 회복인 것이며, 공중목욕장의 신규허가로 기존 허가를 받은 목욕장업에 사실상 손해가 있더라도 그 불이익은 신허가처분의 단순한 사실상의 반사적 효과에 불과하고, 권리침해라고는 할 수 없다"고 판시하여 허가에 의한 이익을 반사적 이익으로 보고 있다.

(ㄴ) **법률상 이익발생** 경찰허가를 헌법상의 자유권의 회복으로서 그 행위를 적법하게 행할 수 있는 법적 지위의 설정행위라고 보는 입장에서는 당해 이익을 반드시 반사적 이익으로만 파악하여야 할 필요성은 없고, 그러한 독점적 이익(반사적 이익)의 법적 성질은 결국 관계법규의 목적·취지에 따라 결정되어야 한다는 것이다. 따라서 허가가 일면 본래의 자유를 회복시켜주는 기능을 담당한 반면, 한편으로 개인의 이익도 적극적으로 보호하는 기능이 인정되는 경우 허가의 상대방이 받는 이익은 반사적 이익을 넘어 법률상 이익에 해당한다고 본다. 판례는 이러한 견지에서 관계이익을 '법적으로 보호되는 이익'으로 보고 있다.

법률상 이익이란?(대판 1989. 12. 22, 89누46)

대법원은 "주류제조면허는 국가의 수입확보를 위하여 설정된 재정허가의 일종이지만 일단 이 면허를 얻은 자의 이득은 단순한 사실상의 반사적 이득에만 그치는 것이 아니라 주세법의 규정에 따라 보호되는 이익이다"라고 판시하여 허가에 의한 이익을 법률상 이익으로 보고 있다.

(다) 경찰허가와 타법률과의 관계

경찰허가는 경찰상의 금지만 해제할 뿐이지 다른 법령에 의한 금지까지 해제하여 주는 것은 아니다. 예컨대, 경찰공무원이 식품위생법상 영업허가를 받았더라도 공무원법상 영리업무종사금지의 제한은 여전히 받으므로, 결국 경찰공무원은 영업을

할 수 없다.[1]

㈑ 경찰허가와 법률행위의 효력

경찰허가는 일정한 행위를 적법하게 할 수 있도록 하는 적법요건일 뿐이라서 허가를 요하는 행위를 허가 없이 한 경우에는 처벌의 대상은 될지라도 그 법률행위의 효력이 부인되는 것은 아니다. 예컨대, 무허가음식점의 음식물판매행위는 그대로 유효하나, 허가를 받지 않고 한 영업행위는 경찰벌이나 경찰상 강제집행의 대상이 될 뿐이다.

② 경찰허가의 갱신·소멸

경찰허가에 기한이 붙어 있는 기한부 경찰허가는 종기의 도래로 효력을 상실하는 것이 원칙이지만, 영업허가 등 관계 법령에서는 관계인의 이익의 보호 또는 거래관계의 안정을 도모하기 위하여 허가의 갱신을 인정하는 경우가 많다. 허가의 갱신은 새로운 경찰허가가 아니고, 종래의 경찰허가를 전제로 하여 그 효과를 계속시키는 행위이다. 따라서 허가청은 경찰상 장해가 발생할 새로운 사정이 없는 한 갱신을 허가하여야 한다.[2] 다만 허가의 갱신은 그 기한이 도래하기 전에 신청하여야 하며, 갱신의 신청이 없으면 그 종기의 도래로써 경찰허가의 효력은 소멸된다.

③ 경찰허가의 효과가 미치는 범위

㈎ 인적 범위

(ㄱ) **대인적 허가** 대인적 허가는 특정인의 주관적 사정을 고려하여 행하여지는 것이므로 허가의 효과는 일신전속적이며, 타인에게 이전 또는 상속이 금지된다(예컨대, 운전면허·의사면허).

(ㄴ) **대물적 허가** 대물적 허가는 물건의 구조·성질·설비 등의 객관적 사정을 기준으로 하는 경찰허가로서 그 물건 등의 상속 또는 양도에 의하여 승계인에게 당연히 효과가 승계된다(예컨대, 건축허가 등).[3]

(ㄷ) **혼합적 허가** 혼합적 허가는 신청인의 주관적 사정과 객관적 사정을 동시에 고려하여 행하여지는 경찰허가이다(예컨대, 총포·화약류 제조허가 등). 혼합적 허가는 그

---

1) 국가공무원법 제64조 제 1 항.
2) 기한부허가의 갱신(대판 1996. 11. 10, 94누11866).
3) 대법원은 "건축허가는 대물적 성질을 가지는 것으로 그 허가의 효과는 허가대상건축물에 대한 권리변동에 수반하여 이전되고, 별도의 승인처분에 의하여 이전되는 것이 아니다"라고 판시하고 있다(대판 1979. 10. 30, 79누190).

이전이나 상속에 대하여는 경찰관청의 허가를 받도록 규정하고 있는 것이 보통이다. 이 경우 허가관청의 심사대상은 양수인이나 상속인의 인적 요소의 적부(適否)에 한정된다 할 것이다.[1]

(7) 경찰허가의 하자

① 경찰허가의 무효

경찰허가도 행정행위의 일반의 경우와 같이 주체·내용·형식·절차에 중대하고도 명백한 하자가 있는 경우에는 당연무효가 된다. 당연무효인 경찰허가에 따라 행위를 한 자는 결과적으로 경찰금지를 위반하게 되는 것이기 때문에, 본인에게 귀책사유없이 당해 경찰허가가 무효임을 알지 못한 경우를 제외하고는 경찰벌의 대상이 된다.

② 경찰허가의 취소·철회

(가) 경찰허가의 취소

(ㄱ) **기속된 취소** 경찰허가가 취소원인인 하자를 지닌 경우에 해당 허가관청이나 그의 감독청 또는 법원이 그 경찰허가를 취소할 수 있으나, 일정한 취소원인이 있는 경우에는 경찰관청은 반드시 그 허가를 취소하도록 법령이 규정하고 있으면 이는 기속된 취소행위이다. 예컨대, 도로교통법 제93조 제 1 항 제 3 호와 같이 "… 술에 취한 상태에 있다고 인정할 만한 상당한 이유가 있음에도 불구하고 경찰공무원의 측정에 응하지 아니한 때" 등에는 지방경찰청장은 그 운전면허를 취소하여야 한다.

(ㄴ) **기속재량에 의한 취소** 법령은 일정한 취소원인이 있는 경우에 경찰허가를 취소할 것인지의 여부를 경찰관청의 재량에 맡긴 경우가 많은데, 이 경우의 재량은 경찰목적 및 경찰비례의 원칙에 의하여 제한받는 기속재량이다. 특히 직권취소의 경우에는 비례원칙·신뢰보호의 원칙 등 경찰행정법의 일반법원칙에 의한 엄격한 제약을 받는다고 보아야 한다. 따라서 경찰허가가 취소원인인 하자를 지닌 경우에도 특별한 공익상 필요 또는 제 3 자 이익보호의 필요가 있는 경우에만 취소할 수 있으며, 그러한 사유 없이 취소하는 것은 위법이다.

(ㄷ) **이익형량 및 과잉금지원칙의 고려** 경찰허가를 받은 자가 허가받은 사업에 착수한 후에 허가를 취소하는 것은 당초부터 허가를 거부한 것보다 더 큰 손실을 발생시킬 우려가 있으므로, 취소의 요건을 엄격하게 해석하여야 하며 허가의 취소를

---

1) 김동희, 전게서, p.237.

정당화할 정도 이상의 중대한 경찰상의 필요가 있어야 한다.

허가 또는 특허 취소 시 이익형량 및 과잉금지원칙의 고려(대판 1960. 9. 12, 4291행상30)

대법원은 "허가 또는 특허와 같은 행정행위는 취소원인이 존재한다는 이유만으로 취소할 수는 없고 취소하여야 할 공익상 필요와 취소로 인하여 당사자가 입게 될 불이익 등을 비교하여 그 취소 여부를 결정하여야 한다"고 판시하고 있다.

(나) 경찰허가의 철회

경찰허가의 철회란 아무런 하자없이 적법하게 성립된 경찰허가의 효력을 그 성립 후에 발생된 새로운 사정에 의하여 더 존속시킬 수 없게 된 경우에, 장래에 향하여 그 효력의 전부 또는 일부를 소멸시키는 것을 말한다. 경찰허가의 철회에는 취소의 경우보다 더 강한 제한을 받으며, 원칙적으로 법령의 근거가 있어야 한다. 경찰허가의 철회에도 행정행위 일반의 철회권 제한의 법리가 그대로 적용된다.

3) 경찰면제

(1) 의 의

경찰면제는 법령에 의하여 일반적으로 부과되어 있는 작위의무, 수인의무, 급부의무를 특정한 경우에 해제하는 행위를 말한다. 경찰면제와 경찰허가는 의무의 종류만 다를 뿐 의무를 해제한다는 면에서는 경찰허가와 같으므로, 경찰허가에 대한 설명은 경찰면제에도 거의 그대로 적용될 수 있다.

(2) 성 질

① 경찰허가가 경찰금지(부작위의무)를 해제하는 것에 반하여 경찰면제는 경찰상의 작위·급부·수인의 의무를 해제하는 행위라는 점에서 구별된다. 학문상의 면제에 해당하는 것으로는 시험의 면제, 수수료의 면제, 징집면제 등을 들 수 있다.

② 작위의무나 급부의무의 이행을 연기하거나 유예하는 행정행위의 성질에 관하여 하명변경설과 일부면제설로 나뉘어져 있으나, 일부면제설이 타당시 된다.

③ 작위의무·급부의무·수인의 의무가 발생한 경우에만 그 의무자에 대한 면제가 행하여진다. 따라서 처음부터 의무가 없는 경우, 예컨대 치외법권자에 대한 납세의무의 면제는 있을 수 없다.

2. 형성적 행정행위

형성적 행정행위는 상대방에게 새로운 권리·능력 또는 포괄적 법률관계, 기타의 법률상의 힘을 설정·변경·소멸시키는 행정행위를 말한다. 형성적 행정행위는 직접 상대방을 위하여 권리·능력·기타 법적 지위를 발생·변경·소멸시키는 행위인 「특허」와, 타인을 위하여 그 행위의 효력을 보충시켜주는 「인가」 등으로 나눌 수 있다.

1) 특 허

(1) 의 의

광의의 특허라 함은 특정 상대방을 위하여 새로이 권리를 설정하는 행위(공기업특허, 광업허가), 능력을 설정하는 행위(공법인의 설립행위, 선거일시의 지정고시) 및 포괄적 법률관계를 설정하는 행위(공무원임명, 귀화허가)를 말한다. 이 중에서 권리를 설정하는 행위를 '협의의 특허'라 하고, 기존의 특허내용을 변경시키는 행위(공무원 전보 등)를 변권행위라 하며, 이들을 소멸시키는 행위를 박권행위라 한다.

(2) 성 질

특허는 일정한 공익상의 필요에 따라 특정인에게 권리를 부여하는 설권행위인 점에서 형성적 행위이며, 자유재량행위에 속한다. 다만, 법령이 일정한 요건을 갖춘 경우에 특허를 하도록 규정하고 있는 때에는(예컨대, 광업권) 기속행위에 해당한다. 또한 특허는 반드시 상대방의 출원(신청)을 필수요건으로 하는 쌍방적 행정행위에 해당한다.

특허는 자유재량행위(대판 1989. 9. 12, 88누9206)
대법원은 "공유수면매립면허는 설권행위인 특허의 성질을 갖는 것이므로 원칙적으로 행정청의 자유재량에 속한다"라고 판시하고 있다.

(3) 특허의 효과

특허는 상대방에게 권리·능력 등 법률상의 힘을 발생시키며, 그 권리는 공권인 것이 보통이나 사권인 경우(어업권, 광업권 등)도 있다. 이러한 권리에 대하여 제 3 자가 이를 침해할 경우에는 권리침해가 되어 사법심사의 대상이 된다. 또한 특허의 대인적 효과는 귀화허가 등과 같이 이전성이 인정되지 않으나, 대물적인 경우에는 이전될 수 있다.

2) 인 가

(1) 의 의

인가란 제 3 자의 법률적 행위를 보충하여 그의 법률상의 효과를 완성시키는 행위를 말하며, 이런 의미에서 인가를 보충행위라 한다. 예컨대, 비영리법인설립허가, 공공조합설립인가 등이 이에 해당한다.

(2) 성 질

인가는 법률행위의 효력요건이므로 인가를 받지 않고 행한 경우는 원칙적으로 무효이나, 허가의 경우와는 달리 행정강제나 처벌의 대상은 되지 않는다. 인가는 신청에 의하여 행해지는 쌍방적 행정행위이며, 재량행위라는 것이 판례의 입장이다.

인가는 기속행위가 아닌 재량행위(대판 2000. 1. 28, 98두16996)

대법원은 "재단법인의 임원취임승인신청에 대하여 주무관청이 이에 기속되어 이를 당연히 승인(인가)하여야 하는 것은 아니다"라고 하여 기속행위가 아님을 판시하고 있다.

3) 공법상 대리

(1) 의 의

공법상 대리라 함은 제 3 자가 행할 행위를 행정주체가 대신하여 행하고, 그 행위의 효과는 본인이 행한 것과 같은 법적 효과를 발생시키는 행정행위를 말한다. 이러한 공법상의 대리는 본인의 의사에 의한 대리행위가 아니라, 법률의 규정에 의한 법정대리이다.

(2) 종 류

공법상 대리는 ① 감독상의 대리(한국은행총재의 임명 등), ② 협의 불성립의 경우 토지수용의 재결 등과 같이 국가가 대신하는 재정(裁定), ③ 사무관리(행려병사자의 유류품처분 등) 등이 있다.

(3) 효 과

대리자로서 행한 행위는 원래 본인이 한 것과 같은 법적 효과를 발생시킨다.

Ⅲ. 준법률적 행정행위

준법률적 행정행위는 의사표시 이외의 정신작용(판단, 인식, 관념의 표시)을 구성요소로 하고, 그 법률적 효과는 행위자의 의사 여하를 불문하고 직접 법규가 정하는 바에 따라 발생하는 행위를 말한다.

1. 확 인

1) 의 의

확인이란 특정한 사실 또는 법률관계의 존부(存否) 또는 정부(正否)에 관해 의문이나 다툼이 있는 경우에 행정청이 이를 공적으로 판단하는 행위를 말한다. 실정법상으로는 결정(시험합격자 결정, 당선인 결정)·특허(발명의 특허)·재결(행정심판의 재결)·조사·인정 등으로 혼용되고 있다.

2) 성 질

확인은 기존의 사실 또는 법률관계의 존부·정부 등에 관한 분쟁을 의문의 여지가 없도록 확정·선언하는 판단작용이라는 점에서 법원의 판결과 성질이 비슷한 법선언적 행위이며, 이를 준사법적 행위라고 부르기도 한다. 또한 일정한 사실 또는 법률관계의 존재 또는 정당성이 객관적으로 확정되는 경우에는 행정청이 확인을 하여야 하는 기속행위 내지 기속재량행위이다.

3) 종 류

분야별로 조직법상 확인(당선인 결정, 국가시험합격자 결정 등), 복지행정법상 확인(예컨대, 발명특허),[1] 행정쟁송법상 확인(이의신청의 결정, 행정심판 재결 등), 군정법상 확인(신체검사, 군사시설 보호구역) 등이 있다.

4) 형 식

확인은 언제나 구체적인 처분의 형식으로 이루어지며, 요식행위인 것이 보통이다(예컨대, 자동차검사증의 교부 등).

5) 효 과

확인의 공통적 효과는 일반적으로 불가변력이 발생한다. 다만 「특허법」에 의한 발명특허의 경우와 같이 확인의 결과 형성적 권리가 설정되는 등 각 개별법에서 달리 정하고 있는 경우도 있다.

---

1) 발명특허는 학문상 특허가 아니라 확인에 해당한다.

2. 공 증

1) 의 의

공증이라 함은 특정한 사실 또는 법률관계의 존부를 공적으로 증명하는 행위를 말한다(예컨대, 선거인명부, 부동산등기부의 등록, 각종 증명서 등). 공증은 의문이나 다툼이 없는 행위를 전제로 하는 점에서 의문이나 다툼이 있는 행위에 대하여 행해지는 확인과 구별된다.

2) 성 질

공증행위는 인식의 표시행위이며, 특정사실이 발생한 경우 반드시 공증하지 않으면 안되는 기속행위 내지 기속재량행위이다.

3) 종 류

등기·등록(각종 등기부, 각종 등록부), 등재(각종 명부, 원부에의 등재),[1] 기재(회의록·의사록), 교부(영수증·허가증), 발급(여권 등) 등을 들 수 있다.

4) 형 식

공증은 언제나 구체적 처분의 형식으로 행하여지며, 문서에 의하고 일정한 서식이 요구되는 요식행위이다.

5) 효 과

공증의 공통적인 효과는 일반적으로 공적 증거력을 발생시킨다. 다만 공증에 대한 반증이 있으면 행정청의 취소를 기다리지 아니하고, 그 공적 증거력을 다투고 이를 번복할 수 있다.

3. 통 지

1) 의 의

통지라 함은 특정인 또는 불특정 다수인에게 특정한 사실을 알리는 행위를 말한다.

2) 구별 개념

행정행위로서의 통지행위는 그 자체가 독립한 행정행위이므로, 특정한 법규명령 또는 행정행위의 효력발생요건에 지나지 아니하는 표시행위와 구별되어야 한다(예컨대, 법령의 공포, 문서의 교부, 송달 등). 또한 아무런 법적 효과도 결부되지 않는 사실행위로서

---

1) 선거인명부·토지대장·가옥대장·임야대장·하천대장 등을 원부에 등재하는 것을 말한다.

의 통지와도 구별되어야 한다.

3) 종 류

통지에는 과거에 어떤 특정한 사실이 있었다는 것을 알리는 관념의 통지(예컨대, 당연퇴직의 통보, 귀화의 고시, 특허출원의 공고 등)와 앞으로 어떤 행위를 하겠다는 행위자의 의사를 알리는 의사의 통지(예컨대, 납세독촉, 대집행계고) 등이 있다.

4. 수 리

1) 의 의

수리라 함은 행정청이 타인의 행위를 유효한 행위로서 받아들이는 행위를 말한다. 수리[1]는 단순한 사실인 도달 또는 접수와는 달리 행정청이 타인의 행위를 유효한 행위로 판단하여 수령하는 수동적 의사행위이다. 예컨대, 사직원의 수리, 혼인신고 수리, 행정심판청구서의 수리, 소장의 수리 등이 이에 해당한다.

2) 효 력

수리의 효과는 개별법이 정하는 바에 따라 다르다. 예컨대, 혼인신고의 수리는 혼인성립이라는 사법(私法)상의 효과가 발생하고, 소장의 수리는 법원에 심리절차개시의 의무를 지게 하는 공법상의 효과가 발생한다.

3) 수리거부와 행정구제

수리의 거부행위, 즉 각하는 행정청의 불수리의 의사표시이며 소극적 행정행위로서, 이에 대하여는 행정쟁송이 가능하다. 또한 수리거부로 인하여 손해가 발생한 경우에는 행정상 손해배상이 가능하다 할 것이다.

1) 신고와 수리와의 관계를 보면 신고는 원칙적으로 행정청(경찰관청)에 대한 사인의 일방적 통고행위이기 때문에, 행정청(경찰관청)의 별도 수리행위가 필요하지 않다. 수리를 요하지 않는 신고는 그 자체로서 일정한 법적 효과가 발생하며, 예외적으로 신고도 수리를 요하는 경우가 있다.

제 4 절 행정행위의 부관

Ⅰ. 개 설

1. 부관의 의의

행정행위의 부관[1]이라 함은 '행정행위의 효과를 제한하기 위하여 주된 의사표시에 부가되는 종(從)된 의사표시'로 정의하는 것이 종래의 통설이다. 그러나 최근 이러한 통설과는 달리 행정행위의 부관이란 '행정행위의 효과를 제한 또는 보충하기 위하여 주된 행위에 부과된 종된 규율'이라고 설명하는 유력한 견해가 대두하고 있다. 이와 같은 견해의 대립은 '효과의사 표시를 요소로 하지 않는 준법률행위적 행정행위에 부관을 붙일 수 있는가'라는 문제와 직결되어 있다.

2. 부관의 기능

1) 순 기 능

(1) 행정행위의 부관은 행정청으로 하여금 구체적 사정에 적합한 행정을 할 수 있도록 유연성을 부여해준다. 예컨대, 건축허가신청이 이웃집과의 법정거리를 두지 않은 경우, 이웃집과의 법정거리를 두기 위하여 필요한 토지를 취득할 것을 조건으로 하여 건축허가를 하는 경우 등이다.

(2) 부관을 붙여 허가를 발급함으로써 신청을 거부한 경우에 생기는 재신청과 재심사를 생략할 수 있어 행정에 대한 신속성(절차적 경제효과)을 도모할 수 있다. 예컨대, 허가요건의 불충족을 이유로 허가신청자가 허가를 거부당하게 될 경우, 허가를 기대하여 사전에 투자할 자본에 대한 손실을 방지할 수 있다.

(3) 공익 및 제 3 자의 이익보호를 위하여 중대한 의미를 지닌다. 예컨대, 영업허가 등의 부관에서는 미풍양속과 환경보호를 위한 수단이 되기도 하고, 계획행정에 있어서의 부관은 제 3 자의 권익침해 방지를 위한 순기능적 역할을 하기도 한다.

---

1) 예컨대, 형질변경허가를 하면서 허가신청을 한 토지 위에 도로를 개설하기 위하여 폭 4m의 도로부지를 내놓도록 했다면, 형질변경에 대한 승인은 주된 의사표시이고, 도로부지를 기부채납하도록 하는 것은 종된 의사표시이다. 이 중 종된 의사표시(폭 4m의 도로부지)는 주된 의사표시의 효력을 제한하기 위해서 붙이는 것으로 이를 부관이라 한다.

2) 역 기 능

(1) 해제조건, 종기, 철회권의 유보 등과 같은 부관이 남용되는 경우 상대방은 중대한 불이익을 받게 된다. 예컨대, 새로운 사정이 발생하여 행정행위를 철회하는 경우에는 보상을 행해야 함은 당연하다. 그러나 해제조건이 부가된 행정행위에 있어서 해제조건을 충족하는 경우에는 보상없이 철회할 수 있게 된다.

(2) 수익적 행정행위에 대한 반대급부 획득의 수단으로서 '부담'이 행정편의에 치우쳐서 행해지는 경우 문제가 된다.

Ⅱ. 부관의 종류

1. 조 건

조건이란 행정행위의 효력의 발생 또는 소멸을 장래의 불확실한 사실에 의존하게 하는 행정청의 의사표시를 말한다. 조건에는 정지조건과 해제조건이 있다.

정지조건은 조건이 성취되면 당연히 효력이 발생한다. 예컨대, 도로확장을 조건으로 하는 자동차운수사업면허, 재해시설완비를 조건으로 하는 도로사용허가, 시설완비를 조건으로 하는 사립학교설립허가의 경우와 같이 설립인가의 효력이 일단 정지되었다가 시설이 완비되면 비로소 설립인가의 효력이 발생하는 경우를 정지조건이라 한다. 해제조건은 조건이 성취되면 당연히 효력이 소멸한다. 예컨대, 6월 이내에 공사착수를 조건으로 하는 공유수면매립면허의 경우는 일단 효력이 발생하였다가 만약 6월 이내에 공사착수를 하지 않으면 면허의 효력이 해제되는 경우 또는 일정한 기간 내에 시설완성을 하지 않으면 실효할 것을 조건으로 한 대학설립인가 등이 그 예이다.

2. 기 한

기한[1]이란 행정행위의 효력의 발생 또는 소멸의 도래가 확실한 장래의 사실에 의존케 하는 행정청의 의사표시를 말한다. 기한에는 확정기한과 불확정기한, 시기와

1) '기한'은 행정행위의 효력의 발생 또는 소멸을 '발생이 확실한 장래의 사실'에 의존하게 하는 행정청의 의사표시이기 때문에 행정행위의 효력의 발생 또는 소멸을 '발생이 불확실한 장래의 사실'에 의존하게 하는 '조건'과 구별된다. 행정법관계를 오랫동안 불확정상태에 두게 되면 공익을 해칠 우려가 있기 때문에 조건부 행정행위의 예는 비교적 적다.

종기가 있다. ① 확정기한이란 도래할 것이 확실함은 물론 도래하는 시기까지 확실한 기한을 말한다. 예컨대, 몇 년 몇 월 며칠부터, 몇 년 몇 월 며칠까지 허가한다는 경우 등이 이에 해당한다. ② 불확정기한이란 도래할 것은 확실하나 도래시기가 확정되어 있지 않은 기한을 말한다. 예컨대, 갑이 죽을 때까지 연금을 지급한다는 경우 등이 이에 해당한다. ③ 시기는 기한이 도래함으로써 행정행위가 당연히 효력을 발생하는 경우이다. 예컨대, 몇 년 몇 월 며칠부터 도로사용을 허가한다는 경우 등이 이에 해당한다. ④ 종기는 기한이 도래함으로써 행정행위가 당연히 효력을 소멸하는 경우이다. 예컨대, 몇 년 몇 월 며칠까지 도로사용을 허가한다는 경우 등이 이에 해당한다.

3. 부 담

부담이라 함은 행정행위의 주된 의사표시에 부가하여 그 효과를 받는 상대방에게 작위, 부작위, 급부, 수인의무를 명하는 행정청의 의사표시를 말한다. 이는 주로 허가, 특허 등과 같은 수익적 행정행위에 붙여지는 것으로 부관 중 실제로 가장 많이 활용되고 있다. 예컨대, 영업허가 시 종업원의 건강진단 의무를 부과하는 것과 같은 각종 준수의무 부과, 도로점용허가 시 점용료의 납부를 명하는 것, 공원사용허가 시 청소의무, 가무금지, 사용료납부 의무 등을 부가하는 것이 이에 해당한다.

부담은 주된 행정행위에 종속되기는 하나 다른 부관과는 달리 그 자체가 독립된 하나의 행정행위로서 성질을 갖는다. 따라서 상대방이 부담을 통해서 부과된 의무를 이행하지 않을 때에는 부담이행을 위하여 단독으로 강제집행할 수 있으며, 부담이 위법한 경우에는 이 부담만을 따로 떼내어 행정쟁송의 제기도 가능하다.

4. 철회권의 유보

철회권의 유보라 함은 행정행위의 주된 의사표시에 부가하여 장래에 일정한 사유가 있는 경우에 행정행위를 철회할 수 있는 권리를 미리 유보하는 행정청의 의사표시를 말한다. 예컨대, 공기업 특허를 내주면서 특허명령서에 따른 내용을 위반하면 특허를 취소한다는 부관 등이 그 예이다. 철회권의 유보(취소권의 유보)는 해제조건과 유사하나, 해제조건은 조건의 성취로 당연히 효력이 소멸되나, 철회권이 유보된 경우에는 행정청의 철회라는 의사표시가 있어야만 효력이 소멸된다는 점에서 구별된다.

5. 법률효과의 일부 배제

법률효과의 일부 배제라 함은 행정행위의 주된 내용에 부가하여 그 법적 효과 발생의 일부를 배제하는 행정청의 의사표시를 말한다. 이것은 법령상 규정되어 있는 효과를 일부 배제하는 것이라는 점에서 관계법령에 명시적 근거가 있는 경우에만 허용된다 할 것이다. 예컨대, 택시영업허가를 내주면서 격일제 운행을 부관으로 정하는 경우, 또는 운동장 사용을 허가하면서 일부분의 사용을 금지시키는 것 등이 있다.

Ⅲ. 부관의 한계

1. 부관을 붙일 수 있는 행정행위

통설적 견해에 따르면 행정행위의 부관은 그 성질상 법률행위적 행정행위에만 붙일 수 있고, 준법률적 행정행위는 법률의 규정에 의하여 그 효과가 발생하므로 행정청의 의사표시인 부관을 붙일 수 없다고 본다. 다만, 준법률행위적 행정행위와 기속행위인 경우에라도 법령에 부관을 붙일 것을 인정하는 수권규정이 있을 때에는 가능하다고 본다.

부관은 법률행위적 행정행위 중에서도 재량행위에만 붙일 수 있고, 기속행위에는 부관을 붙일 수 없다는 것이 통설적 견해이며, 판례의 입장이다. 다만 기속행위의 경우에도 법률요건충족적 부관[1]은 허용된다는 것이 일반적 견해이다. 또한, 재량행위에 있어서도 성질상 부관이 허용되지 아니하는 귀화허가 등은 포괄적 신분설정행위이므로 부관이 허용되지 않는다.

2. 부관의 한계성

행정행위의 부관이 허용되는 한계는 각 행정행위의 성질과 내용에 따라 구체적·개별적으로 판단할 문제이나 일반적인 한계는 다음과 같다. 부관은 법령(헌법·법률 등)에 위반하지 말아야 하며, 평등·비례의 원칙에 적합하고 해당 행정행위가 추구하는

---

1) 법률요건충족적 부관이라 함은 상대방의 영업허가신청 또는 특허신청시 관계법이 정하는 허가요건 중에서 비교적 경미한 일부 요건을 충족하고 있지 못한 경우에는 일단 허가 또는 특허를 발급하고, 법령이 요구한 요건 중 미비된 사항을 나중에 갖추도록 붙이는 부관을 말한다.

목적의 범위를 일탈해서는 안 된다.

Ⅳ. 하자있는 부관과 행정행위의 효력

1. 무효인 부관과 행정행위의 효력

행정행위의 부관이 하자가 중대하고 명백하여 당연 무효인 경우에 주된 행정행위의 효력이 어떻게 되는가에 관하여는 견해가 대립하고 있다.

부관의 무효는 행정행위에 아무런 영향을 미치지 않고 부관만이 무효로 된다는 견해와 부관이 무효이면 본체인 주된 행정행위도 무효가 된다는 견해가 존재하나 통설과 판례는 부관이 무효인 경우의 행정행위는 원칙적으로 부관없는 행정행위로 효력이 발생하고, 다만 부관이 중대하여 그것이 없었더라면 그 행정행위를 하지 않았으리라고 명백히 인정될 때에는 행정행위 자체가 무효가 된다고 본다.

2. 취소할 수 있는 부관과 행정행위의 효력

부관이 위법으로 취소할 수 있음에 불과한 때에는 취소되기까지는 유효한 부관부 행정행위이고, 취소가 확정된 경우에는 무효인 부관과 동일하다.

Ⅴ. 하자있는 부관과 행정쟁송

부관이 위법한 경우에 부관만을 따로 떼어서 쟁송의 대상으로 할 수 있는지(독립쟁송가능성), 부관만을 분리하여 취소할 수 있는지(독립취소가능성)가 문제가 된다. 대법원은 일관되게 부관은 독립하여 행정쟁송의 대상이 되지 않으며, 부관중 부담만이 예외적으로 그 자체 독립성·처분성이 인정되어 부담 그 자체로서 독립하여 행정쟁송의 대상이 될 수 있다는 견해를 취하고 있다.

부관이 무효인 경우의 행정행위의 효력(대판 1985. 7. 9, 84누604)

대법원은 "도로점용허가의 점용기간은 행정행위의 본질적 요소에 해당하는 것이어서 부관인 점용기간을 정함에 위법이 있으면 도로점용허가 전부가 위법이 된다"고 판시하고 있다.

제 5 절 행정행위의 성립요건과 효력발생요건

Ⅰ. 개 설

행정행위가 적법하게 성립하여 효력을 발생하려면 법규가 요구하는 성립요건과 효력발생요건을 갖추어야 한다. 행정행위가 성립요건을 구비하지 못하면 그 정도에 따라 무효가 되거나 취소가 된다. 또 성립요건을 갖추어도 효력발생요건을 구비하지 못하면 그 효력은 발생하지 않는다.

Ⅱ. 성립요건

1. 내부적 성립요건

행정행위는 주체·내용·절차·형식에 있어 법정요건에 적합하여야 하고 공익에 적합하여야 한다.

1) 주체에 관한 요건

정당한 권한을 가진 행정청이, 권한 내의 사항에 관하여, 정상적인 의사에 기하여 행하여진 행위라야 한다.

2) 내용에 관한 요건

행정행위는 그 내용에 있어서 법률상·사실상 실현가능하고, 객관적으로 명확해야 하며, 법과 공익에 적합하여야 한다.

3) 절차에 관한 요건

행정행위는 법률에 정해진 일정한 절차를 거쳐서 행하여져야 한다. 따라서 상대방의 신청, 동의, 이해관계인의 참여·협의, 필요한 공고 또는 통지 등 소정의 절차를 거쳐야 한다.

4) 형식에 관한 요건

행정행위는 일반적으로 불요식행위가 원칙이나, 요식행위인 경우 문서에 서명·날인 등 기타 소정의 형식을 갖추어야 한다(예컨대, 정부공문서규정 등).

2. 외부적 성립요건

행정행위가 성립하려면 내부적 성립요건 외에 외부에 표시되어야 비로소 성립한다. 따라서 행정내부에서의 결정[1]이 있는 것만으로는 행정행위가 성립하였다고 할 수 없다.

Ⅲ. 효력발생요건

1. 원 칙

행정행위는 법규 또는 부관에 의한 제한이 있는 경우를 제외하고는 성립과 동시에 효력을 발생하는 것이 원칙이다.

2. 상대방의 수령을 요하지 않는 행정행위

상대방이 수령을 요하지 않는 경우(통행금지해제 등), 즉 행정행위의 상대방이 불특정 다수인인 경우의 고지는 공고에 의하고 특별한 규정이 없으면 공고 후 5일이 경과하면 도달된 것으로 보아 효력이 발생한다.

3. 상대방이 수령을 요하는 행정행위

1) 도달주의

상대방에 대한 수령을 요하는 행정행위는 상대방에게 고지(통지)되어 도달되었을 때 효력이 발생한다. 고지(통지)의 방법은 서면이나 구술통지 등 원칙적으로 제한이 없다. 송달은 다른 법령에 특별한 규정이 있는 경우를 제외하고는 수신자에게 도달함으로써 그 효력을 발생한다.

상대방이 수령을 요하는 행정행위의 효력발생요건(대판 1996. 12. 20, 96누9799)

대법원은 "상대방이 있는 행정처분에 있어서는, 달리 특별한 규정이 없는 한 그와 같은 처분을 하였음을 그 상대방에게 서면으로 고지하여야만 그 상대방에 대하여 그와 같은 행정처분의 효력이 발생한다"고 판시하고 있다.

---

1) 예컨대, '징계위원회의 의결'처럼 행정기관 내부의 의사결정만으로는 행정행위가 성립된 것으로 볼 수 없고 외부에 표시되어야 한다.

2) 효력발생

(1) 통지(고지)는 요식행위에 있어서는 문서로써, 기타의 경우는 구두로써 행하며, 상대방이 요지할 수 있는 상태에 놓였을 때 도달된 것으로 보며 상대방이 현실적으로 그 내용을 숙지할 것을 요하지 않는다.

(2) 송달 받을 자의 주소를 통상의 방법으로 확인할 수 없는 경우, 송달이 불가능한 경우에는 송달 받을 자가 알기 쉽도록 게시판·관보·공보·일간신문 중 하나 이상에 공고하고 인터넷에도 공고하여야 한다. 이 경우에는 다른 법령 등에 특별한 규정이 있는 경우를 제외하고는 공고일로부터 14일이 경과한 때에 그 효력이 발생한다.

(3) 정보통신망을 이용하여 전자문서로 송달시 수신자가 전자문서를 수신할 컴퓨터를 지정한 경우에는 지정한 컴퓨터에 입력되었을 때, 수신자가 전자문서를 수신할 컴퓨터를 지정하지 아니한 경우에는 수신자가 관리하는 컴퓨터에 입력된 때에 도달된 것으로 본다(정보통신망 이용촉진 및 정보보호 등에 관한 법률 제19조).

Ⅳ. 행정행위의 요건불비의 효과

1. 하자있는 행정행위

행정행위가 성립요건을 갖추지 못한 경우에는 하자있는 행정행위가 되고, 성립요건을 갖추었으나 효력발생요건을 갖추지 못하면 행정행위로서 효력이 발생하지 않는다.

2. 불비(不備)의 효과

1) 부 존 재

행정행위의 성립요건이 결여되거나 행정행위가 아직 외부에 표시되지 않은 내부적 의사에 불과하여, 외관상 행정행위라 할 만한 행위가 존재하지 아니한 경우 이를 행정행위의 부존재라 한다.

2) 무　　효

외관상 행정행위로서 존재하고 있음에도 불구하고 그 하자가 중대하고 명백하여 처음부터 그 법률적 효과가 전혀 발생할 수 없는 경우는 무효이다.

3) 취　　소

행정행위가 그 성립에 중대하고 명백한 하자 이외의 하자로 인하여 권한 있는 기관이 그 법률상의 효력을 원칙적으로 소급하여 소멸시키는 행정행위를 취소라고 한다.

4) 효력의 불발생

행정행위가 성립요건을 완전히 갖춘 경우에도 고지(통지) 등 효력발생요건을 갖추지 못한 경우에는 그 효력이 발생되지 못한다.

제 6 절 행정행위의 효력

Ⅰ. 개 설

1. 행정행위의 개념

행정행위의 개념에 관하여 최광의설, 광의설, 협의설, 최협의설 등 여러 견해가 있으나, 통설·판례는 최협의설로 '행정주체가 법 아래서 구체적 사실에 관한 법집행행위로서 권력적 단독행위인 공법행위'라고 정의하고 있다.

2. 행정행위의 효력

행정행위가 유효하게 성립하고 효력발생요건을 갖추게 되면 일정한 효력이 발생하게 되는데, 그 효력은 개개의 행정행위의 효력에 따라 다르나 일반적으로 구속력, 공정력, 확정력(존속력), 집행력 등이 인정된다.

Ⅱ. 구 속 력

행정행위가 유효하게 성립되면 그 내용에 따라 행정청 및 상대방, 기타의 관계자를 구속하는 힘을 가지는데 이를 행정행위의 구속력이라 한다. 이 구속력은 행정행위의 다른 효과와는 달리 모든 행정행위에 당연히 인정되는 효력이며 가장 기본이 되는 효력이다.

Ⅲ. 공 정 력

공정력은 행정행위가 비록 그 성립에 하자가 있을지라도 그 하자가 중대하고 명백하여 당연무효인 경우를 제외하고는 일단 적법·유효하다는 추정을 받으며, 권한 있는 기관에 의하여 취소·변경되기 전까지는 누구도 이를 부인하지 못하는 힘을 말한다.

Ⅳ. 확정력(존속력)

행정행위는 불가쟁력과 불가변력을 가지는데 이를 행정행위의 확정력 또는 존속력이라고 한다.

1. 불가쟁력

불가쟁력이라 함은 일정한 기간을 경과하거나 쟁송수단을 다 거친 때에는 행정행위의 상대방 및 기타 관계인이 행정행위의 효력을 더 이상 다툴 수 없게 하는 구속력을 말한다. 예컨대, 위법한 영업정지처분을 받았을 경우에도 이 처분을 안 날부터 90일, 처분이 있은 날부터 1년이 경과하면 더 이상 이를 취소해 달라는 행정소송을 제기할 수 없게 되는 것을 말한다.

2. 불가변력

행정행위에 하자가 있으면 처분청의 직권 또는 상급감독청의 감독권 발동에 의하여 이를 취소·변경·철회할 수 있는 것이 원칙이나, 예외적으로 행정행위 중에는 일정한 경우에 행정청 자신도 직권으로 자유로이 그를 취소·변경·철회할 수 없는 효력을 불가변력이라고 한다.

3. 불가쟁력과 불가변력의 관계

1) 차 이 점

불가쟁력은 상대방 및 이해관계인을 구속하고, 불가변력은 행정청 자신을 구속한다. 또한 불가쟁력은 원칙적으로 무효 아닌 모든 행정행위에 발생하나, 불가변력은 특정 행정행위에만 발생한다. 그리고 불가쟁력은 절차법적 효력인데 반해, 불가변력은 실체법적 효력이다.

2) 양자의 관계

양자는 전혀 별개의 효력으로 상호 독립적이다. 따라서 불가쟁력이 발생하더라도 불가변력이 발생하지 않는 한 행정청은 직권으로 취소·변경이 가능하다. 반면 불가변력이 발생하더라도 불가쟁력이 발생하지 않는 한 행정행위의 상대방은 쟁송절차에 따라 이를 다툴 수 있다.

V. 강 제 력

강제력이라 함은 행정행위의 실효성을 확보하기 위하여 행정의사에 불복하는 자에게 행정상 강제집행(자력집행력)을 하거나 행정법상 제재(제재력)를 가하여 그 의무를 실현시키는 힘을 말한다.

1. 자력집행력

행정행위에 따른 의무를 이행하지 않은 자에 대하여 행정기관이 행정행위의 내용을 실현할 수 있는 강제력을 자력집행력이라 한다. 그 구체적 수단으로 행정상 강제집행이나 즉시강제 등이 사용된다.

2. 제 재 력

행정법관계에서 상대방이 행정상 의무를 위반한 경우에는 그에 대한 제재로서 행정벌이나 행정질서벌 등의 제재가 가해지는데 이를 제재력이라 한다.

제 7 절 행정행위의 하자

Ⅰ. 개 설

1. 하자의 의의

행정행위가 그 성립요건과 효력발생요건을 결여하여 적법·유효하게 성립하지 못한 경우를 하자있는 행정행위[1]라 한다. 하자있는 행정행위는 법에 반하여 행해지는 위법행위와, 공익실현에 가장 적합한 것으로는 판단되지 않는 경우인 부당행위(공익위반행위)로 나눠며, 이러한 행정행위는 무효원인인 하자와 취소원인인 하자로 나누어 볼 수 있다.

2. 하자의 태양

1) 무효인 행정행위

무효인 행정행위는 외관상 행정행위로서 존재함에도 불구하고 그 하자가 중대하고 명백하여 권한 있는 기관의 취소를 기다릴 것도 없이 처음부터 당연히 법률효과가 발생하지 않는 것을 말한다.

2) 취소할 수 있는 행정행위

취소할 수 있는 행정행위는 그 성립에 중대하고 명백한 하자 이외의 하자가 있음을 이유로 권한 있는 기관(처분청, 감독청, 법원 등)에 의하여 취소됨으로써 비로소 그 효력을 상실하게 되는 행정행위를 말한다.

3) 행정행위의 부존재

행정행위의 부존재란 행정행위라고 볼 수 있는 외형상의 존재 자체가 없는 경우를 말한다. 부존재에 해당하는 예로는 ① 행정기관이 아닌 명백한 사인의 행위, ② 행정권의 발동으로 볼 수 없는 권유·주의·희망표시 등의 행위, ③ 행정기관 내부의 의사결정이 있었을 뿐 아직 외부에 표시되지 않은 경우, ④ 취소·철회·실효 등으로 소멸한 경우 등이 있다.

Ⅱ. 무효인 행정행위와 취소할 수 있는 행정행위의 구별

1. 무 효

무효인 행정행위는 외관상으로는 행정행위로서 존재하나 처음부터 전혀 법적 효과를 발생하지 않는 행위를 말한다. 따라서 누구나 그 독자적 판단과 책임하에서 무효임을 주장할 수 있다.

---

1) 다음과 같은 것은 행정행위의 하자가 아닌 사항이다. ① 단순히 잘못된 기록과 잘못된 계산값은 명백한 잘못들, ② 기타 행정행위의 표현상 명백한 오류 등. 이들에 대해서는 특별한 법령상 규정이나 형식, 절차 없이도 당사자의 신청이나 직권으로 언제나 정정할 수 있으므로, 행정행위의 하자로 다루지 않는다.

2. 취 소

취소할 수 있는 행정행위는 행정행위에 하자가 있음에도 불구하고 권한 있는 기관이 그것을 취소함으로써 비로소 행정행위로서의 효력을 상실하게 되는 행정행위를 말한다.

3. 구별기준

무효인 행정행위와 취소할 수 있는 행정행위는 그의 효력 및 쟁송수단 등을 달리하므로 그에 대한 구별기준을 찾아볼 필요가 있다. 여기서 무효사유와 취소사유의 한계를 어떻게 설정하느냐의 문제는 행정법관계의 안정성과 상대방의 권리구제라는 두 가지 이념을 어떻게 조화시킬 것인가에 있다.

Ⅲ. 행정행위 하자의 승계

하자의 승계라 함은 두 개 이상의 행정행위가 연속적으로 행하여지는 경우에 선행행위에 하자가 있으면 후행행위에 하자가 없더라도 선행행위의 하자가 후행행위에 승계되는 경우를 말한다. 하자의 승계는 선행행위가 불가쟁력이 발생하여 그 효력을 더 이상 다툴 수 없게 되고 후행행위 자체에는 아무런 하자가 없는 경우에 그 선행행위의 하자가 승계되었음을 이유로 후행행위 효력을 다툴 수 있게 된다는 점에서 하자승계론의 논의의 실익이 있다.

선행행위가 당연무효인 경우 후행행위의 효력(대판 1996. 6. 28, 96누4374)

대법원은 "선행행위가 부존재하거나 무효인 경우에는 그 하자는 당연히 후행행위에 승계되어 후행행위도 무효로 된다고 할 것이다"라고 판시하고 있다.

Ⅳ. 하자있는 행정행위의 치유와 전환

행정행위의 성립에 하자가 있는 경우에는 그 하자의 정도에 따라 무효 또는 취소할 수 있음이 원칙이다. 그러나 이러한 행정행위의 하자론의 예외로서 치유와 전환은 그 성립에 하자가 있는 위법한 행정행위라 할지라도 적법한 행정행위로서 그 효력을 유지시키거나, 다른 행위로 전환하는 것이 상대방의 신뢰보호, 행정법관계의 안정성 및 행정행위의 불필요한 반복을 피할 수 있는 이점이 있다.

하자의 치유라 함은 취소할 수 있는 행정행위가 일정한 사유가 있는 경우, 그 하자에도 불구하고 '하자없는 유효한 행정행위'로 되어 행정행위의 효력을 다툴 수 없게 되는 것을 말한다. 즉, 하자의 치유로써 행정행위는 완전하게 적법·유효한 행위가 된다.

또한 무효인 행정행위의 전환이란 원래 행정청이 의도했던 행정행위로서는 무효이나, 다른 행정행위로서는 성립·효력요건을 갖추고 있는 경우에는 행정청의 의도에 반하지 않는 한 유효한 다른 행정행위로 전환하는 것을 말한다.

제 8 절 행정행위의 무효

Ⅰ. 의 의

행정행위의 무효라 함은 외형상 행정행위로서 존재하고 있음에도 불구하고 그 하자가 중대하고 명백하여 처음부터 당연히 그 법률적 효과가 전혀 발생하지 않는 행정행위를 말한다.

Ⅱ. 무효와 취소의 구별

1. 개 설

양자의 구별에 관하여 통설·판례는 중대명백설이며, 무효는 중대하고 명백한 법규위반으로 처음부터 행정행위로서 효력이 발생치 않는 반면, 그대로 놓아두면 유효한 행정행위를 권한 있는 기관의 취소에 의해 효력을 소급하여 소멸시키는 행위인 취소와 구별된다.

2. 구별의 필요성

양자의 구별의 필요성은 주로 그 효력을 다투는 쟁송절차와 관련하여 실익이 있다.

① 취소할 수 있는 행정행위는 쟁송제기 기간, 소원전치주의의 엄격한 제한에 의한 취소소송에 의해서만 가능하나, 무효인 행정행위는 처음부터 효력이 없으므로 제

한을 받지 않고 무효확인소송에 의해 효력을 다툰다.

② 무효인 행정행위는 민사소송에서 선결문제로 효력을 부인할 수 있고, 사정재결, 사정판결이 인정되지 않는다.

③ 하자의 치유는 취소할 수 있는 행정행위에만 인정되고, 하자의 전환은 무효인 행정행위에만 인정된다.

Ⅲ. 행정행위의 무효원인

1. 주체에 관한 하자

1) 정당한 권한을 가진 행정기관이 아닌 자의 행위

(1) 공무원이 아닌 자의 행위

공무원 결격 사유가 있음에도 불구하고 공무원에 임용된 자 또는 면직·임기만료 등으로 행위 당시에 공무원의 신분을 갖지 아니한 자들이 행한 행위는 원칙적으로 무효이다. 다만 상대방의 신뢰보호와 법적 안정성을 위해 해당 행정행위를 유효한 것으로 보아야 할 경우도 있다. 이를 사실상 공무원이론이라 하여 예외적으로 인정하고 있다. 그러나 전혀 공무원의 신분을 갖지 못했던 자의 행위는 행정행위의 부존재에 해당한다.

(2) 대리권이 없는 자, 또한 권한의 위임을 받지 아니한 자의 행위는 무효이다.

(3) 적법하게 구성되지 아니한 합의기관의 행위

예컨대, 정족수가 미달한 경우, 적법한 소집이 없었던 경우 등 그 합의기관의 행위는 무효이다.

(4) 다른 기관의 필요적 협력을 결여한 행위

예컨대, 징계권자가 징계위원회의 의결 없이 징계한 행정행위는 무효이다.

2) 행정기관의 권한 외의 행위

예컨대, 경찰서장이 조세부과처분을 하는 경우와 같이 권한 없는 기관의 행위는 무효이다. 다만, 권한은 있으나 그것이 초과된 행위는 취소사유가 된다.

3) 행정기관의 의사에 결함이 있는 행위

(1) 의사능력이 없는 자의 행위

심신상실 중의 행위(예컨대, 공무원이 심신상실 중에 행한 행위)나 저항할 수 없는 정도의 물리적 · 정신적 강제로 인한 행위는 무효이다.

(2) 제한능력자의 행위

피성년후견인 또는 피한정후견인인 공무원의 행위는 무효이다.

2. 내용에 관한 하자

1) 내용이 사실상 또는 법률상 실현 불가능한 행위

(1) 사실상 불능

과세대상과 납세의무자 확정이 잘못된 과세처분 등은 사실상 불가능한 행위이므로 무효사유가 된다.

(2) 법률상 불능

① 존재하지 않은 상대방에게 하는 행위. 예컨대, 사자(死者)에 대한 의사면허, 여성에 대한 입영명령, 존재치 아니한 법인에 대한 조세부과처분은 무효이다.

② 존재하지 않은 법률관계를 대상으로 하는 행위. 예컨대, 치외법권을 가진 자에게 과세행위처분은 무효이다.

③ 존재하지 않는 물건의 수용, 제 3 자의 재산공매처분 등은 무효이다.

2) 내용이 불명확한 행위

특정되지 아니한 건축물에 대한 철거명령, 경계를 특정하지 않은 도로결정 등은 무효사유가 된다.

3. 절차에 관한 하자

1) 법률상 필요한 상대방의 신청 또는 동의가 결여된 행위

예컨대, 동의없는 공무원 임명, 신청없는 귀화허가, 광업허가 등은 무효이다.

2) 필요한 공고, 통지없이 한 행위

예컨대, 특허출원 공고를 거치지 않은 발명특허 등은 무효사유가 되고, 적법한 공매통지 없이 시행한 체납처분 등은 취소사유가 된다.

3) 이해관계인의 참여 · 협의를 결여한 행위

예컨대, 토지소유자 · 관계인의 협의를 거치지 않고 행한 토지수용위원회의 재결 등은 원칙적으로 무효이다.

4) 필요한 공청 또는 변명의 기회를 주지 아니한 행위

청문을 거치지 않고 행한 영업허가의 취소, 변명의 기회 없이 행한 파면처분 등은 중요한 절차를 결여한 행위이므로 원칙적으로 무효사유가 된다.

4. 형식에 관한 하자

1) 필요한 서면에 의하지 않는 행위

예컨대, 독촉장에 의하지 아니한 납세독촉 등 법령상 요구되는 문서에 의하지 않고 구두상으로 행한 행위는 무효사유가 된다.

2) 행정청의 서명·날인을 결여한 행위

권한있는 기관에 의하여 행해진 것을 증명할 수 있는 서명·날인이 없는 행위는 무효이다. 예컨대, 선거관리위원들의 서명·날인 없는 선거는 무효사유가 된다.

3) 법령상의 이유 및 기타 필요적 사항을 결여한 행위

이유를 붙이지 아니한 행정심판 재결, 집행책임자를 표시하지 아니한 대집행영장 등은 무효사유가 된다. 그러나 납세고지서의 필요적 기재사항을 결한 과세처분은 무효가 아닌 취소사유이다.

Ⅳ. 무효의 효과와 무효를 주장하는 방법

1. 무효의 효과

① 행정행위가 무효이면 행정청의 특별한 의사표시를 기다릴 것 없이 처음부터 당연히 행정행위로서의 효력을 발생하지 못한다.

② 당사자, 행정청, 법원 등은 언제나 무효를 주장할 수 있고 상대방은 의무를 이행할 필요가 없다.

③ 무효인 행정행위가 일정한 요건을 갖춘 경우 무효행위의 전환이 인정된다.

2. 무효의 주장방법

1) 행정쟁송에 의한 방법

(1) 행정심판에 의한 경우

무효등확인심판에 의하여 행정행위의 무효확인을 청구할 수 있다.

(2) 행정소송에 의한 경우

① 무효선언을 구하는 의미의 취소소송

무효의 주장을 취소소송의 형식으로 하는 경우를 말한다. 대법원은 무효선언을 구하는 경우라도 취소소송의 형식을 취하는 이상 행정심판주의, 제소기간의 제한을 받는다고 보는 것이 다수설과 판례의 입장이다.

② 무효등확인소송

행정행위가 그 하자로 인하여 무효가 되는 경우 무효확인소송을 제기할 수 있으며, 이 경우에는 예외적으로 행정심판전치주의, 제소기간, 사정판결과 같은 규정이 적용되지 않는다.

(3) 민사소송에 의한 경우

행정행위가 무효라는 것을 행정소송에 의하여 직접적으로 주장하는 것이 아니고, 무효를 선결문제로 하여 민사소송을 제기하여 그 무효를 확인받는 것이다. 예컨대, 무효인 과세처분에 의하여 세금을 납부한 자가 과세처분의 무효확인소송을 제기하지 않고 곧바로 부당이득반환청구소송을 제기한 경우, 상대방은 이 소송의 선결문제로서 과세처분의 무효를 주장할 수 있다.

제 9 절 행정행위의 취소

Ⅰ. 개 설

1. 취소의 의의

행정행위의 취소라 함은 일단 유효하게 성립한 행정행위에 대하여 그 성립에 중대하고도 명백한 하자 이외의 하자가 있음을 이유로 권한 있는 기관(처분청, 감독청, 재결청, 법원)이 그 법률상의 효력을 원칙적으로 소급하여 소멸시키는 별도의 독립된 행정행위를 말한다. 이러한 의미의 취소에는 직권취소와 쟁송취소가 있다. 직권취소는 권한 있는 행정기관이 직권으로 행정행위의 효력을 상실시키는 행위로서 그 자체도 행정행위이다. 쟁송취소는 위법·부당한 행정행위로 인하여 그 권익이 침해된 자에 의한 쟁송(행정심판·행정소송)의 제기에 의하여 권한 있는 기관(재결청·법원)이 해당 행위의 효력을 소멸시키는 것이다.

2. 구별개념

1) 무효선언과의 구별

취소는 일단 유효하게 성립된 행정행위의 효력을 소멸시키는 행위인 점에서, 처음부터 무효인 행정행위임을 공적으로 확인하고 선언하는 무효선언과 구별된다.

2) 철회와의 구별

행정행위의 철회란 아무런 하자없이 유효·적법하게 성립되었으나 그 후에 발생한 새로운 사정을 이유로 그 효력을 장래에 향하여 소멸시키는 것이라는 점에서, 성립 당시의 행정행위의 하자를 이유로 행정행위의 효력을 소멸시키는 취소와 구별된다.

Ⅱ. 취소의 종류

행정행위의 취소는 그것을 구별하는 기준에 따라 여러 가지로 분류할 수 있으나, 직권에 의한 취소와 쟁송에 의한 취소가 핵심을 이루고 있다. 직권취소와 쟁송취소는 모두 행정행위의 성립상의 하자를 이유로 그 효력을 상실시키는 형성적 행위라는 점에서 공통성이 있다. 그러나 직권취소[1]와 쟁송취소 사이에는 그 취소권자와 취소권 행사의 제한, 그 취소 등에 있어 여러 가지 차이가 있다.

1. 직권취소와 쟁송취소의 구별

1) 구별의 이유

직권취소는 행정청의 직권에 의한 취소로서 독립된 별개의 행정행위이다. 그러나 법원에 의한 행정행위의 취소는 사법(司法)작용으로서의 판결이며 결코 행정행위로 분류될 수가 없다. 따라서 직권취소와 행정행위의 쟁송취소를 분명하게 구별해야 하는 이유가 여기에 있는 것이다.

2) 기본적인 성격의 차이

직권취소는 위법성을 이유로 한 적법성의 회복만이 아니고 오히려 취소행위도 하나의 행정행위로서 미래지향적으로 행정목적의 실현을 위한 수단으로 사용되는 제

---

1) 직권취소와 쟁송취소를 포함하여 광의의 '취소'라고 할 수 있다. 그러나 직권취소와 쟁송취소는 너무나 차이가 나기 때문에 오늘날 단순히 '취소'라고 하는 경우에는 '직권취소'만을 의미함이 보통이다.

도이다. 주로 수익적 행정행위가 그의 대상이 된다. 이에 대하여 쟁송취소는 법치주의를 실현하기 위하여 행정행위의 위법성을 이유로 그 효력을 소멸시켜 적법성을 회복하고 국민의 권리를 구제하는 제도이다. 취소의 대상은 부담적 행정행위이다.

3) 구체적인 양자의 차이점

(1) 의 의

직권취소는 행정청의 직권에 의한 취소를 말한다. 즉, 취소의 상대방은 아무런 신청도 안했지만 행정청이 영업허가 등이 잘못됐다고 판단한 경우 직권으로 취소하는 것을 말한다. 이에 반하여 쟁송취소는 처분을 받은 자가 이에 불복하여 쟁송을 제기한 경우 법원 등이 취소하는 것으로서 쟁송에 의한 취소를 말한다.

(2) 취소권자

직권취소권자는 행정청(처분청·감독청)이고, 쟁송취소권자는 이의신청의 경우는 처분청이, 행정심판의 경우는 재결청이, 행정소송의 경우는 법원이다. 즉, 처분청과 그 감독청, 법원, 제 3 기관(예컨대, 공무원소청심사위원회, 중앙토지수용위원회 등)이다.

(3) 취소대상

① 직권취소

직권취소의 경우는 주로 수익적 행정행위를 그 대상으로 하나 예외적으로 부담적 행정행위를 대상으로 하는 경우도 있다. 예컨대, 영업허가를 받은 자가 쟁송을 제기하여 자기의 영업허가(수익적 행정행위)를 취소해 달라는 경우는 없으므로 쟁송취소는 인정될 소지가 없다. 따라서 영업허가가 잘못된 경우에는 이를 행한 행정청은 이를 직권으로 취소할 수 있기 때문에 수익적 행정행위가 주로 그 대상이 된다.

직권취소의 경우 법적근거의 필요 유무(대판 2002. 5. 28, 2001두9653)

대법원은 "병역의무가 국가수호를 위하여 전 국민에게 과하여진 헌법상의 의무로서… 지방병무청장은 군의관의 신체등위판정이 금품수수에 따라 위법 또는 부당하게 이루어졌다고 인정하는 경우에는 그 위법 또는 부당한 신체등위판정을 기초로 자신이 한 병역처분을 직권으로 취소할 수 있다"라고 판시하고 있다.

② 쟁송취소

쟁송취소의 대상은 부담적 행정행위를 그 내용으로 한다. 예컨대, 징계처분(부담적 행정행위)을 받은 자가 이에 불복하여 쟁송을 제기하여 취소시키는 것이 원칙이므로,

쟁송취소의 대상은 부담적 행정행위이다.

(4) 취소사유

직권취소는 위법·부당 외에 구체적인 행정목적 실현을 고려하여 취소 여부를 결정하는 데 반하여, 쟁송취소는 위법성만이 취소사유가 된다.

(5) 취소권의 제한

직권취소는 상대방의 기득권 보호, 제 3 자의 신뢰보호를 위하여 취소권행사가 제한되는 경우가 많다. 이에 반하여 쟁송취소의 경우는 법률에 특별한 제한이 없는 한 부담적 행정행위에 취소사유(위법성)가 있으면 이익을 비교형량함이 없이 취소됨이 원칙이다.

(6) 취소기간

직권취소는 기간의 제한을 받지 않으나 실권의 법리가 적용되는 경우가 있다. 이에 반하여 쟁송취소의 경우는 쟁송의 제기기간이 법에 정해져 있고, 기간이 경과하면 더 이상 다툴 수 없는 불가쟁력이 발생한다.

(7) 취소의 효력

직권취소는 주로 수익적 행정행위를 대상으로 하므로 상대방에게 귀책사유가 없는 한 취소의 효과가 소급하지 않는다. 예컨대, 영업허가를 직권취소하면 취소된 이후 장래에 향해서만 그 허가의 효력이 소멸할 것이어서 그동안 발생한 수익은 그대로 유효하다. 이에 반하여 쟁송취소의 효과는 소급적으로 발생한다. 예컨대, 징계처분(부담적 행정행위)을 쟁송취소시키면 징계처분을 받지 않았던 것처럼 소급하여 그 징계처분의 효력이 소멸하는 것이다.

(8) 취소의 범위

직권취소는 영업의 정지·개선·개수명령과 같은 행정개입수단과 공통성이 있으므로 행정행위의 적극적 변경까지도 가능하다. 이에 반하여 쟁송취소는 행정소송의 경우 소극적 변경은 가능하나 적극적 변경은 할 수 없다는 것이 통설이다. 예컨대, 영업허가 취소처분을 몇 개월 영업정지처분(적극적 변경) 등으로 변경하는 것은 인정되지 않는다. 그러나 행정심판의 경우에는 소극적 변경은 물론 적극적 변경도 가능하다.

(9) 취소절차

직권취소는 특별한 절차가 없는 것이 원칙이지만 수익적 처분을 취소할 경우에는 상대방의 권익보호를 위하여 의견청취절차를 거치도록 규정하고 있다(행정절차법 제22조). 이에 반하여 쟁송취소의 경우는 행정심판법·행정소송법 등이 정한 쟁송절차에 따라 행해진다.

Ⅲ. 취소권자

하자있는 행정행위를 취소할 수 있는 권한을 가진 자로는 해당 행정행위를 한 처분청, 처분청의 감독청, 법원을 들 수 있다. 해당 행정행위를 한 행정청, 즉 처분청은 가장 원칙적인 취소권자이다. 감독청도 취소권자가 될 수 있는지에 대하여 명문의 규정(정부조직법 제11조 제 2 항)으로 인정하고 있는 경우도 있지만, 명문의 규정이 없는 경우에도 전통적인 견해는 감독청이 취소권을 갖는다고 본다. 법원은 쟁송에 의해서만 취소할 수 있다는 점에서 구별된다.

Ⅳ. 취소권의 근거

직권취소의 경우 법적 근거가 필요한가에 관하여 법치행정의 원칙에 의해서 위법한 행정행위는 당연히 취소되어야 하기 때문에 취소에는 별다른 근거를 요하지 않는다는 견해와 개별적인 명문의 근거를 요한다는 견해가 대립하고 있다.

다수설은 직권취소는 그 성립·효력요건을 갖추지 아니한 하자가 있음을 이유로 효력을 소멸시키는 것이므로 별도의 법적 근거를 요하지 아니하며, 원처분의 근거 규정만으로 직권취소가 가능하다는 것이다. 판례도 이 견해를 취하고 있다.

Ⅴ. 취소의 사유

취소사유에 관하여는 관계법에서 명문으로 규정되어 있는 경우도 있다. 그러나 그러한 규정이 없는 경우에도 그 하자가 중대하고 명백하여 무효원인에 해당하지 않는 경우에는 일반적으로 취소의 대상이 된다고 말할 수 있다. 학설 또는 판례를 통하여 취소사유로 제시되고 있는 것은 다음과 같다.

① 권한을 초과한 행위, ② 사기·강박 등으로 인하여 의사결정에 하자가 있는 행위, ③ 착오의 결과로서 위법·부당하게 된 경우, ④ 증수뢰·부정신고, 기타 부정행위에 의한 행위, ⑤ 선량한 풍속, 기타 사회질서에 위반한 행위, ⑥ 경미한 절차나 형식을 결여한 경우 등을 들 수 있다.

Ⅵ. 취소권의 제한

1. 취소권 행사의 제한

직권취소는 공익상의 목적과 상대방의 신뢰보호 및 법률생활의 안정성 등이 고려되어야 하며, 해당 행정행위를 취소함으로써 얻어지는 법적 가치와 그로 인하여 잃게 되는 법적 가치를 비교·형량하여 취소여부를 결정해야 한다.

오늘날에는 행정행위에 취소사유가 있더라도 취소권의 행사는 제한된다는 것이 일반적 견해이며, 주로 수익적 행정행위를 대상으로 하는 직권취소의 경우에 논의된다.

2. 직권취소가 제한되는 경우

1) 수익적 행정행위

허가·특허의 취소와 같이 행정행위의 취소로 말미암아 개인의 기득권을 침해하게 되는 경우에는, 그 개인의 기득권을 보호하는 것보다 더 강한 공익상의 필요 또는 제 3 자의 이익보호의 필요가 있지 아니하면 취소권의 행사가 제한된다. 수익적 행정행위에 대한 직권취소는 기속행위(기속재량행위)이다.

수익적 행정행위에 대한 직권취소는 기속재량행위(대판 1991. 4. 12, 90누9520)

대법원은 "행정처분에 하자가 있음을 이유로 처분청이 이를 취소하는 경우에도 그 처분이 국민에게 권리나 이익을 부여하는 이른바 수익적 행정행위인 때에는 그 처분을 취소하여야 할 공익상 필요와 그 취소로 인하여 당사자가 입게 될 기득권과 신뢰보호 및 법률생활안정의 침해 등 불이익을 교량한 후 공익상 필요가 당사자가 입을 불이익을 정당화할 만큼 강한 경우에 한하여 취소할 수 있는 것이다"라고 판시하고 있다.

2) 비례원칙에 의한 제한

공익과 사익을 비교·형량하여 행정행위를 취소함으로써 얻는 공익이 취소하지 않음으로써 얻는 사익보다 작은 경우에는 취소할 수 없는 것이 원칙이다.

3) 불가변력이 있는 행정행위

행정심판의 재결, 토지수용의 재결, 합격자 결정, 당선인의 결정 등 준사법적 행정행위는 불가변력이 발생하므로, 소정의 쟁송절차에 의하는 경우 외에는 행정청이 직권으로 취소할 수 없는 것이 원칙이다.

4) 포괄적 신분관계 설정행위

공무원 임명, 귀화허가와 같이 포괄적 신분관계 설정행위의 경우에는 법적 안정성의 견지에서 취소권의 행사가 제한된다.

5) 실권의 법리가 인정되는 경우

취소권자가 상당히 장기간에 걸쳐 그 권한을 행사하지 아니한 결과 장차 해당 행위는 취소되지 아니할 것이라는 신뢰가 형성된 경우에는 그 취소권은 상실된다고 할 것이다. 독일 행정절차법은 이러한 실권의 법리를 명문화하여 행정청은 취소사유가 있는 것을 안 때부터 1년이 경과하면 취소권을 행사할 수 없다고 규정하고 있다. 우리나라 현행 행정절차법은 이에 대한 규정이 없다.[1)]

실권의 법리를 인정한 예(대판 1987. 9. 8, 87누373)

대법원은 "택시운전사가 1983. 4. 5. 운전면허정지기간 중 운전행위를 하다가 적발되어 형사처벌을 받았으나 행정청으로부터 아무런 행정조치가 없이 방치되고 있다가 3년여가 지난 1986. 7. 7.에 와서 이를 이유로 가장 무거운 운전면허를 취소(철회)하는 행정처분을 하였다면 이는 행정청이 별다른 행정조치가 없을 것이라고 믿은 신뢰의 이익과 그 법적 안정성을 빼앗는 것이 된다"고 판시하고 있다.

Ⅶ. 취소의 절차

직권취소에는 특별한 절차상의 규정이 없는 것이 보통이나 수익적 행정행위의 취소에 있어서는 침익적 행정행위의 성질을 가지므로, 상대방의 이익보호 및 취소의 공정성·신중성을 기하기 위하여 상대방의 청문·변명·자문절차 등 유리한 증거의 제출 기회를 주게 되는 절차를 요구하고 있는 경우도 있다.

Ⅷ. 취소의 효과

취소는 성립 당시의 하자를 원인으로 효력을 소멸시키는 행위이므로 원칙적으로 소급하여 효력이 소멸된다. 그러나 소급효과로 기존의 법률질서를 파괴하고 상대방의 신뢰를 침해하는 경우가 발생하기도 하므로, 이 경우에는 소급효는 제한되고 장래

1) 김형중, 『경찰행정법』(서울: 경찰공제회, 2007), p.205.

에 향하여서만 취소가 가능하다고 보아야 한다. 따라서 직권취소의 효과는 일률적으로 말할 수 없으며 구체적인 이익형량에 따라 결정되어야 한다는 것이 다수설의 입장이다. 다만 판례는 직권취소의 원칙적인 소급효를 인정하고 있다.

직권취소와 쟁송취소는 성질·내용·절차가 다르므로 직권취소에는 불가변력(존속력)이나 기속력의 효과가 발생하지 않는다.

제10절 행정행위의 철회

Ⅰ. 개 설

1. 의 의

행정행위의 철회라 함은 행정행위가 아무런 하자 없이 완전 유효하게 성립되었으나, 사후에 이르러 그 효력을 존속시킬 수 없는 새로운 사정이 발생하였기 때문에 행정청이 장래에 향하여 그 효력을 상실시키는 별개의 독립된 행정행위를 말한다. 실정법상으로 대부분 취소라는 용어로 사용되는 경우도 많으나 그 성질상 양자는 서로 다른 개념이다.

2. 취소와의 구별

① 취소는 처분청·감독청·법원이 행사하는 데 대하여, 철회는 특별한 규정이 없는 한 처분청만이 행사할 수 있다.

② 취소원인은 성립상의 하자인 위법과 부당(공익위반 등)을 이유로 하는 데 대하여, 철회원인은 행정행위가 성립한 후 발생한 새로운 사정으로 행정행위의 효력을 더 이상 지속시킬 수 없는 경우이다.

③ 취소의 효과는 원칙적으로 소급하는 데 대하여 철회는 장래에 향하여만 발생한다는 점에서 양자는 구별되나, 취소의 경우에 반드시 소급적 효과가 인정되는 것은 아니다. 그러나 이들이 양자를 구별하는 절대적인 기준이 되는 것은 아니다.

Ⅱ. 철회권자

행정행위의 철회는 처분청만이 할 수 있다. 감독청은 처분청에 철회를 명할 수는 있으나, 법률에 특별한 규정이 없는 한 행정행위에 관한 철회권을 가지지 못한다.

Ⅲ. 철회권의 근거

철회사유가 존재하는 경우 그것만으로 법적 근거없이 철회권을 행사할 수 있는지의 여부에 대하여 견해가 대립하고 있다. 최근에는 철회권의 제한문제를 부담적 행정행위의 경우와 수익적 행정행위의 경우로 나누어, 부담적 행정행위의 철회에는 법적 근거를 요하지 않지만, 수익적 행정행위의 철회에는 법적 근거를 필요로 한다는 견해 등이 있다.

Ⅳ. 철회원인(철회사유)

행정행위의 철회의 원인은 행정행위가 적법하게 성립하였으나 사후에 새로운 사정이 발생하였기 때문이다. 그 구체적인 사유를 보면 ① 법령에 규정된 철회사유가 발생한 때(예컨대, 도로법상 점용허가사유위반 등), ② 해당 행정행위의 부관에 의하여 철회권이 유보된 경우, ③ 행정행위에 수반되는 법적 의무 또는 부관에 의한 의무를 위반하거나 이행치 않은 경우, ④ 사정변경으로 인하여 행정행위의 존속이 공익상 중대한 장해가 되는 경우, ⑤ 일정한 시기까지 행정행위의 내용인 권리행사나 사업착수가 없는 경우, ⑥ 행정행위의 내용인 사업·목적의 달성이 불가능하다고 판명된 경우 등을 들 수 있다.

Ⅴ. 철회권의 제한

철회권 행사의 제한은 주로 수익적 행정행위의 경우에 논의되나, 부담적 행정행위도 일정한 경우에는 제한을 받는다고 보아야 한다.

1. 부담적 행정행위의 철회

부담적 행정행위의 철회는 상대방의 불이익을 제거하는 것이므로 원칙적으로 자유롭다. 그러나 부담적 행정행위의 경우에도 예외적으로 행정행위를 존속시켜야 할 중대한 공익이 존재하는 경우 등에는 제한된다고 볼 수 있다.

2. 수익적 행정행위의 철회

수익적 행정행위의 철회는 상대방의 신뢰와 법적 안전성을 해할 우려가 있으므로 철회사유가 발생한 경우에도 조리상의 제약(비례의 원칙 등)을 받는다. 다만, 상대방에게 귀책사유가 있는 경우에는 철회하는 것이 가능하다.

Ⅵ. 철회의 절차

철회의 절차에 관한 일반적 규정은 없고 원칙적으로 처분청이 직권으로 철회할 수 있다. 다만 최근의 행정법규는 상대방의 권익보호와 철회의 공정성을 도모하기 위하여 청문, 의견진술, 변명기회의 부여, 유리한 증거제출 등 행정절차를 거치게 하는 경우가 많다. 수익적 행정행위의 철회는 행정절차법이 정하는바에 따라 의견제출 등이 보장되어야 한다.

Ⅶ. 철회의 효과

철회의 효과는 장래에 향해서만 발생하는 것이 원칙이며, 철회의 부수적 효과로서 상대방에게 관련 문서(예컨대, 허가증)나 물건의 반환을 요구할 수 있을 뿐만 아니라 원상회복·개수 등의 명령을 발할 수 있다. 그리고 철회로 말미암아 특별한 손실을 받은 자에게는 귀책사유가 없는 한 법률이 정하는 바에 따라 손실보상을 함이 원칙이다.

Ⅷ. 철회의 취소

행정행위의 철회에 하자가 있는 경우 철회의 위법을 이유로 그를 취소하여 원행정행위를 소생시킬 수 있는가의 문제로서 행정행위의 취소의 법리에 따라 논할 수 있다. 따라서 철회에 단순 취소사유인 하자가 있는 경우 이를 취소하여 원처분을 다시 소생시킬 수 있다는 것이 통설이다. 예컨대, 음주운전으로 인하여 운전면허가 취소(철회)되었으나, 실은 행위자인 경찰공무원이 착오의 결과로(음주측정량 0.03(불처벌)을 0.13으로 오인한 경우) 잘못된 경우 이 철회를 다시 취소하여, 결국 운전면허에 취소(철회)가 없는 것으로 되는 경우 등이다.

제 4 장 그 밖의 경찰작용

Police Administrative Law

제 1 절 경찰상의 사실행위

Ⅰ. 개 설

1. 의 의

경찰상의 사실행위라 함은 일정한 법률효과의 발생을 목적으로 하는 것이 아니라, 행정기관의 행위 가운데 직접적으로 사실상의 효과의 발생만을 목적으로 하는 일체의 행위형식을 말한다. 이처럼 행정법의 영역에서는 행정행위 등 행정작용의 법적 행위형식으로서 특정한 법적 효과를 발생시키는 것 이외에 사실상의 결과발생만을 의도로 하며, 어떠한 법적 효과도 발생하지 않는 사실행위가 사용되고 있는 경우가 많다.

2. 사실행위의 중요성

행정작용의 법형식은 기본적으로 사실행위와 법적 행위가 있으며, 법적 행위 중에는 명령·하명·허가가 중요한 수단이 된다. 종래에는 행정행위 중 법적 행위에 집중적인 관심을 보여 왔기 때문에 사실행위 분야는 크게 관심의 대상이 되지 않았다. 그러나 오늘날에는 사실행위 중에서도 행정강제와 같이 의무이행을 확보하기 위한 사실행위로 인하여 권익이 침해된 경우에 권리구제를 어떻게 할 것인가 하는 것이 중대한 관심분야가 되고 있다.

Ⅱ. 사실행위의 종류

1. 권력적 사실행위

권력적 사실행위는 행정기관의 일방적 의사결정에 의하여 특정의 행정상의 목적을 위해 국민의 신체·재산 등에 실력을 가하여 행정상 필요한 상태를 실현하고자 하는 사실행위를 말한다. 예컨대, 감염병환자의 강제격리, 행정상 강제집행, 행정상 즉시강제 등을 들 수 있다.

2. 비권력적 사실행위

비권력적 사실행위는 공권력적 행사를 요소로 하지 않는 사실행위를 말한다. 예컨대, 행정상 행정지도·고지·경고·통지·그리고 행정에 필요한 비품 등 관수물자의 구매 등을 들 수 있다.

Ⅲ. 경찰상 사실행위의 법적 근거와 한계

1. 법적 근거

행정상 사실행위도 조직법상의 근거가 필요하다는 점에는 의문이 없으나, 작용법적 근거까지 필요한가에 대해서는 견해의 대립이 있다.

1) 법률우위의 원칙

행정상 사실행위도 행정기관의 행위이기 때문에 법치행정의 원칙상 해당 사실행위를 행할 수 있는 권한이 조직규범에 의하여 수권되어야 한다. 즉, 법률우위의 원칙이 당연히 적용된다.

2) 법률유보의 원칙

행정상 사실행위의 요건과 관련하여 문제가 되는 것은 모든 행정상의 사실행위에 법률유보의 원칙이 적용되느냐 하는 것이다. 학설은 침해유보설, 전부유보설, 사회적 유보설 등이 있다. 다수설인 침해유보설은 행정상 사실행위에도 법률유보의 원칙이 적용되는가에 대하여 적어도 권력적 내지 집행적 사실행위의 경우에는 반드시 법률의 근거가 필요하다고 보는 견해이다.

Ⅳ. 사실행위에 대한 권리구제

1. 행정상 사실행위와 손해전보

1) 행정상 손해배상

위법한 공법상 사실행위로 손해를 입은 자는 국가배상법이 정하는 바에 따라 손해배상을 청구할 수 있다. 이에 대하여 해당 사실행위가 사법(私法)적 사실행위인 경우에는 국가배상법이 아니라 민사소송절차에 따라 배상을 청구할 수 있다. 특히 최근에는 행정기관에 의한 공적 경고나 추천[1]으로 인한 손해발생의 문제가 논의의 대상이 되고 있다.

2) 행정상 손실보상

적법한 권력적 사실행위로 인하여 특별한 희생이 발생한 경우에는 손실보상을 청구할 수 있다. 예컨대, 소방활동에 종사한 자가 사망하거나 부상을 입은 경우에는 이를 보상하는 규정 등을 들 수 있다(소방기본법 제24조 제 2 항).

2. 경찰상 사실행위와 행정쟁송

1) 권력적 사실행위

권력적 사실행위는 공권력의 행사로서 행정심판법 및 행정소송법상의 '처분'에 해당한다는 점에 대하여는 현재 이론이 없다. 그러나 권력적·집행적 사실행위는 개인의 권익을 침해하는 경우에도 비교적 단기간에 집행이 종료되는 경우가 보통이므로, 그러한 경우에는 취소소송의 대상으로 삼기에는 부적합한 경우가 많다. 즉, 이 경우에는 소익이 부정되어 당해 소는 각하되게 될 것이다. 다만, 권력적 사실행위가 장기간에 걸쳐서 행하여지는 계속적 성질을 가진 경우에는 그를 쟁송법상의 처분으로 보아 그에 대한 취소소송의 제기가 허용된다고 보는 것이 다수설·판례의 입장이다.

2) 비권력적 사실행위

비권력적 사실행위에 대하여도 사인의 적절한 권리구제수단으로 판단되는 경우에는 취소소송 등을 인정하여야 한다는 일부 견해도 있다. 그러나 판례는 처분개념을 제한적으로 해석하여 알선, 권유, 사실상의 통지 등과 같이 단순한 사실행위에는 그 처분성을 부인하고 있다.

---

1) 추천이라 함은 행정기관이 여러 종류의 물품 또는 행동 중에서 어느 하나를 추천 또는 권고하는 것을 말한다. 예컨대, 정부가 어떤 물건의 품질을 보증하는 의미의 'KS마크제'를 추천하는 경우 등이다.

3. 사실행위와 결과제거청구권

행정상 사실행위로 인하여 위법상태가 지속되는 경우에는 위법한 결과의 제거나 위법하게 수거된 물건의 반환을 청구할 수 있는 결과제거청구권을 갖는다.

단순한 사실행위의 항고소송 대상 여부(대판 1993. 10. 26, 93누6331)

대법원은 "항고소송의 대상이 되는 행정처분이라 함은 … 국민의 구체적 권리의무에 직접적 변동을 초래하는 행위를 말하고 행정권 내부에서의 행위나 알선, 권유, 사실상의 통지 등과 같이 상대방 또는 기타 관계자들의 법률상 지위에 직접적인 변동을 일으키지 아니하는 행위는 항고소송의 대상이 될 수 없다고 해석하여야 할 것이다"라고 판시하고 있다.

4. 사전적인 권리보호수단의 인정문제

행정상 사실행위에 대한 권리구제는 사전적으로 적절한 절차의 방법에 따라 통제하는 것이 바람직하다. 공법상 공적 경고나 추천 등은 홍보작용 가운데서도 가장 강한 것이므로 행정기관의 정보제공행위에 있어서는 사전에 제공되는 정보대상자인 당사자의 동의를 받게 하거나, 특정목적에 한정하도록 하는 절차적 요구 등이 필요하다고 본다.

제 2 절 비공식적 경찰작용

Ⅰ. 개 설

1. 의 의

비공식적인 행정작용이란 일정한 형식이나 절차 등이 법에 의해 정해져 있지 않은 것으로 법적 구속력을 발생하지 않는 일체의 행정작용을 의미한다. 여기에는 협상, 조정, 타협, 설득, 정보제공(공적 경고나 추천), 권고 등이 이에 포함된다.

2. 적용영역

근래의 행정의 현실을 놓고 보면 실제의 행정은 공식 행정작용에 의해서만이 아니라 비공식 행정작용에 의해서 행해지는 경우가 매우 많다(예컨대, 행정지도 등). 오늘날 비공식적 행정작용은 경찰법, 환경법, 건축법[1]등에서 주로 다루어지고 있다. 예컨대, 대규모집회신고와 관련하여 경찰관청과 주최자 사이의 교통체증문제로 인한 행진코스변경 등처럼 사전협상에 의한 경찰상 행정지도 등을 들 수 있다.

Ⅱ. 순기능과 역기능

비공식적 행정작용은 현대복리국가에서의 행정수요의 증대와 수많은 법률제약에 따른 행정의 정체현상을 방지하고, 가변적인 행정수요에 탄력적으로 대응하기 위한 방안으로 등장한 행위형식의 하나이다. 비공식적 행정작용이라는 용어조차 최근에 사용되기 시작했다. 비공식적 행정작용의 순기능과 역기능을 보면 아래와 같다.

1. 순 기 능

1) 법적 불확실성의 제거

법령의 해석·적용에 있어서 불확실성이 있는 경우에 비공식적 행정작용을 통하여 행정권과 상대방 사이의 협상·협의 등으로 법적 불확실성을 제거할 수 있다.

2) 행정의 탄력적 운용

법치행정이란 법을 기계적으로 집행하는 것에 목적이 있는 것이 아니고, 국가이익과 국민의 복리가 행정의 궁극적인 목적이므로, 그러한 목적에 맞는 행정을 탄력적으로 운용할 수 있다.

3) 행정의 능률화

당사자간의 사전논의나 상호협력을 통해 법적 분쟁·대립을 회피하고 시간·비용을 절감케 함으로써 행정의 능률성을 추구할 수 있다.

2. 역 기 능

1) 법치행정의 원리의 후퇴

비공식적 행정작용은 법이 예정하지 아니한 행위형식이기 때문에 법치행정의 기

---

1) 건축을 허가하는 당해 건축관청과 건축허가신청인의 사전접촉을 통한 인근 주민들의 민원야기해소문제, 소음, 분진해결 등에 대한 협상을 들 수 있다.

능을 약화 내지 해치게 될 가능성이 높다. 즉, 법적 안정성과 예측가능성을 확보하기가 어렵다.

2) 제 3 자의 위험부담 초래

비공식적 행정작용은 행정당국과 상대방이라는 이해관계에서 행해지고 그 전모가 외부에 노출되지 않으므로 이해관계 있는 제 3 자에게 불리하게 작용될 가능성이 있다.

3) 효과적 권리보장의 곤란

비공식적 행정작용은 사실행위로서 처분성이 인정되지 않기 때문에 행정쟁송의 대상이 되지 않으므로, 이 작용에 의해 권익을 침해받은 상대방 또는 제 3 자는 쟁송을 통한 구제를 받을 수 없다는 문제점이 있다.

4) 능률적 행정의 장애

비공식적 행정작용은 상대방과의 합의·양해 하에 행정을 능률적으로 처리하는데 기여하는 반면에, 능률적 행정에 대한 장애가 되기도 한다. 예컨대, 무허가건물 내지 노후건물의 제거를 포함하는 도시재개발사업을 하는 경우, 행정당국은 주민 등과의 마찰을 피하기 위하여 법에 정해진 공식행정작용(예컨대, 행정강제 등)에 의하기 보다는 타협·협상 등 비공식적 행정작용의 방법으로 일을 추진함으로써 결과적으로 행정의 능률적 집행을 저해하기도 한다.

Ⅲ. 법적 검토

1. 허용성 여부

비공식적 행정작용은 한마디로 법 외적 작용이므로 헌법상의 법치국가원리와 합치될 수 있는 것인가의 의문이 제기될 수도 있다. 독일의 경우 이러한 비공식적 행정작용에 대하여 부정적·비판적으로 보는 견해도 있으나, 대부분의 학자들은 일정한 유보하에 비공식적 행정작용을 긍정적으로 평가하고 있다. 우리나라 역시 법률유보에서 전부유보설을 취하지 않는 한 일정한 유보하에 비공식적 행정작용을 긍정적으로 평가해야 할 것이다.

2. 법적 근거 필요성 여부

비공식적 행정작용과 관련하여 조직법상의 근거는 필요하지만 행정작용법상의 근거는 필요하지 않는다고 보는 견해도 있다. 그러나 행정기관의 일방적 형식에 의하고 그 효과가 당사자에게 실질적으로 불이익하게 작용하는 경우(예컨대, 공적 경고로 인하여 상품이 불매되는 경우 등)에는 별도의 수권규정이 필요하다고 본다. 특히 행정상의 행정작용의 형태로 공적 경고와 같은 일방적인 비공식 행정작용이 행해지는 경우에는 위해방지라는 행정작용의 특성상 일반조항에 의한 발동도 가능하다고 본다.

3. 법적 효과

비공식적 행정작용은 행정상의 사실행위의 일종으로서 법적 구속력이 없음을 기본적 특성으로 한다. 따라서 행정청은 사실 또는 법적 여건이 변경된 경우 및 당해 사안에 대한 견해가 변경된 경우에도 합의 내용과 다른 결정을 할 수 있으며, 사인도 합의내용을 준수할 법적 의무를 지지 않는다. 다만, 강력한 행정력을 갖는 공행정의 주체로서 행정작용을 하게 되므로 비공식적 행정작용은 사실상의 구속력을 갖게 된다고 보아야 한다.[1]

Ⅳ. 한 계

1. 실체법적 한계

비공식적 행정작용은 실체법적으로 법령 및 행정법의 일반원칙(부당결부금지의 원칙, 평등원칙 등)의 한계 내에서 행하여야 하며, 법령에 위반하여 양보나 합의를 해서는 안 된다.

2. 절차법적 한계

비공식적 행정작용은 청문이나 참여권과 같은 절차적 기본권에 대한 헌법적 보장을 회피 또는 배제하기 위한 수단으로 사용해서는 안 된다.

---

1) 김형중, 전게서, p.222.

제3절 행정지도

Ⅰ. 개 설

1. 의 의

행정지도라 함은 행정기관이 행정상의 질서를 형성하기 위하여 권고, 조언, 지도, 경고 등의 방법으로 국민이나 기타 관계자의 행동을 유도하여 그 의도하는 바를 실현하기 위하여 행하는 비권력적 사실행위를 말한다. 행정작용은 권력적 작용에 의해서뿐만 아니라 비권력적 작용으로도 행하여지며, 오히려 오늘날에는 비권력적 작용인 행정지도의 중요성은 증가하고 있다.

2. 다른 개념과의 구별

① 행정지도는 단순한 사실행위에 불과하여 법적 효과가 없다는 점에서, 행정상 행정행위 등과 같이 법적 효과 발생을 수반하는 법률행위와 구별된다.

② 행정지도는 법적 구속력과 강제력을 가지지 않는 비권력적 사실행위인 점에서, 권력적 행위로서 강제력을 가지는 사실행위인 행정강제와 구별된다.

③ 행정지도는 상대방의 협력·동의 아래 행하여지는 비권력적 사실행위인 점에서, 상대방의 협력 없이 행정기관 스스로의 활동에 의해서 완결할 수 있는 행정작용과는 구별된다(예컨대, 홍보활동 등).

Ⅱ. 효용성 및 문제점

1. 행정작용의 비권력적 수단

법치행정의 원리에 따라 행정권은 원칙상 법률에 근거를 두고 발동되어야 한다. 그러나 현실적으로 끊임없이 발생하는 잡다하고 예측 곤란한 행정사실 등을 법률로 일일이 규정한다는 것은 인간의 능력으로서는 한계가 있다. 따라서 이와 같은 법률의 결여 내지는 미비점을 보완하여 행정수요에 대응하기 위한 것이 비권력적 수단인 행정지도이다. 예컨대 도로교통법에 규정하고 있지 아니한 교통안전 캠페인 및 홍보활동, 매스컴을 통한 교통정보의 제공 등에 의하여 국민 개개인을 행정목적 달성에 적합하게 행동하도록 유도하고 있는 것 등도 행정지도의 한 예로 들 수 있다.

2. 행정지도의 효용성

1) 행정기능의 탄력적 행정목적 수행

현대의 적극적 복리행정 기능의 수행을 위하여는 급속하게 변하는 행정현상에 신축적이고 탄력적으로 대응하기 위하여 행정지도가 필요하다.

2) 임의적·비권력적 수단에 의한 편의성

강제력에 의한 행정목적달성 보다는 비권력적 수단에 의하는 것이 공권력 발동으로 야기될 수 있는 마찰이나 저항을 피할 수 있는 편의성이 있다.

3) 산업정보 등의 제공

행정지도는 특히 경제적 분야에서 최신의 새로운 지식·기술·정보 등을 제공하여 줄 수 있는 적절한 수단이 되고 있다. 예컨대, 농업기술지도, 농촌진흥청의 우량모종의 보급·권장 등을 들 수 있다.

3. 행정지도의 문제점

1) 행정지도의 사실상의 강제성

행정지도는 원래 상대방의 동의 또는 임의적인 협력을 바탕으로 행하여지는 비권력적 행정작용이나, 행정주체의 우월성으로 말미암아 사실상 강제성을 띠기 쉽다.

2) 한계·책임소재 불명확

행정지도는 반드시 법적 근거를 요하는 것이 아니기 때문에 그 기준이 뚜렷하지 않아 한계를 넘어 행사하기 쉽고, 행정지도에 따른 국민에게 손해가 발생한 경우 행정기관의 책임소재조차 명백하지 않은 경우가 적지 않다.

3) 구제수단의 불완전성

행정지도는 비권력적 사실행위이므로 행정쟁송의 대상이 되기 어렵고, 손해가 발생한 경우에도 손해전보 등을 통하여 구제받기가 어렵다는 점을 들 수 있다.

Ⅲ. 행정지도의 종류

1. 법령의 근거에 의한 분류

1) 법령의 직접적 근거에 의한 행정지도

실정법상 지도·권고 등 행정지도에 관하여 규정하고 있는 경우도 적지 않다. 예컨대, 독점규제 및 공정거래에 관한 법률의 시정권고(법 제51조), 직업안정법의 직업지도(법 제14조) 등이 이에 해당한다.

2) 법령의 간접적 근거에 의한 행정지도

법령상 직접적 근거규정은 없으나, 당해 사항에 관하여 일정한 행정을 할 수 있는 근거가 있는 경우에는, 이를 근거로 사전적으로 행정지도가 이루어지는 경우도 적지 않다. 예컨대, 건축법에 의한 건물의 개수·철거명령 대신 자진철거를 권고하는 것 등이 이에 해당한다.

3) 법령의 근거없는 행정지도

행정기관이 행정지도에 관한 법규상의 수권(授權)없이 행정지도를 하는 경우로서, 행정지도의 대부분은 이에 해당한다.

2. 기능에 의한 분류

1) 규제적 행정지도

공익 또는 질서유지에 반하는 것으로 판단되는 행위·사태 등을 제거 또는 억제하기 위하여 일정한 작위·부작위를 요망 또는 권고하는 행정지도이다. 예컨대, 대규모집회 신고 시 경찰관청과 주최 측 사이의 교통체증과 관련 사전 정보제공 및 불법시위 자제촉구·경고, 불법건축물 철거·개수 권고, 자연보호를 위한 오물투기 제한 등을 들 수 있다.

2) 조정적 행정지도

이해관계의 대립 등으로 행정목적 달성에 지장을 초래할 우려가 있는 경우에 그것을 조정하기 위하여 행하는 행정지도이다. 예컨대, 노사간 협의의 알선·조정 등을 들 수 있다.

3) 조성적 행정지도

특정분야의 촉진을 위하여 관계인에게 정보·지식을 제공하는 행정지도이다. 예컨대, 생활개선지도, 장학지도, 직업지도 등을 들 수 있다.

Ⅳ. 행정지도의 원칙 및 방식

1. 행정지도의 원칙

행정절차법은 행정지도의 원칙을 명문화하고 있다.

1) 과잉금지원칙 및 임의성의 원칙

행정지도는 그 목적달성에 필요한 최소한도에 그쳐야 하고, 또한 상대방의 의사에 반하여 부당하게 강요하여서는 아니 된다는 과잉금지 및 임의성의 원칙을 명문화하고 있다(행정절차법 제48조 제 1 항).

2) 불이익의 조치금지

행정기관은 상대방이 행정지도에 따르지 아니하였다는 것을 이유로 불이익한 조치를 하여서는 아니 된다고 규정하고 있다(동법 동조 제 2 항).

2. 행정지도의 방식

행정절차법은 행정지도의 원칙뿐만 아니라, 행정지도의 방식에 대해서도 명문화하고 있다.

1) 행정지도실명제

행정지도를 하는 자는 그 상대방에게 그 행정지도의 취지 및 내용과 신분을 밝히도록 행정지도실명제를 적용하고 있다(동법 제49조 제 1 항). 또한 행정지도가 말로 이루어지는 경우에 상대방이 서면의 교부를 요구하면 특별한 지장이 없는 한 이를 교부하도록 규정하고 있다(동법 동조 제 2 항).

2) 의견제출

행정지도의 상대방은 해당 행정지도의 방식·내용 등에 관하여 행정기관에 의견을 제출할 수 있다(동법 제50조).

3) 다수인을 대상으로 하는 행정지도

행정지도의 명확성과 공평성을 확보하기 위하여 동일 행정목적으로 다수인에게 행정지도를 행하는 경우에는, 특별한 사정이 없는 한 행정지도에 공통적인 내용이 되는 사항을 공표하여야 한다(동법 제51조).

Ⅴ. 행정지도의 법적 근거와 한계

1. 법적 근거

행정지도에도 법률유보의 원칙이 적용되는가의 여부가 문제시 된다. 행정지도는 그의 성질상 비권력적·임의적 작용이기 때문에 반드시 법적 근거를 요하는 것은 아니나, 이에 대한 조직법적 근거는 필요하다. 예컨대, 법무부장관이 그 조직에 관한 사항이 아닌 외교·국방에 대한 행정지도를 할 수 없는 것과 같다.

또한 행정지도는 비권력적 작용이기 때문에 작용법적 근거 없이도 가능하다. 즉, 법률유보의 원칙이 적용되지 않는다고 보는 것이 다수설의 입장이다. 최근 입법에서 행정지도의 작용법적 근거를 두는 경우가 점차 증대되고 있으나(예컨대, 직업지도를 규정한 직업안정법 등), 이것은 행정지도에 법적 권위를 부여하고 행정관청의 책임과 수단을 명백히 하려는 뜻이라고 본다.

2. 행정지도의 한계

1) 법규상의 한계

행정지도에도 법률우위의 원칙이 적용된다. 즉, 행정지도는 그 권한 있는 기관이 권한 내에서 행하여야 하며 조직법상의 한계를 넘어서 행사되어서는 안 된다.

2) 조리상의 한계

행정지도는 비권력적·임의적인 사실행위이지만 행정주체의 행정작용이기 때문에 비례의 원칙, 평등의 원칙, 신의성실의 원칙 등 행정법의 일반 법원칙이 적용된다.

Ⅵ. 행정상의 행정지도에 대한 권리구제

1. 행정쟁송

행정지도는 상대방의 동의 또는 임의적 협력을 바탕으로 하는 비권력적 사실행위이기 때문에 일반적으로 '처분'의 성질을 가지지 않는다고 보아야 한다. 따라서 위법 또는 부당한 행정지도로 인하여 상대방의 권익이 침해당하여도 행정쟁송은 인정되지 않는다. 다만, 행정지도에 따르지 않은 것을 이유로 하여 어떤 다른 부담적 행정행위가 행하여진 경우에 그 처분의 위법·부당성에 대하여 행정쟁송을 제기할 수 있다. 예컨대, 행정청의 행정지도에 따르지 않았다는 이유로 허가나 특허를 취소하거나, 정부보조금지급을 중단하였다면 그 상대방은 이의 취소를 요구하는 행정쟁송을 제기할 수 있다.

행정지도에 대한 행정소송 인정여부(대판 1980. 10. 27, 80누395)

대법원은 "세무당국이 소외 회사에 대하여 특정인과의 주류거래를 일정한 기간 중지하여 줄 것을 요청한 행위는 권고 내지 협조를 요청하는 권고적 성격의 행위로서 소외 회사나 특정인의 법률상의 지위에 직접적인 법률상의 변동을 가져오는 행정처분이라고 볼 수 없는 것이므로 항고소송이 될 수 없다"고 판시하여 행정지도에 대한 행정소송은 인정하지 않고 있다.

2. 행정상의 손해전보

1) 손해배상

(1) 학 설

위법한 행정지도에 의한 손해에 대하여 손해배상을 청구할 수 있는지에 대하여는 긍정설과 부정설의 견해가 있다. 다수설인 부정설에 의하면 행정지도는 국가배상법상 공무원의 직무상 행위에 해당하지만, 상대방의 자유로운 판단에 따른 임의적 동의 내지 협력에 의한 것이기 때문에 손해배상청구권은 인정되지 않는 것으로 본다.

(2) 판 례

판례는 행정지도를 한 결과 손해가 발생한 경우 행정지도와 손해 사이에 인과관계나 행정지도의 위법성을 인정할 수 있다면, 국가의 손해배상을 인정한다는 입장이다. 예컨대, 행정청이 법령의 근거도 없이 책의 판매금지를 종용하였다면, 이는 불법행위를 구성할 뿐만 아니라 그 시판불능으로 입은 손해와는 상당인과관계가 있다고 하여 행정지도에 대한 국가의 손해배상책임을 인정하고 있다.

2) 손실보상

적법한 행정지도에 의하여 손실을 입은 경우, 원칙적으로 그 피해자가 자유의사에 의한 동의·승낙에 의한 것이기 때문에 그에 따른 손실보상청구권은 부인된다. 그러나 전혀 예측할 수 없었던 손실을 입은 경우 행정지도에 대한 국민의 신뢰성을 보호하기 위한 차원에서 국가가 임의적 보상을 하는 것이 바람직하다 하겠다. 예컨대, 통일벼 장려에 따라 손실을 본 농가에 대한 국가의 보상조치 등을 들 수 있겠다.

제 4 절 행정의 자동화작용

Ⅰ. 개 설

1. 의 의

행정의 자동화작용이라 함은 행정과정에서 컴퓨터 등 전자데이터장비를 투입하여 행정업무를 자동화하여 행해지는 작용을 총칭한다고 할 수 있다. 실제로 행정의 자동화작용은 경찰행정의 측면에서만 보더라도 전자신호시스템에 의한 교통신호·무인교통단속장비에 의한 교통법규위반자 단속 등과 같은 교통관리시스템의 구축·운영, 컴퓨터에 의한 교통단속결과의 처리 및 운전면허 행정처분, 전과 및 지문 등 행정정보와 기록의 보존 및 관리 등의 목적을 위하여 활용되고 있다. 이와 같이 행정의 자동화를 통하여 발하여지는 행정작용을 행정자동결정이라고 한다.

2. 근 거

우리나라도 「전자정부구현을 위한 행정업무 등의 전자화촉진에 관한 법률」을 제정하여 2001년 7월부터 시행하고, 2007년 1월 전자정부법으로 개정하여 전자정부의 시대가 막을 올리게 되었다. 이에 따라 행정절차법은 행정절차에 있어서 전자적 방식에 의한 업무처리가 가능하도록 그 근거규정을 마련하는 등 일부 법률을 개정하여 제도화하고 있다.

Ⅱ. 행정자동결정의 법적 성질

행정의 자동화작용은 특히 대량처분 등과 관련하여 시간과 노력을 절약하는 등의 필요성은 인정하지만, 반면 법률유보원칙의 적용문제, 법적 특성과 법적 형식에 관한 문제 등 여러 가지 검토되어야 할 것들이 있다.

1. 법적 성질

행정의 자동화작용에서 우선 문제가 되는 것은 행정자동결정의 법적 성질 또는 법적 형태가 행정행위성을 갖는가 하는 것이다. 즉 행정행위, 행정사실행위 등 행정의 여러 행위형식 가운데 어느 것에 해당하느냐 하는 것이다. 이는 행위형식 중 어느 것에 해당하느냐에 따라 그의 법적 효과와 행정구제수단 등이 다를 수 있기 때문이다.

1) 행정자동결정의 여러 행위형식에 따른 법적 효과

① 만일에 행정자동결정이 행정상 사실행위에 해당하게 되는 경우에는 직접적인 법적효과는 발생하지 않으며, 다만 국가배상청구권의 발생 등 간접적인 법적 효과만 발생함이 원칙이다.

② 행정자동결정이 행정행위(또는 처분)에 해당하는 경우에만 직접 그의 취소를 청구하는 내용의 행정쟁송을 제기할 수 있다.

2) 행정자동결정의 법적 성질

행정자동결정의 법적 성질은 그것이 행하여지는 구조의 분석을 통하여 알아볼 수 있다. '자동결정'이라고 하지만 근본적으로 공무원이라고 불리는 인간이 작성한 프로그램에 따라 기계가 작동함으로써, 자동적으로 구체적 조치로서의 행정자동결정이 행하여지게 된다. 이러한 의미에서 프로그램과 행정자동결정은 명령(행정규칙 포함)[1]과 행정행위의 관계를 이룬다고 볼 수 있으며, 결국 프로그램을 작성한 공무원의 행위라고 할 수 있다. 따라서 행정과정의 최종단계로서의 행정자동결정은 대부분 행정행위[2]의 성질을 가진다고 말할 수 있다.

2. 행정자동결정과 행정행위에 대한 특칙

행정자동결정도 행정행위인 이상 행정행위에 관한 일반원칙이 여기에도 적용되며 행정절차법에 따라 행해져야 하나, 다만 종전의 행정과는 다른 여러 가지 특징이 인정된다. 이와 관련하여 독일 연방행정절차법은 행정자동결정의 성립에는 보통의 행정행위가 갖추어야 하는 성립요건으로서 행정청의 서명·날인·행정행위의 이유부기, 청문에 관한 특례를 인정하고 있다. 그러나 우리나라 행정절차법은 자동화된 행정

1) 컴퓨터의 프로그램은 명령이 아니라 행정규칙으로 볼 수 있다.
2) 예컨대, 자동감응장치에 의해 가동되는 빨강·파랑·노란색의 교통신호에 따라 보행자와 운전자는 행동의 규제를 받게 되며, 만일 기계가 명하는 바에 따라 복종하지 않을 때에는 교통법규위반으로 처벌을 받게 됨이 일반적이다. 이처럼 행정자동결정은 특정 또는 불특정의 다수인에게 일정한 구체적인 법적 효과를 발생시키기 때문에 단순한 사실행위로 볼 수 없다. 또한 행정자동결정의 규율대상은 불특정다수인의 경우도 있으나 그 규율내용은 구체적인 것이므로 그것은 행정행위에 속한다고 할 것이다.

결정에 대하여 특별한 규정을 두고 있지 않다.[1]

행정자동결정과 행정행위에 대한 특칙을 살펴보면,

① 행정청의 서명·날인이 때때로 생략할 수 있다.

② 자동기계를 통해서 행정행위가 표시되는 만큼 그 내용이 일반문자가 아닌 특별한 부호로 사용되는 경우가 있다.

③ 이유제시에 관해서도 어느 정도 예외를 인정하여 생략되는 경우가 있다. 우리나라 행정절차법 제23조(처분의 이유제시)는 행정처분이 단순·반복적인 처분 또는 경미한 처분으로서 당사자가 그 이유를 명백히 알 수 있는 경우 또는 긴급을 요하는 행정자동결정에는 이유의 제시가 생략될 수 있게 하였다(행정절차법 제23조 제1항 제2호 및 제3호).

④ 행정자동결정에 있어서는 청문이 생략될 수도 있다.

Ⅲ. 행정자동결정의 하자

행정자동결정의 하자는 기계의 이상 또는 프로그램을 작성하는 관계공무원의 과실이 그 원인이 되는 것이 보통이며, 행정자동결정의 하자의 판단은 통상적인 행정행위의 하자에 관한 일반원칙에 따라 결정할 문제이다.

1. 무효 또는 취소

행정자동결정의 하자가 중대하고 명백한 경우에는 행정행위가 무효가 되며, 하자가 그 정도에 이르지 못한 경우에는 취소의 대상이 된다. 특히, 행정행위의 하자가 취소사유에 해당한다고 하더라도 당연히 취소되는 것이 아니라, 보통의 행정행위의 경우와 마찬가지로 수익적 행정행위를 대상으로 한 취소의 경우에는 신뢰보호의 원칙에 따라 그 취소권이 제한될 수 있다.

2. 직권 또는 신청에 의한 결정

행정자동결정에 오기나 오산 기타 이에 준하는 명백한 오류는 행정행위의 하자에는 해당되지 않는다. 따라서 행정청은 직권 또는 신청에 의하여 특별한 절차 없이 언제든지 정정할 수 있게 된다.

---

1) 김형중, 전게서, p.230.

Ⅳ. 위법한 행정자동결정과 권리구제

1. 위법한 행정자동결정에 의한 손해

위법한 행정자동결정에 의해 손해가 발생한 경우에는 행정상 손해배상책임의 일반적 원칙에 의해 손해배상청구가 가능하게 된다. 따라서 행정작용결정과정의 프로그램 작성과 관련하여 관계공무원의 유책의 위법행위에 기인한 경우에는 국가배상법 제 2 조(배상책임)에 의한 배상책임이 인정된다.

2. 자동기계의 설치·관리의 하자로 인한 손해

자동처리시설의 이상으로 인하여 발생한 경우에는 국가배상법 제 5 조(공공시설 등의 하자로 인한 책임)에 의한 배상책임을 인정할 수 있다.

3. 기타 공무원 등의 무과실행위로 인한 손해

공무원의 위법한 직무집행이 없거나 자동장치의 설치·관리의 하자가 없음에도 불구하고, 통행인의 교통신호기의 조작실수 등에 의하여 야기된 교통사고로 인하여 발생한 손해에 대하여 국가배상책임을 인정할 것인가가 문제시 되고 있다. 이에 대하여 국가배상책임을 인정하기 어렵기 때문에, 해결방안으로 '위험책임의 법리'를 통해서 해결하려는 견해와 '수용유사적 침해이론'에 의한 보상을 주장하는 견해가 제기되고 있다.

제 5 장 경찰행정과정의 법적 규율

Police Administrative Law

제 1 절 경찰행정절차

Ⅰ. 행정절차의 개념

1. 행정절차의 의의

이에는 광의·협의·최협의의 견해가 제기되고 있으나, 협의의 행정절차 개념이 통설적 견해이다. 협의의 행정절차는 '행정의사결정에 관한 사전절차, 예컨대 행정입법·행정계획·행정처분·행정계약 및 행정지도에 관한 사전절차'를 의미한다. 협의로서의 행정절차는 행정청이 공권력을 행사하여 행정에 관한 결정을 함에 있어 요구되는 외부와의 일련의 교섭과정을 말하는 것으로 정의하고 있다.

2. 연　　혁

1) 영·미법계

영국에서의 행정절차는 자연적 정의의 원칙[1]과 이를 보충하기 위한 제정법을 통해 발전하였고, 미국에서는 수정헌법의 적법절차조항에 기초를 두고 있다. 영·미법계는 주로 행정의 민주화, 국민의 기본권 보장을 중심으로 행정절차가 발전되어 왔다.

---

1) 자연적 정의의 원칙이라 함은 누구든지 자기의 사건에 심판관이 될 수 없다는 '편견배제의 원칙'과 누구든지 청문 없이 비난당하지 아니한다는 '쌍방원칙'의 내용을 골자로 하고 있다.

2) 대륙법계

종래의 대륙법계 국가에서는 행정의 합목적성·통일성·능률성을 중시하였기 때문에 사후적인 재심사의 길이 열려 있으면 충분한 것으로 보았다. 그러나 오늘날은 사후적인 재판의 통제에도 한계가 드러나게 됨에 따라 개인의 인권과 권익보호에 중점을 두는 행정절차가 발달하게 되었다.

3) 우리나라에서의 행정절차

우리나라에서도 행정절차에 관한 필요성이 인식되면서 개별법에 청문제도 등의 도입이 점차 늘어가고 있다.

헌법 제12조 제1항 후단의 이른바 '적법한 절차'는 형사사법권의 발동에 관한 조항이라 할지라도 그 취지는 행정절차에도 유추적용된다는 것이 다수설의 견해이다.

우리나라 행정절차법은 1996년 12월 31일 제정·공포되고 1998년 1월 1일부터 시행되었다. 그리고 행정절차법이 제정되기 전에도 개별법(예컨대, 식품위생법, 공중위생관리법 등) 등에서 청문 등 행정절차에 관한 규정을 두고 있었다. 다만, 행정절차법은 이와 같이 산재되어 있는 행정절차에 관하여 일반원칙을 규정하고 있다.

Ⅱ. 행정절차의 필요성

1. 인간의 존엄과 가치의 존중

헌법 제10조는 "모든 국민은 인간으로서의 존엄과 가치를 가진다"라고 규정하고 있다. 행정절차의 핵심은 행정이 그의 상대방에게 불이익한 일을 하고자 할 때, 미리 그러한 사실을 알리고 상대방이 스스로를 방어할 수 있는 기회를 제공하는 데 있다. 이처럼 '자기를 방어할 수 있는 기회'를 사전에 주는 행정절차는 바로 인간의 존엄과 가치를 존중하는 제도이다.

2. 행정의 민주화

행정과정에 청문 등 이해관계인의 참여기회를 부여함으로서 행정작용의 민주화와 적정화를 기하고 있다. 우리의 행정절차법 제1조는 "이 법은 행정절차에 관한 공통적인 사항을 규정하여 국민의 행정참여를 도모함으로써 … "라고 규정하고 있는데, 이는 행정절차가 '국민의 행정에의 참여'라는 민주주의의 원칙과 직결되는 것임을 잘 나타내 주고 있는 것이다.

3. 행정의 능률화

행정절차는 행정능률과 양립할 수 없는 개념이라고 오해할 수도 있다. 그러나 복잡·다양한 행정작용에 통일적 기준을 절차적으로 표준화함으로써 오히려 행정작용을 간이·신속하게 하고 분쟁을 사전에 예방하게 하여 행정의 능률화에 이바지하게 된다. 다만, 과도한 행정절차의 적용은 행정의 능률과 신속성을 저해하는 요인이 될 수도 있다.

4. 사전적 권리구제

사후적 권리구제는 한번 권리가 침해되면 완전한 회복을 기대하기가 어렵고 절차적으로 많은 시간과 비용을 필요로 하게 한다. 따라서 사전에 행정절차를 통하여 이해관계인의 참여를 보장함으로써 권익침해를 방지할 수 있다면, 이는 사법적 권리구제의 결함을 보충하고 법치행정을 실질적으로 보장하는 것이 된다.

Ⅲ. 행정절차의 일반적 내용

1. 사전통지

당사자에게 의무를 부과하거나 권익을 제한하는 행정처분(예컨대, 건축허가의 취소 등)을 하고자 하는 경우에 처분의 내용 및 법적 근거와 청문의 일시·장소 등 일정한 사항을 기재한 문서로 당사자 등에게 미리 통지하는 것을 사전통지라 한다. 행정청은 청문을 실시하고자 하는 경우에 청문이 시작되는 날부터 10일 전까지 일정한 사항을 당사자 등에게 통지하여야 한다(행정절차법 제21조 제 2 항).

2. 의견청취

행정절차법은 광의의 청문을 '의견청취'라고 부르고 있으며, 의견청취의 방법으로 ① 의견제출, ② 청문, ③ 공청회로 나누어 규정하고 있다. 행정절차법은 당사자에게 의무를 과하거나 권익을 제한하는 처분에 한하여 당사자 등의 의견청취절차를 의무화하고 있다.

1) 의견제출

의견제출은 행정청이 당사자에게 의무를 부과하거나 권익을 제한하는 처분을 함에도 청문이나 공청회의 기회가 주어지지 않은 경우에 보충적으로 인정되는 방법이다. 당사자 등은 처분 전에 그 처분의 관할 행정청에 서면·구술 또는 정보통신망을 이용하여 의견제출을 할 수 있고(동법 제27조 제 1 항), 처분을 함에 있어서 당사자 등이 제출한 의견이 상당한 이유가 있다고 인정하는 경우에는 이를 반영하여야 한다(동법 제27조의2). 그러나 당사자 등이 정당한 이유없이 의견제출기간 내에 의견제출을 하지 아니한 경우에는 의견이 없는 것으로 본다(동법 제27조 제 4 항).

2) 청 문

국민의 자유·권리를 제한·침해하는 행정처분을 발하기 전에 사전 통지된 내용에 따라 이해관계인에게 자기의 의견을 진술하며 스스로를 방어할 수 있는 기회를 제공하는 것이 청문이다. 이러한 청문제도는 영국법의 자연적 정의의 원칙에서 출발한 것으로서 행정절차에서 가장 오랜 역사를 갖고 있다. 청문은 오늘날 보편화되어 있을 뿐만 아니라 가장 중요한 절차내용이다. 청문은 다른 법령 등에서 청문을 실시하도록 규정하고 있거나 행정청이 필요하다고 인정하는 경우에 한하여 실시한다.

청문일시에 불출석 했다는 이유로 행정처분한 것은 위법(대판 2001. 4. 13, 2000두3337)

대법원은 "행정처분의 상대방이 통지된 청문일시에 불출석하였다는 이유만으로 행정청이 관계 법령상 그 실시가 요구되는 청문을 실시하지 아니한 채 침해적 행정처분을 할 수 없을 것이므로, 행정처분의 상대방에 대한 청문통지서가 반송되었다거나 행정처분의 상대방이 청문일시에 불출석하였다는 이유로 청문을 실시하지 아니하고 한 침해적 행정처분은 위법하다"고 판시하고 있다.

3) 공 청 회

공청회라 함은 특정사항에 대하여 행정청이 공개적인 토론을 통하여 행정결정을 하기 위해 당사자, 전문지식과 경험을 가진자, 기타 일반인으로부터 의견을 널리 수렴하는 절차를 말한다. 이는 청문과는 달리 공청사항에 대하여 이해관계 없는 사람도 참가가 가능하다는 데 특색이 있다.

다른 법령 등에서 공청회를 개최하도록 규정하고 있는 경우 또는 해당 처분의 영향이 광범위하여 널리 의견을 수렴할 필요가 있다고 행정청이 인정하는 경우에는 공청회를 개최할 수 있다.

3. 결정이유의 제시(이유부기)

1) 이유제시의 필요성

이는 확인적 행정행위 또는 부담적 행정행위를 하는 경우에 행정청이 그 이유를 명시하게 함으로써, ① 행정청의 자의적인 결정을 배제하고, ② 이해관계인으로 하여금 행위의 내용에 대한 취지를 알게 하며, ③ 행정구제절차에 편의를 제공하는 기능을 수행하는데 그 필요성이 있다.

2) 이유제시를 할 필요가 없는 경우

행정절차법은 이유부기의무를 원칙적으로 인정하면서도 그 예외로서 ① 신청내용을 모두 그대로 인정하는 처분인 경우, ② 단순·반복적인 처분 또는 경미한 처분으로서 당사자가 그 이유를 명백히 알 수 있는 경우, ③ 긴급히 처분을 할 필요가 있는 경우에는 배제하고 있다(법 제23조 제 1 항).

3) 이유제시의 정도

행정절차법 제23조(처분의 이유제시)는 처분의 근거와 이유를 제시하도록 하고 있으나, 이유부기의 정도에 대하여는 언급이 없다. 따라서 이유부기의 정도에 대해서는 학설과 판례에 의존할 수밖에 없다. 법치행정의 요청상 행정청은 처분의 근거법령은 물론이고 상대방의 어떤 행위가 근거법령에 위반하였는지를 구체적으로 명시하여야 할 것이다.

처분의 이유제시는 구체적 기재가 요구됨(대판 1990. 9. 11, 90누1786)
대법원은 "…'무면허판매업자에게 주류를 판매하여'라는 단순한 사실기재만으로는 그 처분의 이유제시로서는 불충분한 것으로서, 무면허주류업자 누구에게 주류를 판매한 것이 취소사유에 해당하는 것인지를 구체적으로 기재하여야 할 것이다"라고 판시하고 있다.

Ⅳ. 행정절차의 하자의 효과와 치유

1. 행정절차의 하자의 효과

1) 법규에 명문의 규정이 있는 경우

법규에 행정절차가 규정된 경우에는 행정절차를 거치지 않은 행정작용은 절차상

하자가 있는 것으로 위법한 행정행위가 된다. 이와 관련하여 학설은 당해 절차의 존재목적이 당사자의 권익보호를 위한 차원에서 인정되는 것이면 무효로 보고, 그 외의 목적으로 인정되는 경우에는 취소사유로 보는 데는 이견이 없는 것으로 보인다. 판례도 청문절차를 규정한 실정법규를 위반하였을 경우, 이를 하자있는 행정행위로 보아 원칙적으로 취소사유가 되는 것으로 보고 있다. 다만, 절차상 하자있는 행정행위의 하자의 내용을 취소로 볼 것이냐, 무효로 볼 것이냐에 대하여는 대체로 학설과 일치하고 있다. 즉 행정절차의 하자가 중대하고 명백한 경우에는 그에 해당하는 행정행위는 무효이고, 그 이외에는 취소할 수 있는 행정행위로 보고 있다.

청문절차위반은 원칙적으로 취소사유

판례는 청문절차위반을 원칙적으로 취소사유로 본다. 다만, 소청심사위원회의 재결이나 공무원의 징계의결 등의 경우에는 실정법에 의해 무효가 된다. 예컨대, "소청사건을 심사할 때 소청인 등에게 진술의 기회를 부여하지 아니하고 한 결정은 무효로 한다"고 국가공무원법 제13조 제 2 항은 규정하고 있다.

2) 법규에 명문의 규정이 없는 경우

이에 대하여는 적극설과 소극설이 대립하고 있다. 학설은 법규에 설령 행정절차에 관한 규정이 없더라도 이를 거치지 않은 것은 위법이라고 하는 적극설이 다수설이며, 판례도 법령상 요구되는 청문절차를 거치지 아니한 것을 위법사유로 인정하는 등 적극설의 입장에 있다. 그러나 법규에 행정절차규정이 없는 경우에는 이를 결여하여도 적법하다는 판례도 있다.

청문절차를 거치지 않은 경우는 무효(서울행정법원 2004. 4. 25, 2000구8652)

서울행정법원은 "경찰서장이 등기우편이 아닌 일반우편으로 보낸 즉결심판출석통지서와 출석최고서를 받지 못함으로써 즉결심판절차에 참석하지 못하고 그로 인해 운전면허정지처분을 받았다면 그 처분은 위법한 절차에 기한 것으로서 하자가 중대하고 명백하여 당연무효에 해당한다"고 하여 청문절차를 거치지 않은 경우 무효라고 판시하고 있다.

청문절차를 거치지 않아도 유효하다는 판례의 예(대판 1994. 8. 9, 94누3414)

대법원은 "청문을 포함한 당사자의 의견청취절차 없이 어떤 행정처분을 한 경우에도 관계법령에서 당사자의 의견청취절차를 시행하도록 규정하지 않고 있는 경우에는 그 행정처분이 위법하게 되는 것은 아니라고 할 것이므로, 「문화재보호법」과 대구광역시 문화재보호조례에 의하여 시장이 건조물 소유자의 신청이 없는 상태에서 소유자의 의견을 듣지 않고 건조물을 문화재로 지정하였다고 하여 위법한 것이라고 할 수 없다"고 하여 청문을 거치지 않아도 유효하다고 판시하고 있다.

2. 절차상 하자의 치유가능성

절차상의 하자 중 취소사유에 불과한 경우에는 사후에 보완하여 치유할 수 있는 것인가에 대하여 긍정설과 부정설 및 제한적 긍정설이 대립하고 있다. 그러나 판례는 하자의 치유가능성은 인정하면서도 일정한 제한적 범위를 한정하는 경우, 그리고 행정심판이 제기된 후에 있어서의 이유부기의 하자의 치유를 부정하고 있는 경우 등도 있다.

제 2 절 경찰상 행정정보공개제도

Ⅰ. 정보공개제도의 개념

1. 행정정보공개의 의의

행정정보공개라 함은 행정청이 관리하고 있는 정보나 행정기관의 정책과정을 국민이나 주민의 청구에 의하여 공개하는 것을 말한다. 이러한 행정정보공개제도는 국민의 기본권으로서의 '알권리'를 보장함으로써 '열린 정부'에 의한 행정의 공정화·민주화를 실현하려는 데에 그 기본이념이 있는 것이다.

2. 개인정보보호와의 충돌

행정절차의 투명성 등을 담보하기 위한 제도적 모색이 행정정보의 공개이며, 이러한 정보공유와 맞물려 제기되는 실제적 폐해로서 개인정보침해사례가 나타나기 시작하였다. 따라서 행정정보공개에 따른 개인정보의 침해를 막고 어떻게 이를 보호하고 구제해야 할 것인가 하는 시각에 초점이 맞추어져야 할 것이다.

Ⅱ. 법적 근거

1. 우리나라

1) 헌법상 근거

행정정보공개청구권은 국민의 '알 권리'[1]에 그 본질적 요소로서 포함되어 있다고 보는 것이 헌법학자들의 일반적 견해이다. 알 권리의 근거를 헌법상 어디에 두느냐에 대해 ① 헌법상 표현의 자유로부터 도출해 내는 입장, ② 헌법 제21조의 언론의 자유 등에서 찾을 수 있다고 보는 견해, ③ 헌법 제10조의 인간으로서의 존엄과 가치에서 찾는 견해 등이 있다. 그러나 대법원 및 헌법재판소는 정보공개청구권 내지는 알 권리는 법률에 의한 구체화 없이도 헌법상 인정되는 권리라고 판시하고 있다.

2) 법률상 근거

행정정보공개에 관한 일반법으로 공공기관의 정보공개에 관한 법률이 1996년 12월 31일에 제정되어 1998년 1월 1일부터 시행됨으로써 그 법적 근거를 마련하였다. 이 법의 목적은 공공기관이 보유·관리하는 정보의 공개의무 및 국민의 정보청구에 관하여 필요한 사항을 정함으로써 국민의 알 권리를 보장하고 국정에 대한 국민의 참여와 국정운영의 투명성을 확보함에 있다(공공기관의 정보공개에 관한 법률 제 1 조).

3) 정보공개조례

종전까지 지방자치단체도 행정정보공개조례를 제정할 수 있을까에 대하여 주민의 권리침해적 내용은 법률에 위임이 있어야 하나, 행정정보공개조례는 그 성질이 침해적이지 않으므로 지방자치단체가 독자적으로 해당 조례를 제정할 수 있다고 보아 왔다. 판례도 지방자치단체의 행정정보공개에 관한 법적 근거를 헌법에 위반하지 않는다는 이유로 행정정보공개조례의 제정을 긍정하고 있다. 특히, 공공기관의 정보공개에 관한 법률(제 4 조 제 2 항)에서 지방자치단체가 정보공개조례를 제정할 수 있는 명시적인 근거를 마련하고 있다.

2. 외국의 입법례

행정정보의 공개에 관한 외국의 입법례를 보면 스웨덴이 1949년의 출판자유법에

---

1) '알 권리'라 함은 일반적으로 접근할 수 있는 정보원으로부터 방해받지 않고, 보고, 듣고, 읽을 수 있는 소극적 측면으로서의 권리와 정보의 공개를 청구할 수 있는 적극적 측면으로서의 권리를 모두 포함한다.

서 언론출판의 자유와 공문서공개의 원칙을 규정한 이래, 1967년 미국의 정보자유법, 1978년 프랑스의 행정과 공중의 관계개선에 관한 법률 등 다수의 국가가 정보공개에 관한 법률을 제정하기에 이르렀다.

Ⅲ. 공공기관의 정보공개에 관한 법률

1. 개 요

1) 일반법적 지위

정보의 공개에 관하여는 다른 법률에 특별한 규정이 있는 경우를 제외하고는 이 법이 정하는 바에 의한다고 규정하고 있다(법 제 4 조 제 1 항). 그러나 국가안전보장에 관련되는 정보 및 보안업무를 관장하는 기관에서 국가안전보장과 관련된 정보분석을 목적으로 수집되거나 작성된 정보에 대하여는 이 법을 적용하지 아니한다. 따라서 공공기관의 정보공개에 관한 법률은 정보공개에 관한 일반법의 지위를 가진다.

2) 용어의 정의

정보공개법에서는 다음과 같이 관련 용어를 정의하고 있다.

① 정보라 함은 공공기관이 직무상 작성 또는 취득하여 관리하고 있는 문서(전자문서 포함)·도면·사진·필름·테이프·슬라이드 및 컴퓨터에 의하여 처리되는 매체 등에 기록된 사항을 말한다(법 제 2 조 제 1 호).

② 공개라 함은 공공기관이 이 법에 따라 정보를 열람하게 하거나 그 사본 또는 복제물을 제공하는 것 또는 전자정부법 제 2 조 제10호에 따른 정보통신망을 통하여 정보를 제공하는 것 등을 말한다.

③ 공공기관이라 함은 국가기관, 지방자치단체, 공공기관의 운영에 관한 법률 제 2 조에 따른 공공기관, 그 밖에 대통령령이 정하는 기관을 말한다.

2. 정보공개청구권자 및 정보공개대상

1) 정보공개청구권자

우리나라의 경우 정보공개의 청구권자는 모든 국민이며, 외국인의 정보공개청구에 관하여는 대통령령으로 그 내용을 정한다(동법 제 5 조). 현재 외국인은 국내거주자와 학술·연구를 위한 일시적 체류자 및 국내에 사무소를 두고 있는 법인단체에 한정하고 있다.

2) 정보공개대상

(1) 대상의 원칙

원칙적으로 공공기관이 직무상 관리하고 있는 공문서의 성격을 갖는 일체의 기록이 그 대상이 된다. 따라서 사인이 관리하는 정보는 그 대상이 아니다.

(2) 비공개 대상(동법 제 9 조)

공공기관이 보유·관리하는 정보는 공개대상이 된다. 다만 아래에 해당하는 정보에 대하여는 이를 공개하지 아니할 수 있다.

① 다른 법률 또는 법률에서 위임한 명령에 따라 비밀이나 비공개 사항으로 규정된 정보

② 국가안전보장·국방·통일·외교관계 등 국가의 중대한 이익을 현저히 해칠 우려가 있다고 인정되는 정보

③ 공개될 경우 국민의 생명·신체 및 재산의 보호에 현저한 지장을 초래할 우려가 있다고 인정되는 정보

④ 진행중인 재판에 관련된 정보와 범죄의 예방·수사·공소의 제기 및 유지·형의 집행·교정·보안처분에 관한 사항으로서 공개될 경우 그 직무수행을 현저히 곤란하게 하거나 형사피고인의 공정한 재판을 받을 권리를 침해한다고 인정할 만한 상당한 이유가 있는 정보

⑤ 감사·감독·검사·시험·규제·입찰계약·기술개발·인사관리·의사결정 과정 또는 내부검토 과정에 있는 사항 등으로서 공개될 경우 업무의 공정한 수행이나 연구·개발에 현저한 지장을 초래한다고 인정할만한 상당한 이유가 있는 정보

⑥ 해당 정보에 포함되어 있는 이름·주민등록번호 등 개인에 관한 사항으로서 공개될 경우 개인의 사생활의 비밀 또는 자유를 침해할 우려가 있다고 인정되는 정보

⑦ 법인·단체 또는 개인의 경영상·영업상 비밀에 관한 사항으로서 공개될 경우 법인 등의 정당한 이익을 현저히 해칠 우려가 있다고 인정되는 정보

⑧ 공개될 경우 부동산투기·매점매석 등으로 특정인에게 이익 또는 불이익을 줄 우려가 있다고 인정되는 정보에 해당하는 경우 공공기관은 이를 공개하지 아니할 수 있다. 공개청구한 정보가 비공개대상정보에 해당하는 부분과 공개가 가능한 부분이 혼합되어 있는 경우에는 공개청구의 취지에 어긋나지 아니하는 범위 안에서 두 부분을 분리

할 수 있는 때에는 비공개대상정보에 해당하는 부분을 제외하고 공개하여야 한다(동법 제14조).

3. 정보공개의 절차

1) 정보공개청구서의 제출

정보의 공개를 청구하는 청구인은 해당 정보를 보유하거나 관리하고 있는 공공기관에 ① 청구인의 이름·주민등록번호·주소 및 연락처(전자우편주소, 전화번호 등) ② 공개를 청구하는 정보의 내용 및 공개방법을 기재한 정보공개청구서를 제출하거나 구술로써 정보의 공개를 청구할 수 있다(동법 제10조).

2) 정보공개 여부의 결정·통지

(1) 정보공개 결정기간

정보공개청구방법에 따라 정보공개의 청구가 있는 때에는 청구를 받은 날부터 10일 이내에 공개여부를 결정하여야 한다. 다만 부득이한 사유로 10일 내에 공개여부를 결정할 수 없는 때에는 그 기간의 만료일 다음날부터 기산하여 10일의 범위 내에서 공개 여부 결정기간을 연장할 수 있다(동법 제11조).

(2) 공개 여부 결정의 통지

공공기관은 정보의 공개를 결정한 때에는 공개일시·공개장소 등을 명시하여 청구인에게 통지하여야 한다. 또한 공공기관은 정보의 비공개결정을 한 때에는 그 내용을 청구인에게 지체 없이 문서로 통지하여야 한다. 이 경우 비공개사유·불복방법 및 불복절차를 구체적으로 명시하여야 한다(동법 제13조).

(3) 비용부담

정보의 공개 및 우송 등에 소요되는 비용은 실비의 범위 안에서 청구인의 부담으로 하고, 공개를 청구하는 정보의 사용목적이 공공복리의 유지·증진을 위하여 인정되는 경우에는 비용을 감면할 수 있다(동법 제17조).

4. 불복구제절차

1) 이의신청

① 청구인이 정보공개와 관련하여 공공기관의 비공개 또는 부분공개의 결정에 대하여 불복이 있는 때에는 공공기관으로부터 정보공개 여부의 결정통지를 받은 날

또는 정보공개 청구 후 20일이 경과한 날부터 30일 이내에 해당 공공기관에 문서로 이의신청을 할 수 있다(동법 제18조 제 1 항).

② 공공기관은 이의신청을 각하(却下) 또는 기각하는 결정을 한 때에는 청구인에게 행정심판 또는 행정소송을 제기할 수 있다는 취지를 결과통지와 함께 통지하여야 한다(동법 동조 제 4 항).

2) 행정심판

① 청구인이 정보공개와 관련한 공공기관의 결정에 대하여 불복이 있는 때에는 행정심판법이 정하는 바에 따라 행정심판을 청구할 수 있다. 이 경우 국가기관 및 지방자치단체 외의 공공기관의 결정에 대한 재결청은 관계 중앙행정기관의 장 또는 지방자치단체의 장으로 한다(동법 제19조 제 1 항).

② 청구인은 이의신청절차를 거치지 아니하고 행정심판을 청구할 수 있다(동법 동조 제 2 항).

3) 행정소송

① 청구인이 정보공개와 관련한 공공기관의 결정에 대하여 불복이 있거나 정보공개 청구 후 20일이 경과하도록 정보공개 결정이 없는 때에는 행정소송법이 정하는 바에 따라 행정소송을 제기할 수 있다(동법 제20조 제 1 항).

② 재판장은 필요하다고 인정되는 때에는 당사자를 참여시키지 아니하고 제출된 공개청구정보를 비공개로 열람·심사할 수 있다(동법 동조 제 2 항).

4) 제 3 자의 비공개요청 등

① 공개청구된 사실을 통지받은 제 3 자는 통지받은 날부터 3일 이내에 해당 공공기관에 공개하지 아니할 것을 요청할 수 있다(동법 제21조 제 1 항).

② 이에 따른 비공개요청을 받은 공공기관이 해당 제 3 자의 의사에 반하여 공개하고자 하는 경우에는 공개사유를 명시하여 문서로 통지하여야 하며, 공개통지를 받은 제 3 자는 해당 공공기관에 문서로 이의신청을 하거나 행정심판 또는 행정소송을 제기할 수 있다. 이 경우 이의신청은 통지받은 날부터 7일 이내에 하여야 한다(동법 동조 제 2 항).

Ⅳ. 행정정보공개와 행정절차에서의 정보공개와의 상관관계

1. 개 설

1) 행정정보공개의 의미

행정정보공개제도는 국민의 기본권으로서의 '알 권리'를 보장함으로써 열린 정부에 의한 행정의 공정화·민주화를 실현하려는 데에 그 기본이념이 있는 것이다.

2) 행정절차에서의 정보공개의 의미

행정절차의 법적 규제는 위법한 행정활동을 사전에 방지하기 위하여 행정과정에 국민을 참여시켜 행정결정의 공정성을 확보하기 위한 것이다. 행정절차에도 공개의 청문·행정처분의 기준 내지 재량권행사 기준의 공개·기록열람·행정처분의 이유부기 등의 정보공개적 요소가 있다.

3) 결 론

'정보공개'라고 할 때는 행정정보공개에서 말하는 국민의 '알 권리'에 따른 정보공개가 있는가 하면, '절차적 공정성의 보장'이라는 관점에서 요청되는 행정절차에 있어서의 정보공개가 있다는 사실이다. 이 양자는 여러 가지 다른 점이 있는 반면에 상호 보완적인 관계도 있다.

2. 공공기관의 정보공개에 관한 법률상의 정보공개와 행정절차법상의 정보공개의 차이

행정절차법은 청문에서만 문서열람·복사청구권을 인정하고 있다. 즉 청문의 통지가 있는 날부터 청문이 끝날 때까지 당사자 등의 행정청에 대한 문서열람·복사청구권을 인정하고 있다. 따라서 청문 이외의 경우에는 다른 법률(공공기관의 정보기관에 관한 법률)이 정한 정보공개청구권에 의하여 정보를 확보할 수밖에 없다. 공공기관의 정보기관에 관한 법률에 의한 정보공개청구권과 행정절차법상의 문서열람청구권과의 차이점은 다음과 같다.

① 국민의 '알 권리'에 근거한 정보공개는 국민의 행정에의 참가와 행정감시를 가능하게 한다. 그리고 '알 권리'에 기인한 정보공개는 공공기관이 보유·관리하는 국정정보에 대하여 국민의 알 권리를 갖는다는 것을 의미하므로, 정보공개를 청구할 수 있는 권리는 모든 국민에게 인정된다. 이에 반하여 행정절차법상의 정보공개는 해당

사안에 대하여 직접 그 상대가 되는 당사자와 행정청이 직권 또는 신청에 의하여 행정절차에 참여하게 한 이해관계인에 한정된 정보공개를 의미할 뿐이다.

② 공공기관의 정보공개에 관한 법률에 의한 정보공개청구의 대상은 공공기관이 직무상 작성 또는 취득하여 관리하고 있는 문서·도면·사진·필름·테이프·슬라이드 및 컴퓨터에 의하여 처리되는 매체 등에 기록된 사항임에 대하여, 행정절차법상의 문서열람청구의 대상은 해당 처분과 관련되는 문서의 열람 또는 복사이다.

③ 행정절차법상의 것은 처분이 행하여지기 전의 행정정보공개임에 반하여, 공공기관의 정보공개에 관한 법률상의 것은 반드시 그것에 한정하지 아니한다는 점에 차이가 있다.

3. 양자의 상호 보완적 관계

공공기관의 정보공개에 관한 법률상의 정보공개와 행정절차상의 정보공개는 '정보공개'라는 관점에서 상호 보완관계에 있다.

① 공공기관의 정보공개에 관한 법률상의 정보공개에 있어서는 원칙적으로 완결된 문서만이 공개의 대상이 되고 내부문서는 공개의 대상이 되지 않지만, 행정절차법에 의한 정보공개는 행정처분이 행해지기 전에 행정처분의 근거가 되는 정보가 공개되는 등 행정과정의 공개에 기여한다.

② 행정절차법상의 정보제공에 있어서 이해관계인은 공공기관의 정보공개에 관한 법률상 비공개사항에 대하여도 이해관계가 있는 한 공개청구를 할 수 있도록 규정하는 경우가 있다.

③ 행정절차에서 당사자는 자기의 정당한 주장을 행하기 위하여 정확한 정보의 입수가 중요하다. 그러나 행정절차법상의 당사자는 청문 이외의 경우에는 다른 법률(공공기관의 정보공개에 관한 법률 등)이 정한 정보공개청구권에 의하여 정보를 확보할 수밖에 없다. 따라서 공공기관의 정보공개에 관한 법률상의 정보공개는 행정절차에 있어서 이해관계인의 행정에의 참여를 실효성 있게 하는 데 기여하는 역할을 한다.

제 3 절 경찰작용과 개인정보보호

Ⅰ. 개 설

경찰은 그 작용의 특성상 다른 어느 행정기관보다도 개인정보를 빈번하게 다룰 뿐만 아니라, 치안정보의 수집이 사진촬영과 비디오 녹화 등 현대적 기기의 이용을 통해 점점 정교해지는 경향을 보이고 있다. 따라서 경찰은 공공의 안녕과 질서유지를 위하여 구체적인 위험의 방지 또는 예방과 관련하여, 개인의 인적 관련 자료를 수집·가공·관리함으로써 이들을 보다 효율적으로 이용할 수 있게 되었다. 반면, 개인정보에 관한 자료수집·관리 등이 완전한 자동기계에 의하여 처리됨에 따라 개인의 사생활·프라이버시의 보호문제와 개인의 기본권이 침해될 가능성도 보다 커지고 있다는 데 문제가 있다.

Ⅱ. 경찰정보작용과 임무규정

1. 임무규정의 유무

경찰은 공공의 안녕과 질서에 대한 위험 또는 경찰위반의 상태를 제거하기 위하여 그 전제가 되는 치안정보 또는 그 배경이 되는 내외의 정치·경제·사회·문화 등의 일반적 정보 등을 수집·분석·작성·배포하는 임무를 수행하고 있다. 그리고 이러한 정보활동에 따른 별도의 임무규정은 둘 필요는 없다고 본다. 경찰정보작용과 관련하여 경찰관 직무집행법 제 2 조(직무의 범위) 제 4 호는 치안정보의 수집·작성·배포에 관하여 규정하고 있다. 또한 동법 제 2 조 제 7 호의 기타 공공의 안녕과 질서유지의 개념은 경찰관의 직무범위에 예시되지 않은 사항일지라도 공공의 안녕과 질서유지에 관계되는 사항은 모두 포괄하는 개념이기 때문에 이 규정에 의하여 경찰정보작용 영역도 함께 설정된다고 보아야 한다.

2. 경찰의 정보활동에 대한 수권규정 여부

경찰의 정보활동은 그 임무규범에 의하여 경찰작용에 포함된다고 하여도, 그에 의하여 개인정보에 대한 경찰의 정보활동이 당연히 적법한 것으로 되는 것은 아니다.

개인정보에 대한 경찰의 정보활동이 개인의 권리를 침해하는 경우에는 해당 활동은 경찰의 임무규범만으로 정당화될 수는 없고, 그 외의 별도의 수권, 즉 권한규범이 필요하다. 따라서 이러한 권한규범의 필요성 여부와 관련해서는 개인정보에 대한 경찰작용의 침해성 여부가 문제시 된다.

Ⅲ. 개인정보에 대한 경찰작용과 권한규정

1. 개인정보보호의 법적 근거

1) 헌법상의 근거

개인정보보호는 사생활의 비밀과 자유의 한 부분이며, 사생활의 비밀과 자유는 인간행복의 최소한의 요건이다. 따라서 개인정보보호의 법적 근거와 관련하여 학설은 헌법에 의하여 보호되는 기본권의 하나라는 것이 통설적 견해이며, 다만, 헌법상의 구체적 근거와 관련하여서는 견해가 대립되고 있다.

2) 법률상의 근거

헌법의 구체화로서 공공기관의 컴퓨터에 의하여 처리되는 개인정보의 보호를 위한 일반법으로 개인정보 보호법이 있다. 그 밖에 개별법으로 통신비밀보호법 · 통계법 등에서도 단편적으로 이에 관한 규정이 있으며, 행정절차법에도 비밀누설금지 · 목적 외 사용금지 등을 규정하고 있다.

2. 개인정보에 대한 경찰작용의 권한규범

오늘날 경찰에 의한 치안정보의 수집 · 처리에 있어서도 새로운 수단 및 형태에 의한 정보활동이 가능해지고 또한 그 범위도 확대되고 있는 것이 일반적인 추세이다. 따라서 경찰에 의한 인적 정보의 수집 · 관리 · 처리작용에 있어서 상당 부분은 정보상 자기결정에 대한 침해의 성질을 갖는다고 할 경우 이에 대한 법적 근거가 문제된다. 최근 독일의 경우 경찰의 정보수집과 처리에 관하여 각 란트별로 경찰의 인적 정보의 수집 · 처리 · 이용을 위하여 표준적 직무조치(예컨대, 신원확인, 감식조치 등)에 포함되어 있는 권한을 넘어서서 더 광범위한 정보의 수집과 그에 관련된 조치를 위한 수권규정을 마련하고 있다는 사실에 주목할 필요가 있다.

1) 독일의 경우

독일은 개인정보보호와 관련하여 연방헌법재판소의 국제조사법 일부규정의 위헌판결(1983. 12. 15) 전까지는 인적 정보의 수집 · 처리 · 활용을 비침해적 행위로 인식하고 있었다. 따라서 임무조항(직무조항)을 근거로 인적 정보를 수집 · 처리 · 이용할 수 있는 것으로 생각하였고, 다만 강제수단이 따르는 정보수집(예컨대, 수색 등)에는 권한규범이 필요한 것으로 보았다. 그러나 동 판결 후에는 인적 정보의 수정 · 처리 · 활용이 정보상 자기결정권에 대한 침해로 이해되고 있다. 따라서 각 란트는 경찰의 인적 정보의 수집 · 처리 · 활용을 위한 새로운 권한규범들을 마련하고 있다.

2) 우리나라의 실정법

(1) 입법의 미비

기본권을 침해하는 개인정보에 대한 경찰작용은 임무규범만이 아니라 권한 규범에 의하여 비로소 허용된다. 경찰관 직무집행법 제 2 조 제 4 호가 치안정보의 수집 · 작성 · 배포를 경찰관의 직무로 규정하고 있으나, 동 조항은 임무규정일 뿐 개인의 정보상 자기결정권을 침해할 수 있는 권한규범은 아니다. 따라서 경찰관 직무집행법은 개인정보의 수집 · 처리 · 이용의 규율에 관한 일반법으로서 보기는 어렵다. 현재로서는 개인정보 보호법이 다른 행정영역과 마찬가지로 경찰의 영역에서도 개인정보의 수집 · 처리 · 이용 등과 관련하여 일반법적인 기능을 수행한다고 볼 것이다. 그러나 이 법은 정보수집에 대한 구체적인 규정뿐만 아니라 정보수집의 대상 · 방법 등에 대한 규정도 두고 있지 않기 때문에, 개인의 정보상 자기결정권의 보호를 위한 일반법으로서는 미흡한 점이 적지 아니하다.

(2) 입법의 보완

치안정보의 수집은 도청기 · 사진기 등 현대적 기기의 이용을 통해 점점 정교해지고 있는 경향에 있고, 동시에 개인의 사생활 · 프라이버시의 보호도 더욱 철저히 할 필요성이 대두하게 되었다. 따라서 경찰행정법이 갖는 광범위한 위험방지작용의 특성을 고려하여, 경찰상 개인정보의 수집 · 처리 · 이용에 관해서는 개인정보 보호법과 별도로 경찰관 직무집행법의 개정을 통해 개별적 · 구체적인 법적 근거(권한규정으로서 개인정보의 수집 · 처리 · 이용에 관한 규정 및 개인정보수집의 대상 · 방법 · 한계 등에 관한 규정)를 자세히 규정해야 할 필요가 있다.

3. 개인정보의 보호방법

경찰기관은 수집된 개인정보를 철저히 관리함으로써 개인이 불이익을 입지 않도록 하여야 한다. 따라서 경찰기관은 최소한 개인정보 보호법에 정해져 있는 수칙들을 철저히 지키면서 경찰임무를 수행하여야 할 것이다.

1) 보유기관에 의무부과

개인의 프라이버시를 보호하기 위해서는 정보를 수집·관리하는 행정주체에 대하여 일정한 의무를 부과할 필요가 있다.

2) 개인정보의 안정성 확보 등

개인정보처리자는 고유식별정보를 처리함에 있어서 고유식별정보가 분실·도난·누출·변조 또는 훼손되지 아니하도록 안전성확보에 필요한 조치를 강구하여야 한다(개인정보 보호법 제24조 제 3 항).

3) 개인정보취급자의 의무

개인정보의 처리를 행하는 개인정보처리자는 직무상 알게 된 개인정보를 누설 또는 권한 없이 처리하거나 타인의 이용에 제공하는 등 부당한 목적을 위하여 사용하여서는 아니 된다(동법 제59조 참조).

Ⅳ. 경찰의 정보작용과 개인정보의 보호방법

1. 개인정보보호의 일반원칙

경찰에 의한 개인정보의 수집·처리·이용 등의 작용과 관련하여서는 헌법, 개인정보 보호법 등과 행정에 관한 일반 법원리 등으로 구성되는 일정한 법원칙에 의한 규제를 받는다.

1) 수집제한의 원칙

경찰기관을 비롯한 행정기관은 사상·신조 등 개인의 기본적 인권을 현저하게 침해할 우려가 있는 개인정보를 수집하여서는 아니된다. 다만, 정보주체의 동의가 있거나 다른 법률에 '수집대상 개인정보'가 명시되어 있는 경우에는 그렇지 않다(개인정보 보호법). 독일 경찰법에는 데이터 수집과 관련하여 여러 가지 일반원칙들이 법률로 규정되어 있다. 즉, 데이터의 수집은 원칙적으로 인적 데이터와 관련하여 소환된 관계인으로부터 행해져야 하며, 법률에 다른 규정이 없는 한 공개적으로 행해져야 한다고 제한하고 있다.

2) 목적명확화의 원칙

개인정보에 대한 수권규범은 그에 따라 어떠한 개인정보가 어느 기관에 의하여 어떠한 목적으로 수집·처리되는지를 관계인이 지득할 수 있는 경우에만 그 명확성을 인정하고 있다. 따라서 경찰기관에 의한 개인정보의 수집·처리·이용 등에 대한 수권규범에도 당연히 이러한 명확성의 원칙이 요청된다.

3) 이용제한의 원칙

경찰에 의한 개인정보의 수집은 근거법률에 규정된 목적범위 내에서만 허용되고, 그에 따라 수집된 정보는 같은 목적 내에서만 저장·이용될 수 있다. 또한 개인정보의 교부는 원칙적으로 경찰관청이 수집·저장했던 것과 같은 목적을 위해서만 행해져야 한다. 다른 목적을 위한 정보의 교부는 근거법이 이를 명시적으로 허용하는 때에만 가능하다(개인정보 보호법).

4) 공개성 및 고지의 원칙

(1) 공개성의 원칙

경찰관청의 개인정보수집은 원칙적으로 그 정보주체로부터 직접적으로 또한 공개적으로 행해져야 한다. 당사자에게서 직접 공개적으로 정보를 수집함으로써 개인은 자신에 관한 정보수집의 실상 및 그 정도를 알게 된다. 독일 경찰법도 개인정보 수집과 관련하여 법률에 다른 규정이 없는 한 공개적으로 행해져야 한다고 규정하고 있다.

(2) 고지의 원칙

개인정보수집과 관련하여 당사자 등 관계인에게는 정보수집이 법적 근거, 정보의 이용목적 등이 고지되어야 한다. 다만 고지가 명백히 불필요하거나 고지로 인하여 경찰임무의 수행이 저해되거나 혹은 보호가치 있는 제 3 자의 이익이 현저한 영향을 받는 경우에는 예외적으로 이를 행하지 아니할 수도 있을 것이다. 독일의 경찰법은 개인정보수집과 관련하여 원칙적으로 관계인에게 적당한 방법으로 알려주도록 규정하고 있다. 또한 개인정보수집을 위한 새로운 경찰법률들은 개인정보수집을 위한 새로운 수단, 예컨대 장기간에 걸친 관찰, 사진촬영의 설치 및 대화의 도청과 녹음을 위한 기계시설의 배치와 같은 조치에 대하여 사후적 통지를 하도록 규정하고 있다. 이러한 사후적 통지(고지)는 위법한 정보작용 등에 대한 법적 구제 등과 깊은 관련이 있기 때문이다.

5) 비례의 원칙

경찰비례의 원칙은 경찰의 개인정보의 수집·처리·이용 등의 작용에도 적용된다. 이러한 경찰비례의 원칙은 개인정보의 수집·처리 등과 관련하여 그 적법성 여부 판단에 중요한 기준이 된다.

(1) 적합성의 원칙

경찰기관의 개인정보의 수집·처리는 경찰임무의 수행에 적합한 것이어야 한다. 경찰은 특히 중요한 법익에 대한 현저한 위험방지를 위하여 필요한 경우에는, 공공기관 등에 대하여 다른 수집된 자료들의 내용과 비교·조정할 목적으로 파일상의 특정한 인적 집단의 개인관련 자료의 제공을 요구할 수 있다. 이 경우 경찰기관은 다른 기관의 개인정보를 경찰임무를 수행하는 한도 내에서만 이용하여야 한다.

(2) 필요성의 원칙

경찰기관의 권리침해적인 개인정보수집 등의 작용은 그 목적달성을 위하여 필요한 최소한도에 그쳐야 하며, 개인정보의 교부 역시 필요한 최소한도에 그쳐야 한다.

(3) 협의의 비례의 원칙

경찰의 개인정보에 대한 작용으로 인하여 보호되는 법익과 그에 의하여 침해되는 개인의 권리 사이에는 합리적인 비례관계가 있어야 한다. 따라서 보호법익에 비하여 침해되는 개인의 권리가 현저히 큰 때에는 해당 정보작용은 위법한 것으로 된다. 협의의 비례원칙과 관련하여, 만일 위법하게 정보가 수집되었다면 이를 원칙적으로 삭제시켜야 하는가가 문제시 된다. 예외적으로 위험방지의무가 위법하게 수집된 정보의 사용을 정당화 시킬 수 있다면, 즉 개인정보의 수집으로 인하여 침해된 권리와 그의 보호를 위하여는 정보의 사용을 필요로 하는 법익(예컨대, 생명 혹은 건강) 간의 이익형량의 결과, 정보사용이 요구될 때는 그러하다고 생각된다.

2. 경찰비례원칙에 의한 형량원리의 도입

정보공개와 개인의 프라이버시가 충돌하는 때에는 정보공개를 통하여 얻게 될 공익과 그를 통하여 침해받게 될 사익을 형량하여 공개여부를 결정하여야 할 것이다. 이 경우 정보공개에 의하여 얻게 될 공익이 정보공개에 의하여 생기게 되는 개인의 침해보다 명백히 중요하거나, 정보공개가 오히려 개인에게 명백한 이익을 주게 되는 때에는 정보공개가 허용된다고 본다.

Ⅴ. 경찰정보상 협력관계

1. 사실조회 및 직접확인

경찰관서의 장은 직무수행에 필요하다고 인정되는 상당한 이유가 있을 때에는 국가기관 또는 공공단체[1]등에 대하여 직무수행에 관련된 사실을 조회할 수 있다. 다만 긴급한 경우에는 소속 경찰관으로 하여금 현장에 나가 해당 기관 또는 단체의 장의 협조를 얻어 그 사실을 확인할 수 있다고 규정하고 있다(경찰관 직무집행법 제 8 조 제 1 항).

1) 요 건

직무수행상 상당한 이유가 있어야 한다. 직무의 범위는 경찰이 수행하는 모든 업무로서 특별한 제한이 없으며 경찰관 직무집행법 제 2 조에 규정된 모든 직무를 의미한다. 다만, 사실상 여기의 직무에는 범죄수사 이외의 모든 경찰작용을 의미한다고 보아야 한다.

2) 조 회

여기서 조회라 함은 사람, 동산, 부동산, 기타 모든 유체물·무체물에 대해서 물어보는 것을 말하며 공문서에 의하는 것이 일반적인 방법이다.

3) 사실조회의 성격

경찰관 직무집행법에 의한 사실조회는 임무규정이 아니라 권한규정이라 보아야 한다. 따라서 이 조항에 의한 사실의 조회제도는 행정기관 사이에서의 정보상 협력의 한 방식에 해당한다. 또한 조회에 응하는 기관은 법령이 정하는 범위 내에서 당해 기관이 수집·관리하고 있는 정보에 한하여 협력할 수 있을 뿐이다.

2. 행정응원

1) 행정응원요청의 근거

행정절차법에 의하여 경찰은 “다른 행정청이 관리하고 있는 문서(전자문서를 포함한다), 통계 등 행정자료가 직무수행을 위하여 필요한 경우”에 행정응원을 요청할 수 있

---

1) 국가기관에는 모든 행정관청·국회·법원을 포함하며, 공사단체에는 지방자치단체 및 지방자치단체에 의해 설립된 사법상 기관도 포함된다. 다만, 사인에 의한 순수한 사법상 단체는 이에 포함되지 않는다.

다(법 제8조 제1항). 또한 "행정응원을 요청받은 행정청이 응원을 거부하는 경우에는 그 사유를 응원요청한 행정청에 통지하여야 한다"고 규정하고 있다(동법 동조 제4항). 따라서 행정절차법은 개인의 정보상 자기결정권에 대한 침해를 가져오지 아니하는 범위 내에서만 경찰의 정보상 협력의 근거로서 적용될 수 있다고 볼 수 있다.

2) 행정응원의 성격

행정응원은 경찰의 정보상 협력의 근거이지만, 경찰은 이 조항에 근거하여 개인에 관한 모든 정보를 요구할 수는 없다. 왜냐하면 이 규정은 임무규정이지 권한규정은 아니기 때문이다. 따라서 경찰은 개인의 정보상 자기결정권을 침해하는 정보에 관하여 다른 행정기관에 협력을 구하기 위해서는 경찰관 직무집행법 등에 의하거나 또는 다른 권한규정이 있는 경우에만 허용될 수 있다고 보아야 할 것이다.

제 4 편 경찰작용의 실효성 확보수단

Police Administrative Law

제 1 장 경찰강제

Police Administrative Law

제 1 절 경찰상 강제집행

Ⅰ. 개 설

경찰은 공공의 안녕과 질서유지를 그 직무로 한다. 이와 같은 직무를 위하여 경찰은 경찰의무자에게 경찰처분을 통해서 또는 긴급한 경우에는 경찰의무자가 아닌 제 3 자에 대한 경찰처분을 통해서 직무를 수행한다. 그러나 경찰의무자가 그 의무를 이행하지 않은 경우 및 자발적인 의무이행을 기대하기 어려운 경우에 상대방의 의무이행을 직접·간접적으로 강제함으로써 경찰목적을 실현하는 수단을 총칭하여 경찰작용의 실효성 확보수단이라고 한다.

그 수단으로는 경찰강제가 사용된다. 경찰강제란 경찰에 의해 발해진 처분을 경찰의무자가 준수하지 않은 경우에 경찰이 경찰목적을 위하여 개인의 신체·재산·가택 등에 실력을 가해 경찰상 필요한 상태를 실현하는 사실상의 작용[1]을 말한다.

경찰강제는 직접적 강제수단(경찰상 강제집행, 경찰상 즉시강제)과 간접적 강제수단(경찰벌)이 있다.

---

1) 경찰작용의 행위형식 중에는 사실행위가 중요한 위치를 차지한다. 왜냐하면 경찰작용의 중심이 위험의 예방에 있기 때문에 위험에 대한 감시를 내용으로 하는 사실작용이 중심에 놓인다. 사실행위는 법효과를 의도하는 것이 아니라 사실상의 작용이라는 데에 특징이 있다. 예컨대, 무주동물의 사살, 도주자에 대한 총기의 발사, 행패자에 대한 경찰봉 사용 등을 들 수 있다(홍정선, 전게서, p.1058).

Ⅱ. 경찰상 강제집행의 의의 및 구별개념

1. 의 의

경찰상 강제집행이라 함은 경찰상의 의무불이행에 대하여 경찰기관이 의무자의 신체 또는 재산에 실력을 행사하여 장래에 향하여 그 의무를 이행시키거나 그 의무이행이 있었던 것과 같은 상태를 실현하는 경찰작용을 말한다. 이는 경찰기관이 직접 실력을 가할 수 있다는 점에서 자력집행에 속한다.[1]

2. 구별개념

1) 경찰상 즉시강제와의 구별

양자는 실력으로 필요한 상태를 실현시키는 사실행위라는 점에서는 동일하다. 그러나 경찰상 강제집행은 의무의 존재와 불이행을 전제로 하는 점에서, 의무불이행을 전제로 하지 아니하고 급박한 경우에 즉시 실력을 행사하는 경찰상 즉시강제와 구별된다.

2) 경찰벌과의 구별

양자는 의무이행을 강제하는 행정상의 목적을 실현한다는 점에서는 동일하다 그러나 경찰상 강제집행은 장래의 의무불이행을 강제하는 점에서, 과거의 의무위반에 대한 제제인 경찰벌과 구별된다.

Ⅲ. 경찰상 강제집행의 근거

1. 이론적 근거

종래 일부 견해로 명령권에 강제권이 포함되므로 강제집행을 하는 경우에는 별도의 법적 근거가 필요 없다는 견해도 있었다. 그러나 오늘날 경찰상 강제집행은 국민의 권리와 자유를 침해하는 권력적 작용이기 때문에 법치행정의 원칙상 반드시 법적 근거가 있어야 한다는 것이 통설적 입장이다.[2]

---

1) 김남진, 『행정법 Ⅱ』(서울: 박영사, 2005), p.326.
2) 박윤흔, 『행정법강의(하)』(서울: 박영사, 2005), p.359.

2. 실정법적 근거

현행법상 경찰상 강제집행의 전반에 관한 일반법은 없으며, 행정상 강제집행의 일반법으로 행정대집행법, 국세징수법이 있다. 개별법으로는 경찰관 직무집행법, 도로교통법, 출입국관리법, 식품위생법 등이 있다.

Ⅳ. 경찰상 강제집행의 수단

경찰상 강제집행의 수단에 대해서는 별도로 규정한 것이 없으므로 행정상 강제집행의 수단이 그대로 적용된다. 경찰상의 강제집행의 수단으로는 대집행 · 집행벌 · 직접강제 및 경찰상의 강제징수 등이 있다. 그러나 우리나라에서는 대집행과 강제징수만이 일반적으로 인정되고 직접강제와 집행벌은 개별법상 예외적으로 인정되고 있다.

1. 대 집 행

1) 의 의

경찰상의 대집행이라 함은 경찰하명에도 불구하고 대체적 작위의무를 진 자가 그 의무를 이행하지 아니한 경우에 그 당해 행정청이 스스로 또는 제 3 자로 하여금 이를 행하게 하고 그에 관한 비용을 의무자로부터 징수하는 경찰상의 강제집행을 말한다. 대집행은 경찰상 강제집행의 일반적 수단이므로, 행정대집행법이 정한 요건이 충족되는 한 경찰기관은 대집행을 할 수 있다고 본다.

2) 대집행의 주체

대집행을 할 수 있는 자는 당해 경찰관청, 즉 처분청을 말한다(행정대집행법 제 2 조). 여기서 처분청이라 함은 당초에 의무를 명하는 행정행위를 한 경찰관청을 말한다. 따라서 당해 경찰관청의 위임을 받아 대집행을 실행하는 제 3 자는 대집행의 주체가 아니다.

3) 대집행의 요건

(1) 대체적 작위의무의 불이행이라는 사실이 존재할 것

대체적 작위의무라 함은 타인이 대신 행할 수 있는 행위, 즉 타인이 하더라도 의무자가 스스로 행한 것과 동일한 행정상의 목적을 실현할 수 있는 성질의 의무를 말한다. 예컨대, 교통장애물 제거의무 · 위법건축물 제거의무 · 불법광고물 제거 등을 들 수 있다. 따라서 대집행을 하기 위해서는 대체적 작위의무의 불이행이 있어야 한다. 그러나 일신전속적이거나 전문 기술직이이어서 대체성이 없는 작위의무(의사의 진단의무, 증인 출석의무 등)나 부작위 의무(허가없이 영업을 하지 않을 의무 등)나 수인의무(신체검사, 건강진단을 받을 의무) 등은 대집행의 대상이 되지 않는다.

(2) 다른 수단으로는 그 이행확보가 곤란할 것

의무이행의 확보를 위한 방법으로서 대집행은 상대방에 대한 침해정도가 크기 때문에 침해성이 적은 다른 수단이 있는 경우에는 그에 의하여야 하고, 대집행은 그러한 수단이 없는 경우에 부득이한 수단으로서만 발동되어야 한다(보충성의 원칙).

(3) 그 불이행을 방치함이 심히 공익을 해하는 것일 것

어떤 사실이 이 요건에 해당하는가는 사안에 따라 개별적 · 구체적으로 판단해야 한다. 그리고 그 판단(요건충족 여부) 성질에 대하여 판례는 재량으로 보는 경향이었으나, 최근에는 사법적 판단의 대상으로 보는 경우도 있다.[1)]

공익에 대한 요건충족의 판단 여부(대판 1967. 11. 28, 67누139)

대법원은 "계고처분을 발할 수 있는 요건에 대한 판단은 행정청의 공익재량에 속하나 그것이 심히 부당할 경우에는 법원이 이를 심사할 수 있다"고 하여 요건에 대한 판단을 재량행위라고 판시하고 있다.

공익에 대한 요건충족의 판단 여부(대판 1992. 3. 12, 90누10070)

대법원은 "건축법 위반 건물이 주위의 미관을 해할 우려가 없을 뿐 아니라 이를 철거할 경우 많은 비용이 드는 방면, 공익에는 별 도움이 되지 아니하고, 도로교통 · 방화 · 보안 · 위생 · 도시미관 등의 공익을 크게 해친다고 볼 수 없기 때문에 철거를 위한 계고처분은 그 요건을 갖추지 못한 것으로서 위법하며 취소를 면할 수 없다"고 하여 요건판단에 위법이 있는 경우 사법심사(司法審査)가 가능하다고 판시하고 있다.

4) 대집행의 절차

대집행은 대집행의 계고 → 대집행 영장에 의한 통지 → 대집행의 실행 → 비용징수의 4단계 순서로 행하여지며, 이는 상호 결합하여 대집행이라는 효과를 완성시킨다.

---

1) 대법원은 "요건판단에 위법이 있는 경우 사법심사가 가능하다"고 판시하고 있다(대판 1992. 3. 12, 90누10070).

2. 집 행 벌

집행벌이라 함은 행정법상 부작위의무를 위반하였거나 또는 비대체적 작위의무를 이행하지 않는 경우에 그 이행을 강제하기 위한 수단으로서 부과하는 금전부담을 말하며, 강제금이라고도 한다(예컨대, 건축법상의 이행강제금 등). 강제금은 이미 행한 불법에 대한 속죄를 위한 처분이 아니며, 그것은 미래의 행위의 도입을 위한 강제수단일 뿐이며 의무가 이행될 때까지 계속적으로 강제금이 부과될 수 있다는 특징이 있다. 따라서 의무자가 자신의 의무를 이행한 경우에는 더 이상 부과할 수 없지만, 시정명령을 이행한 경우에도 이미 부과된 이행강제금은 납부해야 한다. 집행벌은 경찰벌과는 목적 및 성질이 다르므로 병과할 수 있다.

3. 직접강제

1) 의 의

직접강제라 함은 경찰법상의 의무자가 의무를 이행하지 않은 경우에 경찰권이 직접 의무자의 신체 또는 재산에 실력을 가하여 의무가 이행된 것과 같은 상태를 실현하는 경찰상의 강제집행을 말한다. 직접강제는 인권침해의 가능성이 높아 원칙적으로 허용되지 않으며 의무이행확보를 위한 최후의 보충수단으로 간주된다.[1)]

2) 근 거

직접강제의 실정법적 근거로서 일반법은 없고, 개별법으로서 예외적으로 인정하고 있다. 예컨대, 도로교통법상의 위험방지를 위한 조치·도로의 위법공작물에 대한 조치·도로의 지상공작물 등에 대한 위험방지조치, 식품위생법상의 폐쇄조치, 그 밖에도 출입국관리법상의 외국인의 강제퇴거, 예방접종의 강제실시, 그리고 집회 및 시위에 관한 법률상의 해산명령에도 불구하고 해산하지 않을 시 시위군중의 강제해산 등이 직접강제의 예이다.

4. 강제징수

경찰상의 강제징수라 함은 경찰법상 금전급부의무의 이행을 담보하기 위하여 경찰관청이 의무자의 재산에 실력을 가함으로써 그 의무가 이행된 것과 동일한 상태를

---

1) 김남현 외, 『경찰행정법』, 경찰공제회, p.201.

실현하는 경찰상 강제집행을 말한다. 일반적으로 국세징수법이 정하는 바에 따라 강제징수 할 수 있다 예컨대, 도로교통법 제35조(주차위반에 대한 조치)는 경찰서장 또는 시장 등이 조치를 취할 수 있고, 주차위반 차의 이동·보관·공고·매각 또는 폐차 등에 소요된 비용은 그 차의 사용자 부담으로 하고 그 비용의 징수에 관하여는 행정대집행법 제 5 조 및 제 6 조의 규정을 적용한다고 규정하고 있다.

제 2 절 경찰상 즉시강제

Ⅰ. 개 설

경찰상 즉시강제라 함은 목전의 급박한 경찰상 장해를 제거하여야 할 필요가 있는 경우에 미리 의무를 명할 시간적 여유가 없거나 또는 그 성질상 의무를 명하여서는 목적달성이 곤란할 때, 직접 국민의 신체 또는 재산에 실력을 가하여 경찰상 필요한 상태를 실현시키는 작용을 말한다.[1] 경찰상 즉시강제는 급박한 위험으로부터 개인을 보호하거나 위험을 방지하고자 하는 데 그 목적이 있기 때문에 제한적으로 사용되어야 한다.

Ⅱ. 법적 근거

경찰상 즉시강제는 개인의 자유와 권리를 제한하는 전형적인 권력작용이므로 반드시 실정법적 근거를 요한다고 보는 것이 통설이다. 일반법으로는 경찰관 직무집행법이 있고 그 외에 개별법으로서 마약류 관리에 관한 법률·식품위생법·소방기본법, 감염병의 예방 및 관리에 관한 법률 등이 있다.

---

1) 류지태, 『행정법신론』(서울: 신영사, 2006), p.256; 한견우, 『행정법 Ⅱ』(서울: 홍문사, 1996), p.300.

Ⅲ. 경찰상 즉시강제의 수단

경찰상 즉시강제의 수단은 경찰관 직무집행법상의 수단과 개별법상의 수단으로 나눌 수 있으며, 그들 수단은 그 대상에 따라 다시 대인적 강제, 대물적 강제 및 대가택 강제로 구별된다.

1. 대인적 강제

대인적 강제라 함은 신체에 실력을 가하여 경찰상 필요한 상태를 실현시키는 작용, 즉 사람의 자유를 구속·제한하는 경찰강제이다.

1) 경찰관 직무집행법상의 대인적 강제수단

경찰관 직무집행법상의 보호조치(법 제4조), 위험발생의 방지조치(동법 제5조), 범죄의 예방과 제지(동법 제6조), 경찰장비의 사용(동법 제10조) 및 무기의 사용(동법 제10조의 4) 등이 있다.

2) 개별법상의 대인적 강제수단

대인적 강제수단으로는 소방기본법에 의한 소방활동 종사명령, 감염병의 예방 및 관리에 관한 법률상의 강제격리, 마약류 관리에 관한 법률에 의한 마약류 중독자의 치료보호, 출입국관리법상 무기사용 등이 있다.

2. 대물적 강제

대물적 강제라 함은 타인의 물건에 대해 실력을 가하여 경찰상 필요한 상태를 실현시키는 작용 즉, 물건에 관한 소유권과 기타의 권리를 침해하는 경찰강제행위이다.

1) 경찰관 직무집행법상의 대물적 강제수단

경찰관 직무집행법상의 무기·흉기·위험물의 임시영치, 위험발생의 방지조치 등이 있다.

2) 개별법상의 대물적 강제수단

경찰관 직무집행법 이외의 개별법규가 인정하고 있는 대물적 강제수단으로는 식품위생법에 의한 물건의 폐기, 도로교통법상의 교통장애물의 제거, 소방기본법상의 위험시설 등에 대한 긴급조치 등을 들 수 있다.

3. 대가택 강제

대가택 강제라 함은 소유자 또는 관리자의 의사에도 불구하고 타인의 가택, 영업소 등에 대하여 실력을 가하여 경찰상 필요한 상태를 실현하는 작용을 말한다.

1) 경찰관 직무집행법의 대가택 강제수단

경찰관 직무집행법상의 대가택 강제수단으로는 위험방지를 위한 가택출입 등이 있다(법 제 7 조).

2) 개별법상의 대가택 강제수단

경찰관 직무집행법 이외의 개별법규가 인정하고 있는 대가택 강제수단으로는 총포·도검·화약류 등 단속법에 의한 출입·검사 등이 있다(법 제44조). 종래의 대가택 강제로 인식되었던 것들이, 최근에는 경찰조사의 범주에 속하는 것으로 보는 경향이 유력해지고 있다(다수설). 왜냐하면 오늘날 대가택 강제는 대부분 경찰작용에 필요한 자료의 수집을 목적으로 하는 것이어서 성질상 경찰조사[1]에 속하기 때문이다.

Ⅳ. 경찰상 즉시강제의 한계

1. 실체법적 한계

경찰상 즉시강제의 발동에는 법적 근거가 필요하나 모든 경찰권의 발동사태를 상정해서 그 요건을 법률에 규정하는 것은 불가능하다고 볼 수 있다. 따라서 실제 관계법규는 불확정개념이나 일반적 수권규정을 사용하여 경찰기관에게 광범위한 재량을 인정하는 경우가 많다. 그러나 경찰상 즉시강제의 발동에는 급박성의 원칙, 필요성의 원칙, 보충성의 원칙, 비례성의 원칙 등을 준수하며 행해져야 하는 조리상의 한계가 지켜져야 한다.

2. 절차법적 한계(영장주의와의 관계)

즉시강제의 발동에 관하여 영장이 필요한가에 대하여 명문의 규정이 없으므로,

---

1) 경찰조사라 함은 행정조사의 일종으로 경찰기관이 경찰상 필요한 정보·자료 등을 수집하기 위하여 행하는 권력적 조사작용을 말한다. 경찰조사는 경찰상 즉시강제와는 달리 경찰목적의 궁극적 실현을 위한 예비적·보조적 작용으로서 반드시 시간적으로 급박한 경우에만 사용되는 것은 아니다.

헌법상 영장주의가 경찰상 즉시강제에도 적용될 수 있을 것인가에 대하여 견해가 대립하고 있다.

1) 영장불요설

헌법상 영장주의는 형사사법권의 남용방지를 목적으로 하는 규정들이므로, 경찰목적수행을 위한 경찰상의 즉시강제에는 영장이 적용되지 않는다는 견해이다.

2) 영장필요설

영장주의가 형사사법권 발동에만 적용된다는 명문의 규정이 없는 이상, 헌법이 보장하는 영장주의는 국민의 기본권을 보장하기 위한 것이다. 따라서 특별한 예외적 규정이 없는 한 영장주의는 경찰상 즉시강제에도 일반적으로 적용되어야 한다는 견해이다.

3) 절 충 설

헌법상 영장주의는 경찰상 즉시강제에도 원칙적으로 적용되고, 다만 즉시강제의 특수성을 고려하여 경찰목적달성에 불가피하다고 인정할 만한 합리적인 이유가 있는 경우에 한하여, 영장주의의 예외를 인정해야 한다는 입장으로 통설적 견해이며, 판례의 입장이다.[1]

Ⅴ. 경찰상 즉시강제에 대한 구제

1. 적법한 즉시강제에 대한 구제

경찰상의 즉시강제가 적법한 경우라도 그로 인하여 귀책사유없이 수인의 정도를 넘는 특별한 손실을 입은 자에게는 정당한 손실보상이 이루어져야 한다.

2. 위법한 즉시강제에 대한 구제

1) 행정쟁송

경찰상 즉시강제는 권력적 사실행위로서 행정쟁송의 대상인 '처분' 등에 해당하므로 행정심판과 행정소송의 대상이 된다. 그러나 즉시강제는 단기간에 그 효과가 완

1) 대법원은 "행정상 즉시강제는 상대방의 임의이행을 기다릴 시간적 여유가 없을 때 하명 없이 바로 실력을 행사하는 것으로서, 그 본질상 급박성을 요건으로 하고 있어 법관의 영장을 기다려서는 그 목적을 달성할 수 없다고 할 것이므로, 원칙적으로 영장주의가 적용되지 않는다고 보아야 할 것이다"라고 판시하고 있다(헌재 2002. 10. 31, 2000헌가12).

성되는 경우가 보통이므로 그 취소 또는 변경을 구할 실익이 없는 경우가 많다. 따라서 행정쟁송의 제기는 현실적으로 실효성 있는 구제수단이라고 할 수 없다.

2) 손해배상

위법한 즉시강제로 인하여 재산상의 손해를 받은 자는 국가에 대하여 배상을 청구할 수 있다. 손해배상청구는 위법한 재산권침해행위에 대한 가장 실효성 있는 구제수단이라 할 수 있다.[1)]

3) 정당방위

위법한 경찰상의 즉시강제에 대해서는 형법상의 정당방위의 법리에 의한 항거가 가능하며, 이 한도 내에서는 공무집행방해죄를 구성하지 않는다는 것이 판례의 입장이다.[2)]

위법한 즉시강제에 대한 정당방위 인정 여부(대판 1992. 2. 11, 91도2797)

대법원은 "적법성이 결여된 직무행위를 하는 공무원에게 항거하였다고 하여도 그 항거행위가 폭력을 수반한 경우에 폭행죄 등의 죄책을 묻는 것은 별론으로 하고 공무방해죄로 다스릴 수 없다"고 판시하고 있다.

제 3 절 경찰조사

Ⅰ. 개 설

1. 의 의

경찰조사라 함은 행정조사의 일종으로, 경찰기관이 경찰상 필요한 정보·자료 등을 수집하기 위하여 행하는 권력적 조사작용을 말한다(통설). 그러나 이러한 통설적 견해에 대하여 경찰조사는 수집대상인 개인정보·자료 그 자체가 우선적으로 중요하고 권력성 의미는 부차적인 의미를 가지므로 경찰조사에는 '권력적 수단에 의한 조사' 뿐만 아니라 '비권력적 수단에 의한 조사'도 포함된다는 견해가 유력하다.

---

1) 박윤흔, 전게서, p.371; 김남진, 전게서, p.336.
2) 대판 1992. 2. 11, 91도2797.

2. 구별개념

1) 경찰상 즉시강제와의 구별

종래에는 경찰조사를 경찰상 즉시강제에 포함시켜 설명하였으나, 오늘날에는 이들 자료수집활동 등을 경찰조사라 하여 경찰상 즉시강제와 구분하여 파악하는 것이 일반적인 경향이다.

① 경찰상 즉시강제는 직접 개인의 신체·재산에 실력을 가하여 경찰상 필요한 구체적인 결과를 실현시키는 것을 목적으로 하지만, 경찰조사는 그 자체가 결과를 실현시키는 것이 아니고 경찰작용에 필요한 자료수집을 위한 준비적·보조적 수단의 성질을 갖는다.

② 경찰상 즉시강제는 직접적인 실력행사를 통하여 일정한 상태를 실현시키는데 대하여, 경찰조사는 직접적인 실력행사가 아니라 경찰벌 또는 불이익처분에 의하여 간접적으로 강제한다.

③ 경찰상 즉시강제는 목전에 급박한 경찰상 장해를 제거하여야 할 긴박성이 그 개념의 요소가 되는데 반하여, 경찰조사에 있어서는 긴박성이 그 개념의 요소가 되지 않는다.

④ 경찰상 즉시강제는 권력적 집행작용인데 반하여, 경찰조사는 권력적 또는 비권력적 조사작용이다.

2) 입법조사나 사법조사와의 구별

경찰조사는 경찰기관에 의한 조사작용인 점에서 국회에 의한 조사인 입법조사나 형사사법작용인 사법조사와 구별된다.

3) 행정행위와의 구별

경찰조사는 직접적으로는 법적 효과를 발생하지 않는 사실행위라는 점에서 법적 행위인 경찰상 행정행위(예컨대, 경찰허가 등)와 구별된다.

Ⅱ. 경찰조사의 종류

1. 대상에 의한 분류

1) 대인적 조사

조사대상이 사람인 경우로서 불심검문, 질문, 신체검색(경찰관 직무집행법 제3조) 및 사실조회·출석요구(동법 제8조) 등의 방법에 의한다.

2) 대물적 조사

물건의 수거나 검사, 시설검사, 장부 등의 열람 등과 같이 조사의 대상이 물건에 관한 경우를 말한다. 예컨대, 총포 등의 제조업체 등에 대한 정기안전검사 또는 수집한 총포 등의 검사(총포·도검·화약류 등 단속법 제41조) 등이 그 예이다.

3) 대가택 조사

개인의 주거·창고·영업소 등에 대한 가택출입 조사와 같이 조사의 대상이 가택에 관한 경우를 말한다. 예컨대, 범죄예방 및 위해예방을 목적으로 한 흥행장 등의 출입(경찰관 직무집행법 제7조 제2항)·사행행위업소 등에 대한 출입·검사(사행행위 등 규제 및 처벌 특례법 제18조) 등이 그 예이다.

2. 수단에 의한 분류

1) 권력적 조사

직접적으로 개인의 신체 또는 재산에 실력을 가하여 필요한 정보·자료 등을 수집하는 조사를 말한다. 예컨대, 신체의 수색, 물건의 검사·수거, 가택수색 등이 그 예이다.

2) 비권력적 조사

상대방이 임의적인 협력에 의하여 행하는 조사를 말한다. 예컨대, 여론조사, 임의적 성격의 통계자료조사 등이 있다.

3. 범위에 의한 분류

1) 개별적 조사

특정개인·법인에 대한 조사로서, 법률이 정하는 개별적·구체적 목적을 위한 자료의 수집활동으로서 행하는 조사를 말한다. 예컨대, 소방기본법에 의한 출입·조사(법 제30조) 등이 그 예이다.

2) 일반적 조사

전국 또는 특정지방에 대하여 행하는 것으로, 일반적인 정책입안의 자료를 수집하기 위한 조사를 말한다. 예컨대, 통계법에 의한 통계조사행위 등이 그 예이다.

Ⅲ. 경찰조사의 근거 및 한계

1. 경찰조사의 법적 근거

권력적 경찰조사는 개인의 신체·재산에 중대한 침해가 되는 것이므로 반드시 법적 근거가 필요하다. 그러나 당사자의 임의적 동의하에 행해지는 비권력적 행정조사의 경우에는 법률의 수권 없이도 행할 수 있다. 다만, 비권력적 경찰조사의 경우 조직법적 근거는 필요하다. 현행법상 경찰조사에 대한 일반적인 근거법은 없고, 각 개별법에서 이에 관한 규정을 두고 있다.

1) 경찰관 직무집행법상의 수단

경찰관 직무집행법은 경찰관이 치안정보를 수집·작성할 수 있음을 명문화하고 있다(법 제 2 조 제 4 호). 그리고 경찰관 직무집행법상의 불심검문(법 제 3 조), 건물 등에의 출입(동법 제 7 조), 사실의 확인(동법 제 8 조) 등은 경찰조사의 수단으로써 활용될 수 있다.

2) 기타 개별법상의 수단

경찰작용에 관한 실정법은 경찰조사에 관한 많은 규정을 두고 있다. 예컨대, 총포·도검·화약류 등 단속법상의 임검, 식품위생법상의 출입·검사·수거 등, 근로기준법에 의한 근로감독관의 사업장, 기숙사 기타 부속건물에 임검·장부제출·질문 등에 관한 규정이 이에 해당한다.

2. 경찰조사의 한계

1) 실체적 한계

경찰조사의 경우에도 경찰상 즉시강제의 경우와 마찬가지로 법령 및 급박성의 원칙, 필요성의 원칙, 보충성의 원칙, 비례의 원칙 등과 같은 행정법의 일반원리의 범위 내에서만 허용된다.

2) 절차적 한계

(1) 경찰조사와 영장주의

영장주의가 경찰조사에도 적용되느냐에 관해서는 견해의 대립이 있다. 경찰상 즉시강제와 마찬가지로 영장불요설(소극설), 영장필요설(적극설), 절충설이 있으나 절충설이 통설적 견해이다. 그러나 어느 설에 의하더라도 상대방의 신체나 재산에 관해 실력을 행사하거나, 그것이 형사상의 소추목적을 동시에 추구하는 경우에는 영장이 필요한 것으로 보는 데는 의견이 일치한다.

(2) 경찰조사와 진술거부권

헌법상 진술거부권이 경찰조사에서도 적용될 것인가에 대하여 진술거부권을 갖지 않는다는 견해와 경찰권 행사에도 진술거부권을 갖는다는 견해가 대립하고 있다. 헌법 제12조 제 2 항에 "모든 국민은 고문을 받지 아니하며, 형사상 자기에게 불리한 진술을 강요당하지 않는다"고 규정한 것은 형사절차에 있어서 진술거부권을 인정한 것이므로 경찰조사를 위한 질문에는 적용되지 않는다는 것이 다수설의 입장이다. 다만, 질문 등이 경찰조사와 형사상의 소추목적을 동시에 추구하는 경우에는 진술을 거부할 수 있다고 해야 할 것이다.

(3) 실력행사의 가능성 여부

경찰조사를 행하는 과정에서 상대방이 이를 거부하는 경우에 실력을 행사하여 이를 저지할 수 있는지에 대하여는 견해의 대립(긍정설과 부정설)이 있다. 현행법은 경찰조사를 거부·방해하거나 기피한 자에 대하여 징역, 벌금, 구류, 과료 등의 별도의 벌칙규정 등을 규정하여 경찰조사의 실효성을 확보하려고 하고 있다. 따라서 관계법이 명시적으로 규정이 없는 경우에는 직접적인 실력행사는 허용되지 않는다고 보는 것이 다수의 견해이다.

(4) 경찰조사의 일반적 절차

경찰조사를 하는 경우 해당 공무원은 그 권한을 표시하는 증표를 휴대하고 관계자에게 제시하여야 하며(해당 공무원의 증표의 휴대·제시의무), 경찰조사의 동기와 내용 등에 대한 사전통지(조사이유의 고지), 그리고 상대방의 입장을 고려하여 일상적인 영업시간이나 생활시간대에 행하는 것이 요구된다.

Ⅳ. 경찰조사에 대한 구제

1. 적법한 행정조사에 대한 구제

적법한 경찰조사로 인하여 자신의 귀책사유 없이 특별한 손실을 받은 경우에는 손실보상을 청구할 수 있다. 그러나 실정법에서 인정되고 있는 경우는 별로 없으며, 「공익사업을 위한 토지 등의 취득 및 보상에 관한 법률」에 의한 출입조사와 관련된 손실보상규정이 이에 해당하는 것으로 볼 수 있다.

2. 위법한 경찰조사에 대한 구제

1) 행정쟁송

위법 또는 부당한 권력적 경찰조사로 말미암아 권익을 침해당한 경우에는 경찰조사는 행정심판과 행정소송의 대상이 된다. 그러나 경찰조사는 단기간의 침해로 행위가 종료되는 일이 많으므로 행정쟁송을 제기하여 해당 경찰조사를 취소할 법률상 이익이 없는 경우가 대부분이다. 따라서 그렇게 실효성 있는 수단은 아니라고 보아야 한다.

2) 손해배상의 청구

위법한 경찰조사로 인하여 재산상의 손해를 받은 자는 국가에 대하여 손해배상을 청구할 수 있다. 행정쟁송에 의한 구제가 그리 실효성이 크지 않기 때문에, 손해배상청구는 경찰조사의 구제수단으로 중요한 역할을 한다고 보아야 한다.

3) 정당방위

위법한 경찰조사에 대해서는 경찰상 즉시강제에서 논의된 것이 원칙적으로 적용된다고 본다.

Ⅴ. 경찰조사로 얻은 개인정보의 통제와 정보공개청구권

1. 사생활보호 및 자기정보통제권

근래에는 경찰조사에 의한 정보수집도 급격히 증가하고 있으며 이용영역도 넓어지고 있다. 반면, 그에 따른 개인정보의 수집목적 외의 사용, 개인정보의 부당한 유통 등으로 사생활의 비밀이 침해될 우려가 많아지고 있다. 따라서 경찰조사 등을 통하여 확보한 정보자료를 처리·관리·사용하거나 공개하는 과정에서 개인의 사생활의 비밀이 침해되지 않도록 노력해야 할 것이다.

2. 정보공개청구권

경찰조사에 의하여 얻어진 정보는 국민의 것이므로 국민은 개인비밀, 기업비밀, 국방·안보상의 비밀 이외의 정보 등에 대해서는 그 공개를 청구할 수 있다. 이것은 국민의 '알 권리'를 실현하고 상대방이나 이해관계인에 대한 절차적 공정성의 보장을 위하여 필요하다.

제 2 장 경 찰 벌

Police Administrative Law

제 1 절　경찰형벌

Ⅰ. 개　　설

1. 경찰벌의 의의

경찰벌이라 함은 경찰법상의 의무위반에 대한 제재로서 일반통치권에 의거하여 과하는 처벌을 말하며, 이러한 경찰벌이 과하여지는 의무위반행위를 경찰범이라 한다. 경찰벌은 과거의 의무위반에 대한 제재로서 간접적으로 경찰법상의 의무의 이행을 확보하는 수단이 된다. 경찰벌은 행정벌의 일종이다.

2. 경찰벌의 종류

경찰벌에는 경찰형벌과 경찰질서벌이 있다.

1) 경찰형벌

경찰형벌은 경찰법상의 의무위반에 대한 제재로서 형법에 규정되어 있는 형벌이 과하여지는 경찰벌이며, 경찰벌은 대부분 이에 속한다. 원칙적으로 형법총칙이 적용되고 형사소송법이 정하는 절차에 따라 처벌된다.

2) 경찰질서벌

경찰질서벌은 형법에 형명이 없는 과태료가 과하여지는 경찰벌이다. 이러한 경찰질서벌은 간접적으로 경찰목적의 달성에 장애를 미칠 위험성이 있는 경우에 과하여지는 것이다. 경찰질서벌에는 형법총칙이 적용되지 않고 그 과벌절차는 특별한 규정이 없는 한 비송사건절차법이 정하는 절차에 따라 처벌된다.

3) 조례에 의한 과태료

지방자치법의 규정에 의거하여 조례로서 정하는 과태료이다. 이러한 조례에 의한 과태료는 경찰질서벌에 한정되지 않고, 그 성질상 경찰형벌적인 것도 있다. 과태료는 조례로 정하고 지방자치단체의 장 또는 그 위임을 받은 자가 부과·징수하는 점에서 법령에 의한 질서벌과 구별된다.

Ⅱ. 경찰형벌

1. 경찰형벌의 의의

경찰형벌이라 함은 경찰법상의 의무위반에 대하여 형법에 정해져 있는 형벌을 과하는 경찰벌을 말한다.[1] 경찰형벌은 과거의 의무위반에 대한 제재로서 간접적으로 경찰법상의 의무의 이행을 확보하는 수단이 된다는 점에서, 장래의 의무이행을 직접적으로 확보하는 수단인 경찰강제와는 구별된다.

2. 경찰형벌의 성질

1) 경찰형벌과 징계벌과의 구별

(1) 차　이

① 목적·대상

경찰형벌은 경찰법상의 의무위반자를 대상으로 경찰법규의 실효성을 확보하기 위하여 과하는데 대하여, 징계벌은 공법상 특별권력(행정법) 관계에서 그 내부질서유지를 목적으로 질서문란자에게 과하는 제재이다.

② 권력의 기초

경찰형벌은 일반통치권에 의거하여 과하는 제재인데 대하여, 징계벌은 특별권력에 의거하여 과하는 제재이다.

③ 경찰형벌은 자유·재산·명예 등의 이익을 박탈하는데 대하여, 징계벌은 일정

1) 김남진, 전게서, p.229.

한 신분적 불이익을 가하는 것이다.

(2) 양자의 관계

양자는 목적·대상·권력의 기초 등에 있어서 차이가 있기 때문에 양자를 병과하는 것은 일사부재리의 원칙에 반하지 않는다.

2) 경찰형벌과 집행벌과의 구별

① 경찰형벌은 과거의 의무위반에 대하여 과하는 제재인 데 대하여, 집행벌은 경찰법상의 의무불이행이 있는 경우에 장래의 이행을 강제하기 위한 경찰상 강제집행의 일종을 말한다.

② 경찰형벌은 고의·과실이라는 주관적 요건이 필요하나, 집행벌은 고의·과실이라는 주관적 요건은 필요하지 않고, 의무불이행이라는 객관적 요건만 있으면 과할 수 있다.

③ 경찰형벌은 일사부재리의 원칙이 적용되어 반복적으로 과할 수 없으나, 집행벌은 일사부재리의 원칙이 적용되지 않으므로 의무이행이 있을 때까지 반복적으로 과할 수 있다.

④ 경찰형벌은 형벌과 질서벌(과태료)을 부과하는데 대하여, 집행벌은 강제금(금전부담)을 부과하는 경찰상 강제집행의 한 수단이다.

⑤ 양자는 목적·성질을 달리하므로 병과가 가능하며, 경찰형벌은 원칙적으로 법원이 부과하는 반면, 집행벌은 의무를 부과한 처분청에서 행한다.

3) 경찰형벌과 형사벌과의 구별

경찰형벌은 경찰법규에 의하여 범죄성이 인정되어 과하여지는 벌인데 대하여, 형사벌이란 반사회적·반도덕적인 행위에 대하여 과하여지는 벌이다. 형사벌에서도 법익의 박탈은 사형·징역·금고·자격정지·벌금·구류·과료 및 몰수의 방법에 의해 이루어진다. 따라서 형법상의 형을 제재의 내용으로 하는 형사벌과 경찰형벌의 경우 양자를 구별할 수 있는지 하는 것이 문제가 된다.

(1) 구별부정설

경찰범이나 형사범이나 모두 과거의 범법행위에 대한 처벌로서 질적 차이를 인정할 수 없다는 입장이다. 이러한 입장은 경찰범이든 형사범이든 범죄와 형벌에 관한 죄형법정주의의 견지에서 보면 양자를 구별할 필요가 없다는 견해이다.

(2) 구별긍정설

경찰벌과 형사벌을 구별함에 있어서 무엇을 기준으로 할 것인가에 따라 ① 침해받는 이익의 성질을 기준으로 하는 견해, ② 침해받는 규범의 성질을 표준으로 하는 견해, ③ 생활질서의 차이를 표준으로 하는 견해 등이 있다.

(3) 상대적 구별긍정설

상대적 구별긍정설에 따르면 양자의 차이는 본질적이라기보다 상대적·유동적이라고 보는 입장이다. 처음에는 경찰범이었던 것이 시대가 변함에 따라 반사회성·반윤리성의 인식이 국민 일반에 형성되어지는 경우에는 형사범으로 전환될 수 있다는 것으로 통설적인 견해이다.

Ⅲ. 경찰형벌의 근거

1. 법 률

경찰형벌은 형법상의 형을 과하는 벌이기 때문에 반드시 법률의 근거가 있어야 한다. 죄형법정주의는 형사벌의 경우는 물론 경찰형벌에도 똑같이 적용된다. 그러나 우리 실정법상 경찰형벌에 관한 총칙적 규정은 없으며, 각 단행법에서 형사벌과 구별되는 개별적 특칙을 규정하고 있다. 예컨대, 경찰관 직무집행법, 도로교통법, 집회 및 시위에 관한 법률, 청소년 보호법, 건축법 등이 그 예이다.

2. 법규명령

법률은 벌칙의 정립권을 법규명령에 위임할 수 있으나, 이 경우 처벌의 대상이 되는 행위의 구성요건 및 경찰벌의 최고한도 등은 법률에 이미 정해져 있어야 한다. 즉, 일반적 위임은 허용되지 않고 구체적으로 범위를 정하여 위임하여야 한다.

Ⅳ. 경찰형벌의 특수성

1. 경찰형벌과 형법총칙의 적용

경찰형벌에 형법총칙이 적용될 수 있느냐의 문제인데, 형법 제 8 조는 “본법(本法) 총칙은 타법령에 정한 죄에 적용된다. 단 그 법령에 특별한 규정이 있을 때에는 예외로 한다”라고 규정하고 있다. 따라서 경찰형벌에 대하여 형법총칙의 적용을 배제하는 명문의 규정이 있거나 해석상 적용을 배제하는 것으로 인정되는 경우를 제외하고는 형법총칙이 적용된다는 것이 통설이다.

2. 경찰형벌의 특수성

일반적인 견해에 따르면 경찰형벌에 관하여 형법총칙이 적용된다고 할지라도 명문규정상 또는 해석상 형법총칙의 적용이 배제되거나 변형될 수 있다고 한다.

1) 범 의

형사범의 경우에는 원칙적으로 고의가 있음을 요건으로 하고 과실있는 행위는 법률에 특별한 규정이 있는 경우에 한하여 처벌한다. 경찰범의 경우에도 원칙적으로 고의가 있는 경우만을 처벌하고 과실범을 예외적으로 처벌한다. 경찰법규에는 과실있는 행위를 처벌하는 명문규정을 두고 있는 경우가 적지 않다(예컨대, 도로교통법 등). 문제는 이러한 명문규정을 두고 있지 아니한 경우인데, 판례는 관례법규의 해석상 과실범도 처벌할 뜻이 명백한 경우를 제외하고는 고의없는 행위를 처벌할 수 없다고 하고 있다.

2) 책임능력

형사범은 책임무능력자(심신상실자, 14세 미만의 자)와 한정책임능력자(심신미약자, 농아자)의 형은 벌하지 않거나 감경하는데 대하여, 경찰범에 대하여는 이들 규정의 적용을 배제 또는 제한하는 규정을 두는 경우가 있다(예컨대, 담배사업법 제31조의 형법의 적용제한).

3) 법인의 범죄능력

형법상 법인은 범죄능력이 없다고 보는 것이 통설·판례의 입장이다. 그러나 경찰범에 있어서는 법인의 대표자 또는 법인의 대리인·사용인 기타의 종업원이 법인의 업무에 관하여 의무를 위반한 경우에 행위자뿐만 아니라 법인에 대해서도 처벌하는 규정을 두는 경우가 많다(예컨대, 도로교통법 제159조의 양벌규정, 소방기본법 제55조의 양벌규정 등). 이와 같이 행정법에 있어서 법인을 처벌하는 특별한 규정이 있는 경우에는 법인도 범죄능력을 갖는다는 것이 통설적 견해이다.

4) 타인의 행위에 대한 책임

형사범은 현실의 범죄행위자를 처벌하는 데 대하여 경찰범은 반드시 현실의 행위자가 아니라 행정법상 의무를 지는 자가 책임을 지는 경우가 많다. 예컨대, 미성년자의 위법행위에 대하여 법정대리인을 처벌하거나, 양벌규정을 두어 행위자 이외에 사업주도 처벌하는 경우가 있다. 이와 같이 사업주나 법정대리인이 지는 책임성질은

'자기책임'이며, 비행자에 대한 감독을 소홀히 한 것에 대한 '과실책임'이다.[1]

5) 공 범

경찰범에 대하여는 공범에 관한 형법상의 규정을 적용할 수 없는 경우가 많다. 실정법에서 공동정범·교사범·종범에 관한 규정의 적용을 배제하거나, 교사범을 정범으로 처벌하도록 하고 있는 경우도 있다.

6) 누 범

형법은 누범에 대하여는 그 죄에 정한 형의 장기의 2배까지 가중처벌 할 수 있게 하였다. 그러나 경찰범의 경우에는 누범을 가중처벌하지 않거나 정상참작을 허용하지 않는 특례가 인정된다(예컨대, 담배사업법 제31조).

Ⅴ. 경찰형벌의 절차법적 특수성

경찰형벌은 형사소송법이 규정한 절차에 의하여 일반법원에서 과함이 원칙이나, 예외적으로 통고처분·즉결심판절차와 같은 특별한 절차에 의하여 처벌할 수 있는 규정을 두고 있다.

1. 통고처분

1) 통고처분의 의의

통고처분이라 함은 행정청(경찰관청)이 정식재판에 갈음하여 절차의 신속성을 위하여 범칙자에게 일정한 벌금 또는 과료에 해당하는 금액 또는 물품의 납부를 명하는 제도이다. 현행법상 통고처분은 도로교통법 위반사범, 경범사범, 조세범, 관세범 등에 대하여 인정된다.

2) 통고처분의 성질

통고처분의 법적 성질은 준사법적 행정행위로 보는 것이 통설이다. 그러나 통고처분은 일종의 행정처분이지만 통고처분을 받은 자가 그 처분에 이의가 있는 경우에는 정식구제절차가 있으므로 행정쟁송(행정심판 또는 행정소송)을 제기할 수 없다. 왜냐하면 통고처분을 받은 자가 10일 이내(경범죄 처벌법 제 8 조의 경우)에 이행치 않으면 통고처분은 그 효력을 상실하게 되고(동법 제 9 조(통고처분 불이행자 등의 처리)), 해당 행정관청은 불

1) 홍정선, 전게서, pp.397~398.

이행자를 고발함으로써 형사소송절차로 이행하게 되는 특별한 구제절차가 규정되어 있기 때문이다.

3) 통고처분권자

경찰형벌의 통고처분권자는 경찰서장이다. 기타 행정형벌의 통고처분권자는 세무서장·지방국세청장·국세청장·관세청장·세관장 등이 있다.

4) 통고처분의 효과

(1) 통고처분내용의 이행

통고처분을 받은 자가 법정기한 내에 통고처분의 내용을 이행한 때에는 통고처분은 확정판결과 동일한 효력을 발생하며, 동일사건에 대하여 형사소추를 받지 아니하고 처벌절차가 종료된다.

(2) 통고처분내용의 불이행

통고처분을 받은 자가 법정기간 내에 통고된 내용을 이행하지 아니하면 관계 행정관청의 고발에 의하여 과벌절차는 형사소송절차로 이행하게 된다. 다만 도로교통법과 경범죄 처벌법에 의하면 형사소송절차에 앞서 즉결심판의 절차를 거칠 수 있다. 통고처분은 행정쟁송의 대상이 될 수 없다. 따라서 통고처분을 받은 자는 그 처분에 이의가 있는 경우에도 행정소송의 대상이 되지 않는다고 보는 것이 통설·판례의 입장이다.

2. 즉결심판

1) 기소독점주의의 예외

20만원 이하의 벌금·구류 또는 과료에 해당하는 행정형벌(경찰형벌)은 즉결심판절차에 따라 경찰서장의 청구에 의하여 지방법원, 지원 또는 시·군법원의 판사에 의하여 과하여지며, 그 형은 경찰서장이 집행한다. 이러한 즉결심판은 경찰서장에 의해 절차가 개시됨으로써 기소독점주의의 예외가 된다는데 그 의의가 있다.[1] 즉결심판에 불복하는 자는 선고고지를 받은 날로부터 7일 이내에 정식재판을 청구할 수 있다.

2) 통고처분과 즉결심판과의 관계

통고처분과 즉결심판은 전혀 별개의 제도가 아니라 상호관련이 있기도 하다. 예컨대, 도로교통법 제14장의 범칙행위에 관한 처리의 특례(제163조 통고처분에서 제165조 통고처분 불이행자 등의 처리까지의 조항 포함)에 의하면, 범칙금 통고처분을 하기에 적합하지 않

1) 김형중, 『경찰행정법』(서울: 수사연구사, 2005), p.555.

거나 이를 거부한 자, 그리고 범칙금 통고처분을 받은 자가 기한 내에 이를 불이행한 경우에는 경찰서장이 이를 즉결심판에 회부할 수 있도록 하고 있다.

Ⅵ. 경찰형벌과 행정구제

1. 항소·상고

구류·과료를 제외한 경찰형벌은 형사소송절차에 따른 사법절차(司法節次)에 의하여 처리되므로, 형사소송법상의 항소·상고 등의 방법에 의하여 구제받을 수 있다.

2. 정식재판청구권

검사가 약식기소한 때에는 정식재판을 청구할 수 있으며, 경찰형벌 중 압류·과료는 즉결심판절차를 거쳐 선고된 경우에도 이 선고에 불복하는 자는 정식재판을 청구할 수 있다.

3. 청 원 권

위법·부당한 경찰형벌에 의하여 권익을 침해당한 자는 헌법상의 청원권을 행사할 수 있다.

제 2 절 경찰질서벌

Ⅰ. 개 설

1. 경찰질서벌의 의의

경찰질서벌은 경찰법상의 의무위반에 대한 제재로서 형법에 형명이 없는 벌인 과태료를 과하는 금전적 제재수단을 말한다. 경찰형벌이 직접적으로 행정목적과 사회공익을 침해하는 경우에 과하여지는 것인데 대하여, 경찰질서벌은 간접적으로 경찰목적달성에 장애를 미칠 위험성이 있는 경우에 과하여지는 것이다. 경찰질서벌 즉 과태료 처분은 형벌이 아니므로 형법총칙이 적용되지 않는다.

2. 경찰질서벌의 성질

1) 경찰질서벌과 형사범

판례는 경찰질서벌과 형사범 양자를 병과할 수 있다는 입장이다. 대법원은 "행정법상 질서벌인 과태료의 부과처분과 형사처벌은 그 성질이나 목적을 달리하는 별개의 것이므로 행정법상의 질서벌인 과태료를 납부한 후 형사처벌을 한다고 하여 이를 일사부재리의 원칙에 반하는 것이라고 할 수는 없다"고 판시하고 있다(대판 1996. 4. 12, 96도158).

2) 경찰질서벌과 징계벌

경찰질서벌과 징계벌은 모두 불이익한 처벌이지만, 그 목적이나 성질을 달리하므로 징계벌을 부과한 후 경찰질서벌을 부과할 수도 있을 것이다.

3) 경찰질서벌의 시효문제

경찰질서벌은 범죄에 대한 형벌이 아니므로 형사소송법상의 공소시효나 형법상의 형의 시효는 있을 수 없고, 일단 한번 과태료에 처해진 자는 그 처벌을 면할 수 없다.[1]

Ⅱ. 행정범(경찰범)의 탈범죄화(경찰질서벌화)

우리나라의 경우 현실적으로 행정범(경찰범)에 대한 처벌수단도 대부분 행정형벌(경찰형벌)로 되어 있고, 과태료는 거의 예외적인 처벌수단으로 되어 있다. 따라서 오늘날 행정형벌의 과잉으로 인한 전과자 양산 등 불필요한 형사처벌을 줄이고 행정질서벌로 대체하려는(행정범의 탈범죄화) 노력이 광범위하게 진행되고 있다. 이러한 개선은 단기자유형과 벌금인 행정형벌은 가능한 한 행정질서벌로 전환하고 있다. 그리고 그 과벌을 제 1 차적으로 당해 법규를 집행하는 행정기관이 부과·징수토록 하고, 상대방이 그 과태료처분에 불복하는 경우에만 법원에서 재판하도록 하고 있다.

Ⅲ. 경찰질서벌의 특수성

경찰질서벌은 행정형벌의 경우와는 달리 원칙적으로 형법총칙이 적용되지 아니한

1) 대법원은 "의무해태시 정당한 사유가 있는 경우에 과태료 부과는 무리"라고 판시하고 있다(대판 2000. 5. 26, 98두5972).

다. 따라서 경찰질서벌인 과태료의 부과에는 법률에 특별한 규정이 없는 한, 고의·과실을 요하지 아니하며 위법성의 인식도 필요없다. 다만 의무자에게 의무를 탓할 수 없는 정당한 사유가 있는 경우에는 과태료를 부과할 수 없다고 하는 것이 판례의 입장이다.[1)]

행정질서벌의 특수성(대판 1994. 8. 26, 94누6949)

대법원은 "과태료와 같은 행정질서벌은 행정질서유지를 위하여 행정법규위반이라는 객관적 사실에 대하여 과한 제재이므로 반드시 현실적인 행위자가 아니라고 하여도 법령상 책임자로 규정된 자에게 부과되고 또한 특별한 규정이 없는 한 원칙적으로 위반자의 고의·과실을 요하지 아니한다"고 판시하고 있다.

의무해태시 정당한 사유가 있는 경우 과태료부과는 무리(대판 2000. 5. 26, 98두5972)

대법원은 "위반자가 그 의무를 알지 못하는 것이 무리가 아니었다고 할 수 있어 그것을 정당화할 수 있는 사정이 있을 때 또는 그 의무의 이행을 그 당사자에게 기대하는 것이 무리라고 하는 사정이 있을 때 등 그 의무 해태를 탓할 수 없는 정당한 사유가 있는 때에는 이를 부과할 수 없다"고 판시하고 있다.

Ⅳ. 경찰질서벌의 과벌절차

1. 국가행정상 행정질서벌

비송사건절차법에 따른 과태료부과처분에는 다음과 같이 두 가지로 나누어 볼 수 있다.

1) 법원이 비송사건절차법에 따라 결정으로 과하는 절차

행정관청이 위반사실을 적발하여 통보함으로써 과태료에 처할 자의 주소지를 관할하는 지방법원이 비송사건절차법에 따라 결정함으로써 부과한다. 법원의 과태료 부과결정에 불복하는 자는 즉시 항고할 수 있다.

2) 행정청이 부과·징수한 후 이의신청이 있으면 법원이 결정하는 절차

최근의 입법례는 과태료를 1차적으로 주무행정관청에서 직접 부과·징수하는 규정을 두는 예가 많다. 이때에 과태료 부과처분을 받은 자는 일정기간 내에 그 처분청에 이의신청을 할 수 있고, 그 처분청이 관할법원에 그 사실을 통보함으로써 비송사

1) 대판 2008. 8. 24, 2000마1350.

건절차법에 의한 과태료의 재판을 하도록 하고 있다.

2. 지방자치단체의 조례에 의한 과태료

조례에 의한 과태료는 지방자치단체의 장이 징수하며 기한 내에 납부하지 않은 경우에는 지방세 징수의 예에 따라 강제징수한다. 이에 불복이 있는 경우에는 그 처분의 고지를 받은 날부터 30일 이내에 당해 지방자치단체의 장에게 이의를 제기할 수 있으며, 관할법원에서 비송사건절차법에 따라 과태료 재판을 한다.

Ⅴ. 행정질서벌에 대한 행정구제

위법·부당한 과태료 부과에 대하여는 관계법령에서 정한 절차에 따라 이의신청을 부과권자에게 제기할 수 있으며, 이의신청이 제기되면 부과권자는 지체없이 관할법원에 그 사실을 통보하여야 한다. 통보를 받은 관할법원은 비송사건절차법에 따라 과태료의 재판을 하게 된다. 과태료처분은 현행법상 행정소송의 대상이 되는 행정처분이라고 볼 수 없다는 것이 판례의 입장이다.

과태료처분은 행정소송의 대상이 되는가?(대판 1993. 11. 23, 93누16833)

대법원은 "「옥외광고물 등 관리법」에 의하여 부과된 과태료처분의 당부(當否)는 최종적으로 비송사건절차법에 의하여만 판단되어야 한다고 보아야 할 것이므로 위와 같은 과태료처분은 행정소송의 대상이 되는 행정처분이라고 볼 수 없다"고 판시하고 있다.

제 3 장 경찰행정법상의 새로운 의무이행확보수단

Police Administrative Law

제1절 개 설

Ⅰ. 전통적 의무이행확보수단의 한계

현대 복리국가에 있어서 경찰작용(행정작용)이 복잡·다양해짐에 따라 종래의 경찰강제나 경찰벌과 같은 전통적인 의무이행확보수단만으로는 오늘날의 행정현실에 충분히 대응할 수 없는 한계가 나타나게 되었다. 따라서 이러한 공백을 보충하기 위한 목적으로 새로운 의무이행확보수단이 등장하게 되었다.

Ⅱ. 새로운 수단의 등장

새로운 종류의 실효성확보수단으로는 전통적인 의무이행확보수단의 보완적인 성격을 갖는 과징금·공표제도·공급거부·관허사업의 제한·국외여행의 제한·세무조사 등을 들 수 있다. 이러한 새로운 수단들은 간접적으로 의무이행을 확보하는 역할을 담당하게 되었다.

제 2 절 새로운 의무이행확보수단

Ⅰ. 금전적 제재

금전적 제재는 경찰법규의 위반자에게 금전급부의무라는 불이익을 과함으로써 간접적으로 의무를 이행케 하는 방법이다. 이에는 ① 가산금, 가산세, ② 부당세, ③ 과징금이 있다.

Ⅱ. 공급거부

공급거부라 함은 경찰행정법상 의무위반자나 불이행자에 대하여 경찰상의 역무나 재화의 공급을 거부함으로써 의무이행을 확보하는 수단이다.

Ⅲ. 관허사업의 제한

관허사업의 제한이라 함은 경찰법상의 의무위반행위에 대해서 인·허가 발급의 거부·취소·정지 등을 통하여 경찰법상의 의무이행을 확보하는 수단이다.

Ⅳ. 공표제도

1. 의 의

공표라 함은 행정법상의 의무위반 또는 의무불이행이 있는 경우에 그의 성명·위반사실 등을 일반에게 공개하여 사회적 비난과 명예 또는 신용의 침해를 위협함으로써 행정법상의 의무이행을 간접적으로 강제하는 수단을 말한다. 예컨대 공해배출업소의 명단공개와 미성년자 등에 대한 성범죄자의 등록정보의 공개[1] 등이 그 예이다.

---

1) 아동·청소년의 성보호에 관한 법률 제38조에 의하면 "여성가족부장관은 아동·청소년대상 성범죄자에 대해서는 형 확정 후 성명, 나이, 주소, 사진, 아동·청소년대상 성범죄 요지 등 신상 정보를 등록시키고 20년간 보존·관리하여야 한다"(아동·청소년의 성보호에 관한 법률 일부개정, 2010. 1. 18.)라고 의무규정화 하고 있다.

2. 법적 근거

공표는 일종의 권력적 사실행위[1]라고 보아야 한다. 따라서 현실적으로 행정상 의무이행확보수단으로서의 기능을 수행하고 있을 뿐만 아니라, 사실상 상대방의 명예, 프라이버시, 신용 등에 중대한 영향을 미치므로 원칙적으로 법적근거를 요한다고 보아야 한다.[2] 현행법 중에 명단 등의 공표를 규정하고 있는 일반법은 없으나, 개별법에서 그 예를 찾아볼 수 있다. 예컨대 공직자윤리법, 식품위생법, 독점규제 및 공정거래에 관한 법률 등이다.

3. 한 계

공표는 헌법상 보장된 사생활의 비밀의 자유를 침해할 가능성이 있으므로, 법에 근거가 있는 경우에도 비례의 원칙의 적용문제, 특히 상당성의 원칙이 지켜져야 한다. 따라서 공표함으로써 얻게 되는 공익과 잃게 되는 사익과의 관계를 구체적으로 비교·형량하여 결정하는 것이 중요하다.[3]

4. 공표에 대한 구제수단

위법한 공표로 인하여 명예를 훼손당하거나 경제적 손해를 입은 자는 다음과 같은 권리구제수단이 검토될 수 있다.

1) 국가배상

위업한 공표로 인하여 손해를 입은 자는 국가배상법이 정하는 바에 따라 손해배상 청구가 가능하다 할 것이다. 현행 국가배상법상의 공무원의 '직무행위'에 대하여 협의설, 광의설, 최광의설 등 여러 견해가 대립하고 있으나, 공표와 같은 사실행위[4]

---

1) 위반사실의 공표는 행정기관에 의하여 일방적으로 행하여지기 때문에 비권력적 사실행위가 아니라 권력적 사실행위라고 보아야 할 것이다.

2) 김형중, 전게서, p.398.

3) 대법원은 "선거관리위원회가 주체한 합동연설회장에서 일간지의 신문기사를 읽는 방법으로 전과사실을 적시하였다는 점과… 또한 전과사실이 공표됨으로써 상대 후보가 입는 명예(인격권)의 침해정도와 유권자들의 올바른 선택권에 대한 장애의 정도를 교량한다면, 후자가 전자보다 중하다고 보는 것이 상당하다. 따라서 피고인이 상대 후보의 전과사실을 적시한 것은 진실한 사실로서 공공의 이익에 관한 때에 해당하므로 「공직선거 및 선거부정방지법」 제251조 단서에 의하여 위법성이 조각된다"고 판시하고 있다(대판 1996. 6. 28, 96도977).

4) 행정상의 사실행위에는 권력적인 것도 있으나, 비권력적인 사실행위도 있다(예컨대, 주의, 권고, 지도 등)

도 '직무범위'에 속한다는 것에는 이견이 없다.

2) 행정소송

공표가 행정쟁송의 대상이 될 수 있는가에 대하여 견해의 대립이 있다. 공표는 권력적 사실행위로서 행정소송의 대상인 처분에 해당되기 때문에, 행정쟁송의 대상이 된다고 보는 견해[1]가 있는 반면, (명단)공표는 순수한 사실행위이므로 수인의무를 수반하는 권력적 사실행위로 보기 어렵기 때문에 행정쟁송의 대상이 될 수 없다는 견해[2]도 있다.

3) 정정공고

위법한 공표에 의해 훼손된 명예의 회복을 구하는 방법으로는 대체로 동일한 메스컴을 통한 정정공고를 들 수 있다.

4) 공무원의 책임

위법한 공표를 행한 공무원에 대해서는 형법상 명예훼손, 피의사실공표, 공무상비밀누설죄 등이 적용될 수 있다. 그리고 공무원법상 공무원 징계책임 등을 들 수 있다.

V. 기타 행정의 실효성 확보수단

1. 차량 등의 사용금지

이는 행정법규의 위반에 사용된 차량 그 밖의 운반수단의 사용을 정지 또는 금지케 함으로써 간접적으로 의무이행을 강제하는 방법이다.

2. 국외여행의 제한

예컨대, 국세의 고액체납자에 대하여 국외여행의 제한조치가 행해지는 경우가 있다. 이러한 관계법적 근거로는 여권법(제12조 제 1 항), 출입국관리법(제 4 조 제 1 항) 등이 있다.

3. 취업의 제한

병역법은 징병검사를 기피하거나, 징집·소집을 기피하고 있는 사람, 그리고 군복무 및 공익근무요원복무를 이탈하고 있는 사람의 취업을 제한하고 있다(법 제76조 제 1 항). 이러한 여러 가지 수단들에는 비례성의 원칙과 부당결부금지원칙 등이 중요한 의미를 갖는다.

---

1) 박윤흔·정형근, 전게서, p.571.
2) 홍정선, 『행정법원론(상)』(서울: 박영사, 2008), p.628.

제 5 편 경찰상 행정구제

Police Administrative Law

제 1 장 경찰권 행사와 권리구제

Police Administrative Law

제 1 절 현행 경찰상 행정구제제도

Ⅰ. 경찰상 행정구제의 의의

경찰상 행정구제라 함은 경찰기관의 작용으로 인하여 권익을 침해당한 자가 경찰기관이나 법원에 대하여 원상회복·손해전보 또는 당해 경찰작용의 시정(취소·변경)을 요구하는 절차를 말한다. 경찰권 행사와 권리구제에 관해서는 경찰만을 위한 특수한 법률은 존재하지 않으며, 행정법원리가 원용되며 행정구제법이 적용된다.

Ⅱ. 필 요 성

경찰상 행정구제제도는 경찰권의 남용으로부터 국민의 권익과 재산을 보호하고, 법치행정의 원칙과 국민의 기본권 보장을 핵심으로 하는 필수불가결의 제도이다.

제 2 절 경찰권 행사와 손해전보제도

Ⅰ. 경찰상 손해전보제도

경찰상 손해전보제도라 함은 국가의 작용으로 인하여 국민에게 야기된 손해를 전보하여 주는 제도를 말하며, 이에는 행정상 손해배상과 행정상 손실보상이 있다. 행정상 손해배상제도는 국가 등 행정기관의 위법한 행정작용으로 인하여 개인에게 가하여진 손해를 전보하여 주는 제도이다. 반면, 행정상 손실보상제도는 적법한 공권력 행사에 의하여 개인의 재산에 가하여진 특별한 희생에 대하여 사유재산의 보장과 공평부담의 견지에서 행하여지는 재산적 보상을 말한다.

Ⅱ. 손해배상

1. 경찰공무원의 위법한 직무행위로 인한 손해배상

1) 의 의

국가배상법 제 2 조는 "공무원이 그 직무를 집행하면서 고의 또는 과실로 법령을 위반하여 타인에게 손해를 입힌 경우에 국가 또는 지방자치단체는 그 손해를 배상하여야 한다"라고 하여 공무원의 위법한 직무행위로 인한 국가 등의 손해배상책임을 규정하고 있다. 따라서 위법하고 과실 있는 경찰작용으로 인하여 손해를 받은 자는 국가배상법 제 2 조에 의거하여 국가 등에 대하여 손해배상을 당연히 청구할 수 있다. 경찰손해구제와 관련된 경우에도 피해자가 경찰책임자인지 비경찰책임자인지를 가릴 필요가 없으며, 경찰공무원은 책임이 면제되지 않는다.

우리 헌법은 국가 또는 공공단체의 배상책임을 일반적으로 규정하고 있으며(헌법 제29조), 이를 실시하기 위하여 제정된 국가배상법은 공무원의 위법한 직무행위로 인한 배상에 대하여 그 구체적 내용을 명백히 하고 있다(법 제 2 조 제 1 항).

2) 배상책임의 성질

공무원의 위법한 직무행위로 인하여 발생한 타인의 손해에 대해서 국가 또는 지방자치단체가 지는 배상책임의 성질을 어떻게 볼 것인가에 대해서는 대위책임설과 자기

책임설 그리고 절충설이 대립하고 있으나 대위책임설이 행정법학계의 다수설이다.[1]

한편, 대법원은 국가배상법의 성질과 관련하여 절충설[2]의 입장을 견지하고 있는 것 같다. 대법원은 "국가배상법의 입법취지는 국가 등에게 손해부담책임을 부담시켜 국민의 재산권을 보장하기 위한 것이라는 점에서 자기책임을 인정하면서도, 공무원의 직무수행상 경과실로 타인에게 손해를 입힌 경우에는 국가에 그 책임이 귀속되고, 반면에 공무원의 위법행위가 고의·중과실에 기인하는 경우에는 그 본질에 있어서 기관행위로서의 품격을 상실하였기 때문에 국가 등에게 그 책임을 귀속시킬 수 없다"고 보고 있다. 대법원은 "다만 이러한 경우에는 피해자인 국민을 두텁게 보호하기 위하여 국가와 공무원 개인의 중첩적 배상을 부담하되, 국가 등이 공무원에게 구상할 수 있도록 함으로써 궁극적으로 그 책임이 공무원에게 귀속되도록 하려는 것"이라고 판시하여 국가에게 구상권을 인정하고 있다(대판 1996. 2. 15, 95다38677 전원합의체).

3) 손해배상책임의 요건

국가배상법 제 2 조에 의한 배상책임의 요건을 보면 "공무원이 그 직무를 집행하면서 고의 또는 과실로 법령을 위반하여 타인에게 손해를 입히는 것"이라고 규정하고 있다. 위와 같은 규정을 바탕으로 구체적인 요건들을 분설해 보면 다음과 같다.

(1) 공무원이 그 직무를 집행하면서 행한 행위

① 공 무 원

여기에서 공무원이라 함은 넓은 의미의 공무원을 말한다. 따라서 국가공무원법 및 지방공무원법에 의하여 공무원의 신분을 가진 자는 물론 국회의원, 지방의회의원, 기타 널리 공무를 위탁받아 그에 종사하는 모든 자를 포함한다는 것이 통설 및 판례의 입장이다. 대법원은 시청소차량운전수, 집달관, 미군부대의 카투사, 소집중인 향토예비군, 수당을 지급받는 교통할아버지, 동(洞)의 통장 등을 공무원으로 보고 있으나, 시영버스운전사와 의용소방대원, 정부기관에서 아르바이트 하는 자 등은 공무원에서 제외시키고 있다.

---

1) 대위책임설(代位責任說)이란 공무원의 위법한 직무행위로 인한 손해배상책임은 당해 공무원이 져야 하나, 피해자보호 등을 위해서 국가 또는 지방자치단체가 가해자인 공무원을 대신하여 지는 대위책임에 불과하다는 것으로써 행정법학계의 다수설이다.

2) 절충설은 공무원의 고의·중과실에 의한 공무원의 불법행위는 기관행위로 볼 수 없으므로 그에 대한 손해배상책임은 대위책임이나, 경과실에 의한 경우에는 기관행위로 볼 수 있으므로 그에 대한 손해배상책임은 자기책임의 성질을 가진다는 입장이다.

교통할아버지 봉사원도 국가배상법상 공무원으로 볼 수 있는가?(대판 2001. 1. 5, 98다39060)

대법원은 "피고(서울특별시 강서구)가 '교통할아버지 봉사활동 계획'을 수립한 후 관할 동장으로 하여금 '교통할아버지 봉사원'을 선정하게 하여 어린이보호, 교통안내 등의 공무를 위탁하여 이를 집행하게 하였다면, 교통할아버지 활동을 하는 범위 내에서는 국가배상법 제 2조에 규정된 '공무원'이라고 봄이 상당하다"고 판시하고 있다.

의용소방대는 국가기관인가?(대판 1978. 7. 11, 78다584)

대법원은 "구 소방법 제63조의 규정에 의하여 시·읍·면이 소방서장의 소방업무를 보조하기 위하여 설치한 의용소방대를 국가기관이라고 할 수 없음은 물론 또 그것이 이를 설치한 시·읍·면에 예속된 기관이라고도 할 수 없다"고 판시하고 있다.

② 직무를 집행하면서

㈎ 직무행위의 범위

직무행위의 범위에 관하여는 다음과 같은 견해의 대립이 있다. 협의설은 '직무'를 권력작용에만 국한시키는 입장으로 오늘날 이 견해를 취하는 학자는 거의 없다. 한편 광의설은 '직무'를 권력작용과 비권력적 작용(관리작용)만이 포함되는 것으로 보는 설로서 다수설과 판례의 입장이다. 여기에서는 행정작용 중에서 국가배상법 제 5 조에 별도로 규정된 영조물의 설치·관리작용과 사경제적 작용은 제외된다. 이 견해는 주로 국가배상법의 법적 성질을 공법으로 보는 학자들의 입장이다.

㈏ 직무행위의 내용

일반적으로 직무행위의 내용에는 권력작용과 비권력적 공행정작용이 포함된다. 따라서 법률행위적 행정행위·준법률행위적 행정행위와 같은 법적 행위는 물론, 사실행위·작위·부작위 등의 행정작용과 입법작용 그리고 사법작용(司法作用)이 모두 포함된다고 본다.

㈐ 직무를 집행하면서

'직무를 집행하면서'라 함은 직무행위 자체는 물론 직무수행의 수단으로 행한 행위 및 직무와 밀접히 관련된 행위를 말한다. 따라서 직무행위인지 여부는 객관적으로 직무행위의 외형을 갖추고 있는지의 여부에 따라 판단해야 한다는 외형설이 통설 및 판례의 입장이다.

'직무를 집행함에 당하여'라는 취지(대판 1966. 6. 28, 66다781)

대법원은 "국가배상법 제 2 조 제 1 항에서 말하는 '직무를 집행함에 당하여'라는 취지는 공무원의 행위의 외관을 객관적으로 관찰하여 공무원의 직무행위로 보여질 때에는 비록 그것이 실질적으로 직무행위이거나 아니거나 또는 행위자의 주관적 의사에 관계없이 그 행위는 공무원의 직무집행행위로 볼 것이요, 이러한 행위가 실질적으로 공무집행행위가 아니라는 사정을 피해자가 알았다 하더라도 그것을 국가배상법 제 2 조 제 1 항에서 말하는 '직무를 집행함에 당하여'라고 단정하는 데 아무런 영향을 미치는 것은 아니다"라고 판시하고 있다.

(ㄱ) 외형상 직무행위와 관련성이 있는 행위 외형상 직무행위와 관련성이 있는 행위라고 한 사례들을 보면 다음과 같다. 시위진압도중 전경이 조경수를 짓밟는 행위, 비번 중인 경찰공무원의 불심검문, 교통할아버지의 교통정리, 수사도중의 고문행위, 상관의 명에 의한 이삿짐운반, 훈계권 행사로서의 폭력, 통근차로 출퇴근하면서 사고를 낸 경우, 감방 내에서의 사형(私刑), 훈련 도중 군인의 휴식 중 꿩 사격 등을 들 수 있다.

외형상 직무행위와 관련성이 있는 행위들(대판 1966. 10. 18, 66다1377)

대법원은 "군대 내에 있어서의 상관으로서 하급자가 상관에게 반말을 쓰는 등 군기위반행위에 대하여 그의 직무인 훈계권을 행사하던 중, 그 도를 지나쳐 폭력을 행사하여 사고를 발생시켰다면 이는 국가배상법의 해석상 국가공무원의 직무집행 중의 행위라고 할 것이므로 국가는 이로 인한 손해를 배상할 책임이 있다"고 판시하고 있다.

외형상 직무행위와 관련성이 있는 행위들(대판 1993. 9. 28, 93다17546)

대법원은 "이 사건 사고당시 배치된 경찰관 등으로서는 사고 감방 내의 상황을 잘 살펴 수감자들 사이에서 폭력행위 등이 일어나지 않도록 예방하고 나아가 폭력행위 등이 일어난 경우에는 이를 제지하여야 할 의무가 있음에도 불구하고 이러한 주의의무를 게을리한 사실을 인정하여 피고(국가)에게 배상책임을 인정하였는 바, 이러한 원심의 판단은 정당하다"고 판시하고 있다.

(ㄴ) 외형상 직무행위라고 볼 수 없는 행위 개인 감정에 의한 총기사용, 군의관의 포경수술, 고참병의 훈계살인, 재산압류를 함에 있어서 해당 공무원의 절도행위, 부대이탈 후 민간인 사살, 퇴근 후 음주난동행위, 휴가 중의 폭력행위, 결혼식 참석을 위한 군용차 운행 등을 들 수 있다.

(2) 고의 또는 과실로 인한 행위

국가 등의 배상책임이 성립하기 위해서는 공무원이 직무집행시 '고의 또는 과실'

로 타인에게 손해를 가한 경우에만 국가배상책임이 인정된다.

① 고의·과실의 의의

고의 또는 과실을 요건으로 하고 있는 점에서 국가배상법은 원칙적으로 과실책임주의를 채택하고 있다. 고의라 함은 자기의 행위로 인한 결과의 발생을 인식하면서도 그 행위를 행하는 심리상태를 말하며, 과실이라 함은 자기의 행위로 인하여 일정한 결과의 발생을 부주의로 인식하지 못하고 그 행위를 하는 심리상태를 말한다. 따라서 공무원의 직무집행상의 과실이라 함은 공무원이 그 직무를 수행함에 있어 당해 직무를 담당하는 평균인이 통상 갖추어야 할 주의의무를 다하지 못한 것을 말한다.

② 과실의 객관화 경향

과실은 직무상 요구되는 주의의무위반이며 과실을 추상적(객관적) 과실로 보는 경우에는 주의의무의 내용은 공무원의 직종과 직위에 의하여 객관적으로 정하여져야 하며, 특정 공무원 개인의 지식·능력·경험에 의하여 주관적으로 정해지는 구체적(주관적) 과실은 제외시킨다. 이와 같이 과실의 유무를 주관적으로 판단하는 것이 아니라 객관적으로 판단하는 것을 '과실의 객관화'라고 한다. 이는 피해자가 공무원의 고의·과실을 입증하기가 어려워 손해배상을 받지 못하는 점을 시정하기 위하여 과실개념을 넓게 인정하여 국가배상책임을 확대시키려는 취지이다.

③ 조직과실이론

공무원의 과실과 관련하여 문제되는 것은 가해공무원을 특정하여야 하는가인데, 현재 통설은 가해공무원의 특정을 국가배상책임의 요건으로 보고 있지 않다. 이 견해에 의하면 누구의 행위인지가 판명되지 않더라도 공무원의 행위에 의한 것인 이상 국가는 배상책임을 지게 된다. 이러한 과실개념은 독일의 조직과실, 프랑스의 공역무과실의 관념에 해당된다. 판례도 가해자가 경찰기동대와 같은 집단인 경우에는 가해자를 특정할 필요가 없다고 보고 있다.

조직과실을 인정한 예(서울지법 1988. 9. 21, 88가합2327)

서울지법은 "데모진압도중 최루탄 투척 등으로 데모가담자에게 발생한 손해의 국가배상사건에서 가해공무원을 특정할 필요가 없다"고 판시하여 이른바 조직과실을 인정하고 있다.

(3) 법령에 위반한 행위(위법성)

① 법령위반의 의미

법령의 범위에 대하여 협의설과 광의설이 대립하고 있으나 광의설이 다수의 견해이다. 이 설에 의하면 협의설이 주장하는 엄격한 의미의 법령(헌법, 법률, 대통령령, 총리령, 부령 등)만을 의미하는 것이 아니라, 인권존중·권리남용금지·신의성실 등 법의 일반원칙도 포함된다는 입장이다.

경찰관이 주취운전자에 대하여 권한행사를 행사하지 않은 경우의 직무상 의무위반 여부(대판 2004. 9. 23, 2003다49009)

대법원은 "경찰관의 주취운전자에 대한 권한 행사가 관계 법률의 규정형식상 경찰관의 재량에 맡겨져 있다고 하더라도, 그러한 권한을 행사하지 아니한 것이 구체적인 상황 하에 현저하게 합리성을 잃어 사회적 타당성이 없는 경우에는 경찰관의 직무상 의무를 위배한 것으로서 위법하게 된다"고 판시하여 법령에 위반한 행위(위법성)의 범위에 대하여 인권존중·권리남용금지 등 법의 일반원칙도 포함된다는 입장을 견지하고 있다.

② 행정규칙위반

훈령·직무명령 등의 경우처럼 행정조직의 내부질서를 규율하는데 그치는 행정규칙위반이 여기서 말하는 법령위반에 해당하느냐에 대해서는 견해가 대립하고 있다. 학설은 반드시 일치하지 않지만 행정규칙위반도 법령위반에 해당하는 것이라고 보는 것이 다수설의 입장이다. 그러나 판례는 행정규칙위반은 법령위반에 해당되지 않는다고 보고 있다.

③ 재량행위와 위법성

재량행위에 위반한 행위는 원칙적으로 부당에 불과하므로 법령위반에 포함되지 않는다. 그러나 행정관청에 재량권이 부여된 경우에도, 구체적 사안에서 재량권이 영으로 수축되어 행정권을 행사하지 않을 경우에는 그 부작위의 위법성이 인정되어 법령위반에 포함된다고 보아야 한다.

④ 위법성의 입증책임

공무원의 직무행위의 위법성에 대한 입증책임은 원칙적으로 원고(피해자) 측에 있다고 보는 것이 다수설의 입장이나, 피해자는 가해행위를 입증하면 충분하고 그 위법성을 입증할 필요가 없다는 견해도 있다.

⑤ 선결문제로서의 행정행위의 위법성의 문제

법령위반과 관련하여 논의되는 것은 행정행위의 위법성을 이유로 손해배상을 청구하는 경우에 선결문제로서 미리 그 행위의 취소나 무효확인의 판결을 받지 않고 민사법원이 그 위법성을 인정할 수 있는지의 여부가 문제된다. 이에 대하여는 적극설과 소극설의 견해가 대립하고 있으나 적극설이 다수설이다.

(4) 타인에 대한 손해발생

① 타인에 대한 손해

㈎ 타인의 범위

여기서 타인이라 함은 가해자인 공무원과 그의 위법한 직무행위에 가담한 자 이외의 모든 사람이 해당된다. 따라서 공무원의 신분을 가진 자도 피해자로서 타인에 포함될 수 있다. 예컨대, 관용차의 운전사의 과실로 인한 사고로 동승자인 공무원이 상해를 입은 경우에 손해배상을 청구할 수 있다.

㈏ 손해의 발생과 인과관계

여기에서 손해라 함은 재산적 손해, 비재산적 손해(생명·신체 등), 적극적 손해, 소극적 손해 등이 모두 포함되며, 고의·과실에 의한 가해행위와 발생한 손해와의 사이에 상당인과관계가 인정되어야 한다.

공공일반의 이익침해 등에 대한 손해배상책임여부(대판 2001. 10. 23, 99다36280)

대법원은 "국민의 법령에 정하여진 수질기준에 미달한 상수원수로 생산된 수돗물을 마심으로써 건강상의 위해발생에 대한 염려 등에 따른 정신적 고통을 받았다고 하더라도, 이러한 사정만으로는 국가 또는 지방자치단체가 국민에게 손해 배상책임을 부담하지 아니한다"고 판시하고 있다.

손해의 발생과 상당인과관계 인정여부(대판 1980. 11. 11, 80다1523)

대법원은 "군인이 자물쇠를 잠그지 아니한 실탄함에서 수류탄을 절취하여 이를 터트려서 인명을 살상하였다면 실탄함을 관리하는 군인의 과실과 이 사건 폭발사건 사이에 상당인과관계가 있다"고 판시하고 있다.

② 행정의 책임없는 위법처분으로 인한 제 3 자에 대한 손해

행정의 책임없는 위법한 처분으로 제 3 자가 손해를 입게 되면, 신체침해의 경우에는 희생유사침해보상청구권이, 그리고 재산권 침해의 경우에는 수용유사적 침해에

따른 보상청구권이 인정될 수 있는가가 문제시 된다. 예컨대, 경찰이 살인범을 추적하면서 발사한 총격의 파편에 의해 제 3 자가 부상한 경우 등을 들 수 있다.

4) 손해배상책임

(1) 배상책임자

배상책임자는 가해공무원이 소속된 국가 또는 지방자치단체이다. 그러나 공무원의 선임·감독을 맡은 자와 봉급·급여 기타의 비용을 부담하는 자가 다른 경우에는 피해자는 선택적으로 청구할 수 있으며, 이 때 손해를 배상한 자는 내부관계에서 손해를 배상할 책임이 있는 자에게 구상(求償)할 수 있다(국가배상법 제 6 조). 여기에서 '내부관계에서 손해를 배상할 책임이 있는 자'는 공무원의 선임·감독자를 의미한다는 것이 통설이다.

(2) 배 상 액

배상액은 가해행위와 상당인과관계에 있는 모든 손해를 정당한 가격으로 환산한 가액이다. 국가배상법 제 3 조의 배상기준에 대한 규정은 단순한 기준에 불과하다는 단순기준액설과 배상액의 상한을 정한 제한규정이라고 보는 한정액설이 대립하고 있으나, 기준액설이 다수설과 판례의 입장이다.

배상액의 기준에 대한 규정(대판 1980. 12. 9, 80다1828)

대법원은 "국가배상법 제 3 조의 배상액기준은 배상심의회의 배상금지급기준을 정하기 위한 하나의 기준일 뿐이고, 손해배상액의 상한을 제한한 것은 아니다"라고 판시하고 있다.

(3) 군인·경찰공무원 등에 대한 특례

① 국가배상법과 경찰공무원의 국가배상권 제한의 완화

종전의 국가배상법 제 2 조 제 1 항 단서는 경찰관이나 군인 등이 전투·훈련 기타 직무집행과 관련하여 손해를 입은 경우에 본인 또는 그 유족은 국가 또는 지방자치단체를 상대로 손해배상을 청구하지 못하도록 규정하여, 지금까지 경찰공무원은 국가배상대상에서 불합리한 처분을 받아오던 보상체계였다.

㈎ 국가배상법 제 2 조 제 1 항 단서인 "전투·훈련 기타 직무집행과 관련하거나 국방 또는 치안유지상의 목적상 사용하는 시설 및 자동차·함선·항공기 기타 운반기구안에서 전사·순직 또는 공상을 입은 경우"를 종전과는 달리 "전투·훈련 등 직무집행과 관련하여 전사·순직 또는 공상을 입은 경우"로 개정되었다(법률 제7584호, 2005. 7. 13).

(나) 국가배상법 제 2 조 제 1 항 단서의 개정으로 전투·훈련 등 직무집행과 관련한 경우에만 국가 또는 지방자치단체를 상대로 한 손해배상청구를 제한하고, 그 외의 일반 직무집행 중 발생한 순직·공상의 경우에는 국가배상청구가 가능하게 되었다. 예컨대, 112순찰차량이 순찰도중 택시와 충돌하여 조수석에 탑승한 경찰관이 순직한 경우 종전에는 국가배상청구를 할 수 없었으나, 법률개정으로 국가배상청구가 가능하게 되었다.

② 판례의 입장

대법원은 '직무집행'의 개념을 엄격히 해석하는 등 가급적 적용을 제한하려고 하고 있다. 예컨대, 인적요건의 경우도 위험성이 높은 직무에 종사하는 자에 한정시키려 하고 있다. 따라서 공익근무요원과 경비교도는 군인에 해당하지 않는다고 판시하고 있다. 다만 전투경찰순경은 경찰공무원에 해당한다고 판시하고 있음에 주목할 필요가 있다(헌재 1996. 6. 13, 94헌마118, 95헌바39 전원재판부).

(4) 선택적 청구권

피해자는 국가 또는 공공단체에 대해서만 손해배상을 청구할 수 있느냐 또는 국가 또는 공공단체와 공무원 개인에 대해 선택적으로 배상을 청구할 수 있느냐 하는 점인데, 이 문제는 국가배상책임의 성질과 밀접한 관계가 있다.

이에는 선택적 청구권을 부인하는 견해, 선택적 청구권을 인정하는 견해 그리고 제한적 긍정설(절충설)로 나누어진다. 판례는 가해 공무원에게 고의 또는 중과실이 있는 경우에 한하여, 피해자는 가해 공무원 또는 국가에 대하여 선택적으로 손해배상을 청구할 수 있지만, 경과실의 경우에는 국가에 대해서만 손해배상을 청구할 수 있다는 제한적 긍정설의 입장을 취하고 있다.

선택적 청구권을 부인했던 판례의 예(대판 1994. 4. 12, 93다11807)

대법원은 "공무원의 직무상 불법행위로 인하여 손해를 받은 사람은 국가 또는 공공단체를 상대로 손해배상을 청구할 수 있고, 이 경우에 공무원에게 고의 또는 중대한 과실이 있는 때에는 국가 또는 공공단체는 그 공무원에게 구상할 수 있을 뿐, 피해자가 공무원 개인을 상대로 손해배상을 청구할 수 없다"고 판시하고 있다.

고의 · 중과실의 경우에 한해서 선택적 청구권의 인정(제한적 긍정설 입장)(대판 1996. 2. 15, 95다38677 전원합의체)

대법원은 "공무원이 직무수행 중 불법행위로 타인에게 손해를 입힌 경우에 국가 등이 국가배상책임을 부담하는 외에 공무원 개인도 고의 또는 중과실이 있는 경우에는 불법행위로 인한 손해배상책임을 진다고 할 것이지만, 공무원에게 경과실뿐인 경우에는 공무원 개인은 손해배상책임을 부담하지 아니한다"고 판시하고 있다.

(5) 구상권행사

① 구상권행사의 한계

국가배상법은 국가 또는 지방자치단체가 배상을 하였을 때에는 국가 또는 지방자치단체는 '공무원에게 고의 또는 중대한 과실이 있을 때'에 한하여 해당 공무원에게 구상권을 갖는다고 규정하고 있다. 따라서 경과실인 경우에는 구상권을 행사할 수 없다.

② 공동불법행위 관련 구상권 행사 여부

일반국민이 직무집행 중인 군인과의 공동불법행위로 직무집행 중인 다른 군인에게 공상을 입히고서 그 피해자에게 손해를 배상한 후, 공동불법행위자인 군인의 부담부분에 관하여 국가에 대하여 구상권을 행사할 수 있는가 하는 문제이다. 이에 대하여 대법원과 헌법재판소의 견해가 대립하고 있다.

민간인이 공동불법행위자인 경우 국가에 대한 청구권 인정 여부(대판 2001. 2. 15, 96다42420 전원합의체)

대법원은 "민간인은 공동불법행위자 등이라는 이유로 피해군인 등의 손해 전부를 배상할 책임을 부담하도록 하면서 국가 등에 대하여는 귀책비율에 따르는 구상을 청구할 수 없도록 한다면, 공무원의 직무활동으로 빚어지는 이익의 귀속주체인 국가 등과 민간인과의 관계에서 원래는 국가 등이 부담하는 것을 민간인이 부담하는 부당한 결과가 될 것이고, 헌법과 국가배상법의 규정에 의하여 위와 같은 방법으로 민간인의 권리가 부당하게 침해되는 것까지 정당하게 되는 것은 아니라고 할 것이다"라고 판시하고 있다.

(6) 손해배상청구권의 소멸시효

손해배상청구권은 피해자나 그 법정대리인이 손해 및 그 가해자를 안 날부터 3년, 불법행위를 한 날부터 10년을 경과하면 청구권이 소멸된다.

5) 손해배상의 청구절차

(1) 행정절차에 의한 손해배상청구

① 임의적 결정전치주의 채택

국가배상법은 "손해배상의 소송은 배상심의회에 배상신청을 하지 아니하고도 이를 제기할 수 있다"고 규정하여, 행정상 손해배상청구절차에 관하여 임의적 결정전치주의를 채택하고 있다(법 제 9 조). 따라서 손해를 받은 자는 그 선택에 따라 배상심의회에 배상신청을 할 것인지 아니면 곧바로 소송을 제기할 것인지를 결정할 수 있다.

② 배상결정효력

배상심의회는 합의제 행정관청으로서 배상금을 심의·결정하고 그 결과를 신청인에게 송달한다. 배상심의회의 배상결정에 대하여 신청인이 동의하는 경우에는 배상결정이 효력을 발휘한다.

(2) 사법절차에 의한 손해배상청구

배상심의회의 결정에 불복하거나 처음부터 소송을 제기하는 경우에 행정소송절차에 의하여야 할 것인지 민사소송절차에 의하여야 할 것인지 견해가 대립하고 있다.

① 행정소송절차에 의한다는 견해

이 견해는 국가배상법을 공법(公法)으로 보기 때문에 손해배상청구는 행정소송 중 당사자소송에 의하며, 행정법원이 제 1 심법원이 된다는 설로서 다수설의 입장이다.

② 민사소송절차에 의한다는 견해

이 견해는 국가배상법을 사법(私法)으로 보기 때문에 손해배상청구는 민사소송에 의하며, 민사법원이 제 1 심법원이 된다는 설로서 대법원은 이 견해를 취하고 있다.

2. 영조물(營造物)의 설치·관리의 하자로 인한 손해배상

1) 의 의

국가배상법 제 5 조 제 1 항은 "도로, 하천 그 밖의 공공의 영조물의 설치나 관리에 하자가 있기 때문에 타인에게 손해를 발생하게 하였을 때에는 국가나 지방자치단체는 그 손해를 배상하여야 한다"고 규정하고 있다. 그리고 "제 1 항의 경우에 손해의 원인에 대하여 책임을 질 자가 따로 있으면 국가나 지방자치단체는 그 자에게 구상할 수 있다"고 구상권을 규정하고 있다(동법 동조 제 2 항).

공공의 영조물의 설치 또는 관리에 하자가 있다는 객관적 사실만으로 충분하고, 그 하자의 발생원인에 있어서 국가의 고의·과실의 유무를 불문한 무과실책임이라고 보는 것이 통설적 입장이다.

2) 배상책임의 요건

배상책임의 성립요건으로 도로·하천 기타 공공의 영조물일 것, 설치 또는 관리에 하자가 있을 것, 타인에게 손해가 발생할 것 등이다.

(1) 도로·하천 그 밖의 공공의 영조물

여기에서의 영조물은 일반적으로 행정주체가 직접 공공목적에 제공되는 개개의 유체물(有體物)인 공물(公物)을 말한다. 영조물에는 물건의 집합체인 공공시설(경찰서·소방서 등의 관공서·경찰병원·경찰대학교 등)뿐만 아니라 인공공물(도로·수도·공원 등), 자연공물(하천·호수·해변 등), 부동산과 동산(교통순찰차·소방차·자동차·경찰항공기·경찰총기 등), 동물(경찰견·경찰마) 등도 이에 포함된다. 그러나 국공유재산이라도 행정목적에 직접 제공되지 아니한 잡종재산은 여기의 영조물에서 제외되며, 잡종재산에 의한 손해는 민법에 의한다. 판례는 교통신호기 고장으로 인한 교통사고, 철도시설물의 설치·하자로 인한 손해배상 그리고 집중호우로 국도변 산비탈이 무너져 내려 차량의 통행을 방해함으로써 일어난 교통사고에 대하여 국가의 도로에 대한 설치 또는 관리상의 하자책임을 인정하고 있다. 여기에서 대법원은 교통신호기, 철도시설물, 도로 등을 영조물로 보고 있다.

잡종재산이란?

잡종재산은 국·공유 재산이라 할지라도 공물(公物)이 아닌 재산을 말한다. 예컨대, 폐차 처분한 행정관용차, 국유림(잡종임야), 국유미개간지(국유재산 중 버려진 토지) 등이 이에 해당된다.

철도시설물의 설치·하자로 인한 손해배상은 국가배상법이 적용되는가?(대판 1999. 6. 22, 99다7008)

대법원은 "국가의 철도운행사업은 사경제적 작용이라 할 것이므로, 이로 인한 사고에 공무원이 간여하였다고 하더라도 국가배상법을 적용할 것이 아니고 일반 민법의 규정에 따라야 하나, 공공의 영조물인 철도시설물의 설치 또는 관리의 하자로 인한 불법행위를 원인으로 하여 국가에 대하여 손해배상청구를 하는 경우에는 국가배상법이 적용된다"고 판시하고 있다. 이외에도 판례는 건널목경보기·공중전화·공중변소·전신주 등도 손해배상의 원인이 되는 영조물로 보고 있다.

(2) 설치 또는 관리의 하자가 있을 것

① 설치 또는 관리의 하자의 의의

영조물의 설치 또는 관리의 하자라 함은 공공시설인 영조물이 통상적으로 갖추어야 할 안정성을 결여한 것을 말하며, 이러한 안정성의 결여는 설치단계의 것이든 관리단계의 것이든 불문한다. 어떠한 경우에 영조물의 설치·관리에 하자가 있다고 볼 것인가에 대하여는 견해의 대립이 있다.

(가) 객 관 설

이 견해는 하자의 유무를 공공시설 등의 물적 안정성이 있느냐 하는 관점에서 판단하자는 입장이다. 따라서 영조물에 일단 하자가 있어 손해가 발생한 경우, 국가는 그의 관리의무위반이나 재정력과는 무관하게 배상책임을 지게 된다는 설로서 우리나라의 통설·판례이다. 이와 같이 하자유무의 판단에 있어서 객관설을 취하게 되면, 하자발생에 있어 관리자의 고의·과실의 유무는 문제가 되지 않는다. 여기서의 '안전성'에는 영조물 이용자 이외의 제 3 자에 대한 안전성(예컨대, 공항·고속도로 주변에 거주하는 인근주거자 등이 제 3 자)뿐만 아니라, 최근에는 영조물의 하자의 범위를 사회적·기능적 안정성까지 포함시켜 이해하려는 경향을 보이고 있다(예컨대, 공항의 항공기 소음으로 인한 손해 등). 다만, 천재지변과 같은 불가항력에 의한 영조물의 훼손 등은 면책사유로 인정된다.

고속도로상에서 다른 자동차가 떨어뜨린 타이어에 걸려 발생한 사고 관련 순찰차의 관리의무위반 여부

대법원은 "고속도로상에서 다른 자동차가 떨어뜨린 타이어에 걸려 발생한 사고에 있어, 관리자의 순찰차가 당해 지점을 통과한 후 10분 내지 15분 사이에 사고원인인 자동차 타이어가 도로에 떨어졌다면 도로관리자로서는 떨어진 타이어를 발견하고 이를 제거하여 사고방지조치를 취하는 것은 시간상으로 거의 불가능한 일이다"라고 판시하여 관리의 하자를 부인하고 있다(대판 1992. 9. 14, 92다3243).

대법원은 "교차로의 진행방향 신호기의 정지신호가 단선으로 소등되어 있는 상태에서 그대로 진행하다가 다른 방향의 진행신호에 따라 교차로에 진입한 차량과 충돌한 경우, 신호기의 적색신호가 소등된 기능상 결함이 있었다는 사정만으로 신호기의 설치 또는 관리상의 하자를 인정할 수 없다"고 판시하고 있다(대판 2000. 2. 25, 99다54004).

천재지변과 같은 불가항력에 의한 영조물의 훼손에 대한 배상책임 문제(대판 2000. 4. 25, 99다54998)

대법원은 "강설의 특성, 기상적 요인과 지리적 요인, 이에 따른 도로의 상대적 안전성을 고려하면 겨울철 산간지역에 위치한 도로에 강설로 생긴 빙판을 그대로 방치하고 도로상황에 대한 경고나 위험표지판을 설치하지 않았다는 사정만으로 도로관리상의 하자가 있다고 볼 수 없다"라고 판시하여 불가항력을 인정하고 있다.

(나) 판 례

우리나라 판례의 입장은 반드시 일치하는 것은 아니나 주류적 입장은 객관설에 입각하고 있는 것으로 보인다. 왜냐하면 영조물설치의 하자라 함은 영조물의 축조에 불완전한 점이 있어 이 때문에 영조물 자체가 통상 갖추어야 할 안정성을 갖추지 못한 상태에 있음을 말하며, 따라서 영조물설치의 하자 유무는 객관적·물적 안정성을 갖추지 못한 상태를 의미한다고 판시하고 있기 때문이다(대판 1967. 2. 21, 66다1723).

여의도 차량진입으로 인한 인신사고 관련 안정성 결여 유무(대판 1995. 2. 24, 94다57671)

대법원은 "차량진입으로 인한 인신사고 당시에는 차도와의 경계선 일부에만 이동식 쇠기둥이 설치되어 있고 나머지 부분에는 별다른 차단시설물이 없었으며 경비원도 없었던 것은 평소 시민의 휴식공간으로 이용되는 여의도광장이 통상 요구되는 안정성을 결여하고 있었다"고 판시하고 있다.

(다) 결　　어

통설·판례의 입장과 같이 국가배상법 제 5 조의 책임을 무과실책임주의에 입각하여 규정한 것으로 인정되기 때문에 객관설이 타당하다고 본다.

② 하자의 입증책임

영조물의 설치·관리상의 하자의 입증책임은 원칙적으로 원고에게 있다. 그러나 이 경우 피해자의 입증이 매우 어렵기 때문에 피해자의 권리구제차원에서 '하자의 일응추정의 이론'을 적용하여 피해자는 개연성만 입증하도록 하는 것이 타당하다는 견해로서 다수설의 입장이다.

하자의 일응추정이론이란?

'하자의 일응추정의 이론'이라 함은 피해자 구제의 관점에서 사고의 발생으로 일응 하자의 존재가 추정되고 영조물의 관리자로서의 국가 등이 하자 없었음을 입증하지 아니하는 한 국가가 배상책임을 지게 된다고 하는 이론을 말한다.

(3) 타인에게 손해를 발생할 것

영조물의 설치·관리의 하자로 인하여 타인에게 손해가 발생하여야 하며, 그 하자와 손해발생과의 사이에는 상당인과관계가 있어야 한다.

① 타인의 범위

타인이라 함은 일반인은 물론 공무원이 영조물의 설치·관리의 하자로 손해를 입은 경우에도 여기서의 '타인'에 포함된다. 다만, 군인·경찰 등 일정한 공무원에 대하여는 국가배상법 제 2 조의 경우와 마찬가지로 이중배상금지규정이 적용된다.

② 손해의 발생

영조물의 설치·관리상 하자와 손해발생 사이에는 상당인과관계가 있어야하며, 이에 대한 입증책임은 피해자가 부담하여야 한다. 여기서 손해라 함은 '공무원의 직무상 불법행위로 인한 손해'의 경우와 마찬가지로 재산적 손해·정신적 손해 또는 적극적 손해·소극적 손해를 포함한다.

(4) 면책사유

① 불가항력

사회통념상 일반적으로 갖추어야 할 안전성을 구비하고 있음에도 불구하고 예상할 수 없는 외력에 의하여 손해가 발생한 경우에는 불가항력으로서 국가 등의 배상책임은 발생하지 않는다. 예컨대, 집중폭우나 눈사태 등으로 영조물이 훼손되고 그로 말미암아 손해가 발생한 경우에는 불가항력에 의한 것이라고 볼 수 있다. 다만, 폭우·폭설 등에 의한 재해가 과거에 경험해 본 범위 내의 것이라면, 국가 등은 그에 대처할 시설을 했어야 할 의무가 있다고 보여진다.

② 재정적 제약

국가·지방자치단체의 재정이 취약하다는 이유로 영조물이 갖추어야 할 안정성을 확보하지 못했다하여 배상책임이 면제되는 것은 아니며, 다만 안정성의 판단에 있어서 참작사유가 될 뿐이라고 보는 것이 다수설 및 판례의 입장이다.

재정적 제약사유는 배상책임 면제 사유가 되는가?(대판 1967. 2. 21, 66다1723)

대법원은 "영조물 설치의 하자 유무는 객관적 견지에서 본 안정성이 문제이고, 재정사정이나 사용목적에 의한 사정은 안정성을 요구하는 데 대한 정도문제로서의 참작사유에는 해당할 지언정, 안정성을 결정지을 절대적 요건이 되지 못한다"고 판시하고 있다.

③ 국가배상법 제 2 조(배상책임)와 제 5 조(공공시설 등의 하자로 인한 책임)의 경합문제

국가배상법 제 2 조와 제 5 조의 책임이 중복하여 발생한 경우에 피해자는 두 조항 가운데 그 어느 것에 의해서도 배상을 청구할 수 있다. 그러나 국가배상법 제 2 조는 명백히 '고의 또는 과실'이라는 주관적 요건을 규정하고 있으나, 국가배상법 제 5 조는 단순히 '설치 또는 관리의 하자'라고만 규정하고 있다. 따라서 피해자의 입장에서는 제 5 조의 배상이 무과실책임주의를 채택하고 있으므로, 제 5 조에 의하여 배상책임을 추

구하는 것이 훨씬 유리하다. 예컨대, 경찰관용차가 사고가 일어난 경우, 그 차의 결함과 운전자의 과실이 경합한 경우에는 국가배상법 제 2 조 보다는 국가배상법 제 5 조에 의하여 손해배상청구를 하는 것이 피해자에게 훨씬 유리한 것이다.

3) 배상책임의 내용

(1) 배상책임자

원칙적으로 국가 또는 지방자치단체가 배상책임자가 된다. 영조물의 설치·관리를 맡은 자(관리주체)와 그 비용을 부담하는 자(경제주체)가 다른 때에는 비용부담자도 손해를 배상할 책임이 있다. 따라서 피해자는 그 어느 쪽에 대해서도 선택적 청구가 가능하다. 예컨대, 도로·하천과 같은 국유공비(國有公費)[1]의 공물인 경우에 이러한 예를 볼 수 있다. 이 경우 피해자는 국가와 지방자치단체에 대하여 선택적 청구가 가능하다.

국유공비(國有公費)의 공물인 경우 피해자는 선택적 청구가 가능한가?(대판 1999. 6. 25, 99다11120)

대법원은 "지방자치단체장이 설치하여 관할 지방경찰청장에게 관리권한이 위임된 교통신호기의 고장으로 인한 교통사고가 발생한 경우, 국가배상법 제 6 조 제 1 항에 의해 교통신호기를 관리하는 지방경찰청 산하 경찰관들에 대한 봉급을 부담하는 국가도 배상책임을 진다"고 판시하고 있다.

(2) 배 상 액

배상액은 영조물의 설치·관리의 하자와 상당인과관계에 있는 모든 손해액이 포함된다. 따라서 이 경우 그 산정에 있어서는 공무원의 직무행위로 인한 손해배상에 관한 '기준액기준'을 정하고 있는 국가배상법 제 3 조의 규정이 적용된다. 또한 군인·경찰 등에 대한 특례규정 등도 마찬가지로 적용된다.

(3) 배상책임과 구상권

① 설치·관리자와 비용부담자가 다른 경우

영조물의 설치·관리자와 비용부담자가 다른 경우 피해자에게 손해를 배상한 자는 내부관계에서 그 손해를 배상할 책임이 있는 자에게 구상할 수 있다. 이 경우 내부관계에서 손해를 배상할 자는 주로 설치·관리자이며, 만약 비용부담자가 먼저 배상한 경우에는 설치·관리자에게 구상권을 행사할 수 있다.

---

1) 국유공비(國有公費)라 함은 소유는 국가가 하지만 관리비용은 지방자치단체가 부담하는 것을 말한다.

② 손해원인인 책임자에 대한 구상

국가 또는 지방자치단체가 손해를 배상한 경우, 손해의 원인에 대하여 책임을 질 자가 따로 있을 때에는 국가 등은 그 자에게 구상권을 행사할 수 있다. 예컨대, 도로의 파손자, 부실공사자, 고의·과실로 하자를 발생시킨 공무원 등이 그 예이다.

4) 손해배상의 청구절차

영조물의 설치·관리의 하자로 인한 손해배상의 청구절차는 공무원의 위법한 직무행위로 인한 손해배상절차와 동일하다.

5) 사경제작용으로 인한 손해배상

국가 또는 지방자치단체가 사인과 동일한 지위에서 행한 사경제적 작용으로 타인에게 손해를 가하였을 때 그 손해를 배상할 책임을 지는 제도로, 이는 국가배상법이 적용되지 않고 민법의 적용을 받는다는 것이 다수설의 입장이다. 예컨대, 국영철도·버스 등을 이용함으로써 발생한 손해 등을 들 수 있다.

Ⅲ. 행정상 손실보상제도

1. 의 의

행정상 손실보상이라 함은 공공의 필요에 의한 적법한 공권력의 행사로 인하여 개인에게 가하여진 '특별한 희생'에 대하여 사유재산권의 보장과 전체적인 공평부담의 견지에서 행정주체가 보상하는 조절적인 전보제도(塡補制度)를 말한다.

행정상 손실보상은 적법한 작용으로 인한 손실의 전보라는 점에서 위법한 행위로 인한 손해배상과 구별된다. 또 행정상 손실보상은 공공의 필요를 위해 가해지는 침해에 대한 보상이라는 점에서, 위법한 사법작용(私法作用)에 관한 사법상의 손해배상과 구별이 된다.

2. 근 거

1) 이론적 근거

행정상 손실보상의 이론적 근거에 관해서는 ① 기득권설, ② 은혜설, ③ 공용징수설, ④ 특별희생설 등이 있으나, 특정인에게 가하여진 특별한 희생을 전체의 부담으로 보상하는 것이 정의와 공평에 적합하다는 특별희생설이 통설이며 타당하다.

2) 실정법적 근거

(1) 헌법·법률

행정상 손실보상의 실정법적 근거로 헌법 제23조 제 3 항은 "공공필요에 의한 재산권의 수용, 사용, 제한 및 그에 대한 보상은 법률로서 하되, 정당한 보상을 지급하여야 한다"라고 규정하고 있다. 법률로서는 2002년 2월 4일에 공익사업을 위한 토지 등의 취득 및 보상에 관한 법률이 제정됨으로써 손해배상과 같이 손실보상에서도 행정상 손실보상에 관한 일반법을 갖게 되었다. 그리고 개별법으로는 도로법, 하천법, 국토의 계획 및 이용에 관한 법률등이 있다.

(2) 보상규정의 흠결

행정상 손실보상의 법적 근거와 관련하여 피해자의 손실보상청구권이 법률에 명문규정으로 되어있지 않은 경우에, 피해자 보상이 헌법 제23조 제 3 항의 규정만으로도 가능한 것이냐에 관하여 견해가 대립하고 있다. 이에는 위헌무효설, 직접효력설 등이 있으나, 위헌무효설이 행정법학계의 다수설이다.

① 학　　설

위헌무효설에 의하면 손실보상 여부는 법률에 근거하여야 하므로, 보상금지급규정이 없는 법률은 위헌무효이며, 그 법률에 근거한 재산권침해행위는 불법행위가 되기 때문에 불법행위로 인한 손해배상을 청구할 수 있다는 입장이다.

② 판례의 태도

판례의 입장은 반드시 일치하는 것은 아니나 대법원은 위헌무효설에 의하여 손해배상을 인정하는 경우와 유추적용설에 의하여 손실보상을 인정하는 경우도 보이고 있으나, 이중 위헌무효설을 취하고 있는 것이 주류적인 입장이다.

위헌무효설의 입장(대판 1978. 3. 14, 76다1529)

대법원은 "사유지가 보상없이 경찰서부지로 되었다면 국가에 대하여 배상을 청구할 수 있다"고 판시하여 위헌무효설의 입장을 채택하고 있다.

유추적용설의 입장(대판 1972. 11. 28, 72다1597)

대법원은 "토지구획정리사업으로 말미암아 본건 토지에 대한 환지를 교부하지 않고 그 소유권을 상실하게 한 데 대한 본건과 같은 경우에 손실보상을 하여야 한다는 규정이 본법에 없다 할지라도 이는 법리상 그 손실을 보상하여야 할 것이다"라고 하여 유추적용설의 입장을 취하고 있다.

3. 손실보상청구권의 성질

손실보상청구권의 법적 성질에 관하여서는 다음과 같이 견해가 대립되고 있다.

1) 공 권 설

이 견해는 행정상의 손실보상청구권은 적법한 공권력 행사로 인하여 특정한 개인이 입은 특별한 희생에 대한 전보(塡補)이기 때문에 공법상의 법률관계의 문제이다. 따라서 공법상의 법률관계에서 인정되는 손실보상을 청구할 수 있는 권리는 공권이므로, 그에 관한 소송은 행정소송인 당사자소송에 의하여야 한다는 입장으로 통설이다.

2) 사 권 설

이 견해는 행정상의 손실보상청구권의 성질을 사권의 일종으로 보고, 손실보상의 원인행위가 비록 공법적인 것이라 할지라도 이에 대한 손실보상은 당사자의 의사 또는 직접 법률의 규정에 의거한 사법상(私法上)의 채권채무관계라는 것이다. 따라서 그에 관한 소송은 민사소송에 의하여야 한다는 입장으로 판례는 사권설을 취하고 있다.

4. 적법한 경찰권행사로 인한 손실보상 요건

1) 의 의

원칙적으로 경찰권 발동으로 인하여 경찰책임자에게 발생한 손실에 대하여는 손실보상청구가 보장되지 않는다고 보아야 한다. 왜냐하면 경찰권은 공공의 안전, 질서에 대한 장해를 발생시킨 자에 대하여 발동되는 것이므로, 그로 인한 손실은 당연히 수인되어야 한다고 보기 때문이다.

2) 적법한 경찰권 발동과 보상

(1) 경찰책임자에 대한 경찰권 발동

① 원 칙

적법한 경찰작용으로 인하여 경찰책임자에게 손실이 발생한 경우에는 원칙적으로 손실보상청구가 보장되지 않는다. 왜냐하면 경찰책임자가 실질적으로 경찰의무를 준수하지 않았기 때문에, 경찰은 그 의무를 이행할 것을 요구하게 된 것이고, 그러한 긴급상황 등의 제거에 따르는 손실은 그의 사회적 의무에 속하는 것이기 때문이다.

② 예 외

경찰책임자에게는 손실보상청구권이 인정되지 않는다는 것이 원칙이나, 예외적으로 갑(甲)이라는 사람의 경찰의무가 내용상 제한되어 있고 경찰권이 그 자의 경찰의무를 초과하여 발동된 경우의 문제이다. 예컨대, 유조차가 전복되어 기름이 유출된 사건에서 토지소유자에게 단지 그의 토지상에서 행해지는 토양정화조치를 수인할 것이 요구되는 경우라면, 그는 일반적으로 경찰책임자로 경찰권 발동의 대상이 된다. 따라서 이 경우에 손실보상은 인정되지 않는다. 이에 대하여 그 수인(受忍)의 한도를 넘어서서 그에게 스스로 오염제거조치를 취할 의무가 부과되고, 따라서 그의 경찰의무를 넘어서서 경찰권이 발동되었다면 그는 경찰책임이 없는 자로 경찰권 발동의 대상이 된 것이고, 그러한 경우에는 그에게 손실보상이 행해져야 한다. 이 경우 그와 같은 특별한 규정을 갖고 있지 않은 독일의 란트에서도 수용유사침해 및 희생유사적 보상청구권[1]을 인정하고 있다.

(2) 경찰책임이 없는 자에 대한 경찰권 발동

① 원 칙

긴급상황에 있어서 적법한 경찰작용으로 인하여 경찰책임이 없는 자에게 특별한 희생인 손실을 가하게 된 경우에는 원칙적으로 손실보상이 인정된다. 이 경우 그 피해가 재산상의 것이라면 경찰책임이 없는 자는 보상의 종류, 범위, 내용, 방법, 소송 등 손실보상의 일반원리에 따라 보상을 청구할 수 있을 것이다. 반면, 그 피해가 생명, 신체에 관한 것이라면 독일의 경우와 같이 희생보상청구권[2]이 인정되어야 할 필요성이 있다.

② (경찰책임이 없는 자 이외의) 국외자인 경우

자신에 대하여 행하여진 경찰의 조치에 의해서가 아니라, 단지 비의도적이고 우연하게 관련된 국외자에게 손해가 발생하였을 경우의 문제이다. 예컨대, 경찰과 흉악범 간의 격투 중에 우연히 그 곁을 지나가던 행인이 경찰관의 발포로 인하여 부상을 입은 경우, 경찰법률규정이 이 같은 경우에 대해서 손실보상청구권을 규정하지 않고 있다면, 이 경우 희생보상청구권 및 수용적 침해(혹은 위법한 경찰작용의 경우에는 수용유사적 침해)의 관점에서 손실보상청구를 인정해야 할 필요성이 있다.

---

1) 우리나라의 경우 '특별한 희생'은 발생하였으나 보상규정이 없는 경우의 문제에 대하여, 독일에서 발전된 수용유사적, 수용적 침해이론 등이 근래에 논의되고 있다.

2) 희생보상청구권이라 함은 생명, 신체와 같은 비재산적 권리에 대하여 침해를 받았을 경우에 청구할 수 있는 권리를 말하며, 독일의 경우는 이를 인정하고 있다.

5. 손실보상의 내용

1) 손실보상의 기준

재산권에 대한 침해에 대하여 어느 정도까지 손실보상을 인정할 것인가의 문제에 대하여 견해의 대립이 있으나, 완전보상설이 대법원과 헌법재판소의 입장이다.

완전보상설은 침해로 인하여 피침해재산이 가지는 재산적 가치에 대하여 완전하게 보상하여야 한다는 설이다. 이 견해는 미국 연방헌법(법 제5조)의 정당한 보상에서 유래하였다. 이는 다시 피침해재산의 객관적 시장가치만 보상하면 된다는 객관적 가치보상설(시장가격)과 부대적 손실(영업손실, 이전비용)까지 보상하여야 한다는 전부보상설로 견해가 나뉘어져 있다.

정당한 보상의 뜻(헌재 1991. 2. 11, 90헌바17 · 18)

헌법재판소는 "헌법 제23조 제 3 항에서 규정한 '정당한 보상'이란 원칙적으로 피수용재산의 객관적인 재산가치를 완전하게 보상하여야 한다는 완전보상을 뜻하는 것이다"라고 판시하고 있다.

2) 헌법상 보상기준

현행 헌법 제23조 제 3 항은 "그에 대한 보상은 법률로서 정하되, 정당한 보상을 지급하여야 한다"라고 하여 '정당한 보상'이라는 명문의 규정을 두고 있다. 여기서 '정당한 보상'이라는 것은 완전보상을 의미한다는 것이 일반적인 견해이며, 헌법재판소도 역시 같은 입장을 취하고 있다.

3) 구체적 보상기준

(1) 손실보상내용의 다양화

종래의 전통적인 손실보상이론은 재산권보상에 관한 것이 중심이었으나, 오늘날은 현대복지국가의 이념에 따라 수용보상에 있어서 수용이 없었던 것과 같은 재산상태의 확보만으로 부족하다는 것이다. 따라서 대규모 공공사업의 시행결과로써 토지 등이 수용될 경우, 적어도 수용이 없었던 것과 같은 생활상태의 확보를 위한 생활보상이 이루어져야 된다는 것이다.

(2) 시가보상원칙

원칙적으로 보상액의 산정기준으로는 소유자와 사업시업자의 협의의 경우에는 협의성립 당시의 가격을 기준으로 하고, 토지수용위원회의 재결에 의하는 경우에는 재결당시의 가격을 기준으로 한다.

(3) 생활보상의 원칙

생활보상이라 함은 재산권의 대물적 보상만으로 해결되지 않는 피수용자의 손실 등에 대하여 이주대책을 수립하는 등 생존배려 측면에서의 보상을 말한다. 이러한 생활보상의 원칙은 모든 경우에 적용되는 것은 아니고, 댐의 설치로 인해 부락이 수몰되는 경우와 같이 종래의 거주지를 떠나 생활을 재건해야 하는 경우[1] 등에만 적용되어야할 것이다.

6. 손실보상의 지급방법

1) 보상의 방법

손실보상은 다른 법률에 특별한 규정이 있는 경우를 제외하고는 현금으로 보상하는 것이 원칙이다. 다만 예외적으로 현물보상, 채권보상, 매수보상 등을 하는 경우도 있다.

2) 보상액의 지급방법

보상액의 지급방법으로는 현금은 ① 선불(先佛)과 후불(사업이 종료된 다음에 지급하는 것), ② 개별불(토지 소유자 개인에게 지급)과 일괄불(토지 소유자 전체에 대하여 일괄하여 지급하는 것), ③ 일시불과 분할불 등이 있으나, 선불, 개별불, 일시불을 원칙으로 한다.

7. 손실보상액의 결정절차

손실보상액의 결정절차에 관하여는 일반적 규정이 없고, 각 개별법에서 여러 가지 방법을 규정하고 있다. 이에는 대체로 ① 당사자 간의 협의에 의하는 경우, ② 토지수용위원회와 같은 의결기관의 재결에 의한 경우, ③ 자문기관의 심의를 거쳐 행정청이 결정하는 경우, ④ 법원에 직접 소송을 제기하여 보상액을 결정하는 경우 등과 같은 절차가 있다.

8. 손실보상금 결정에 대한 불복

보상액의 결정은 일차적으로 당사자간의 협의에 의해 결정하는 것이 원칙이나,

---

1) 생활을 재건해야 하는 조치 등에 대한 현행법의 예를 보면, 이주희망자가 10호가 넘는 경우에 새로운 정착지를 조성해 주는 이주대책의 수립 · 시행, 정착민의 직업훈련 및 직업 알선, 국민주택사업에 대한 자금지원 등을 들 수 있다.

그것이 성립하지 못한 경우 먼저 토지수용위원회에 대하여 재결신청 또는 이의신청을 하고 그 결과에 따라 불복하면 행정소송을 제기할 수 있다.

제3절 행정상 손해전보(損害塡補)를 위한 그 밖의 제도

Ⅰ. 의 의

손해전보에 대한 가장 전형적인 제도로는 행정상 손해배상과 손실보상을 들 수 있다. 그러나 법률이 재산권에 대한 공권적 침해를 규정하면서도 보상규정을 두지 않는 경우 등과 같이 행정작용으로 인하여 개인이 입게 되는 각종의 피해에 대하여 현실적으로 어떻게 구제할 것인가가 문제시 된다.

Ⅱ. 문제의 유형과 주요 논점

전통적인 손해배상 및 손실보상의 엄격한 이원론에 의하면 손실배상은 위법·유책한 침해로 인한 손해에 대하여, 손실보상은 적법·무책한 공용침해로 인한 손해에 대해서 손실보상을 하도록 하고 있으나, 현실적으로 구제받기 어려운 경우 등이 발생하고 있다.

1. 수용유사적 침해이론

국가배상법은 공무원의 위법·유책의 직무행위로 인하여 손해를 입은 사람에 대한 배상에 관하여 규정하고 있기 때문에, 공무원의 위법·무책(무과실)의 직무행위로 인하여 발생한 손해에 대해서는 구제할 수 없게 된다. 수용유사적 침해이론은 이러한 경우에 대비하기 위한 것으로서, 침해규정은 있으나 보상규정이 없는 경우를 말한다.

2. 수용적 침해의 이론

적법한 공권력을 행사하였으나 현실적으로는 행정주체가 의도하지 않고 또한 예상하지 못한 손실이 행정작용에 수반하여 발생할 수 있다. 수용적 침해의 이론은 이러한 경우 대비하기 위한 것으로서, 적법한 공권력의 행사에 대하여 결과책임이 문제가 된다는 점에 있다.

3. 희생유사적 침해이론

적법한 행정작용으로 비재산적 법익(생명·신체 등)에 대한 침해가 일어나는 경우, 기존의 손해배상(위법·유책행위전제)·손실보상(적법행위에 의한 재산권의 특별한 희생을 전제)의 제도로는 구제받을 길이 없게 된다. 이러한 경우를 대비하기 위한 것이 희생유사적 침해이론이다.

제 2 장 행정쟁송

Police Administrative Law

제1절 개 설

Ⅰ. 행정쟁송의 의의

1. 광의의 행정쟁송

1) 광의의 행정쟁송이란 행정상의 법률관계에 관하여 분쟁이 있을 경우에 이해관계인의 쟁송제기에 따라 일정한 판정기관(행정기관 또는 법원)이 그 분쟁을 판정하는 절차를 말한다.

2) 이 경우 판정기관이 행정기관이거나 법원이거나를 불문하며, 심판절차 또한 정식절차이거나 약식절차이거나를 불문한다. 여기서 광의의 행정쟁송이라 함은 행정심판과 행정소송을 포함하는 개념이다.

2. 협의의 행정쟁송

1) 협의의 행정쟁송이란 광의의 행정쟁송 중에서 특히 그 판정기관을 행정기관(일반 행정청 또는 행정부 소속 특별행정재판소)이 맡게 하는 절차를 말한다.

2) 협의의 행정쟁송이라 함은 행정심판만을 말한다.

3. 우리나라의 행정쟁송제도

1) 사법국가형(司法國家型)

우리나라는 영미식 사법국가주의를 취하여 행정사건도 일반법원에서 관할·심판하도록 하고 있다. 따라서 우리 헌법 하에서는 사법부로부터 독립된 행정법원의 설치는 인정되지 않는다.

2) 행정심판과 행정소송과의 관계

행정심판과 행정소송과의 관계를 보면, 행정사건의 특수성을 고려하여 우리의 행정소송법은 일정한 행정사건은 행정심판을 거친 후 행정소송을 제기할 수 있도록 하는 행정심판전치주의를 규정하고 있었다. 그러나 1994년 7월 14일 행정소송법 개정으로 인해 1998년 3월 1일부터는 행정심판전치주의는 임의절차화 되었다.

Ⅱ. 행정쟁송의 종류

1. 행정심판

행정심판은 행정법상의 분쟁에 대하여 행정기관에 의하여 심리·재결되는 쟁송절차로서 약식쟁송을 말한다.

2. 행정소송

행정소송은 일반 법원에 의하여 행정법상의 분쟁을 심리·판결하는 절차로서 정식쟁송을 말한다.

제 2 절 행정심판

Ⅰ. 의 의

행정심판이라 함은 행정청(경찰관청)의 위법 또는 부당한 처분, 그 밖에 공권력의 행사·불행사 등으로 인하여 권리·이익을 침해당한 자가 원칙적으로 처분청의 직근

상급행정청(경찰관청)에 대하여 그 취소·변경이나 무효 등 확인 또는 일정한 처분을 구하는 쟁송절차를 말한다.

Ⅱ. 필 요 성

1. 행정의 자율적 통제

행정심판은 행정권이 입법부와 사법부의 간섭을 받지 아니하고, 행정청이 과오를 자기반성에 의하여 자율적으로 시정함으로써 행정권의 지위를 보장하고 권력분립의 원칙을 유지하게 한다.

2. 행정능률의 보장

상당한 시간적·경제적 비용이 요구되는 사법절차와는 달리, 신속·간편한 행정심판을 인정함으로써 분쟁의 신속한 해결을 도모케 하고 행정능률의 보장에 기여하게 된다.

3. 행정청의 전문지식 활용

행정기관의 전문성과 기술성을 활용하여 문제를 해결할 수 있다.

4. 소송경제의 확보

시간적·물리적·경제적으로 막대한 비용이 소요되는 사법절차와는 달리 행정심판은 이러한 비용을 절감할 수 있으며, 행정소송제기 이전에 행정심판을 거침으로써 법원의 소송부담을 경감시킬 수 있다.

Ⅲ. 행정심판의 종류

현행 행정심판법은 행정심판의 종류를 취소심판, 무효등확인심판, 의무이행심판 등 세 가지로 인정하고 있다. 이는 모두 개인적 이익을 위하여 제기한다는 점에서 주관적 쟁송이며, 이미 행해진 처분을 전제로 행해진다는 점에서 항고쟁송·복심적 쟁송에 해당한다.

1. 취소심판

행정청의 위법 또는 부당한 공권력의 행사 또는 그 거부나 그 밖에 이에 준하는 행정작용으로 인하여 권익을 침해당한 자가 그 취소 또는 변경을 구하는 행정심판을 말한다. 취소심판의 주된 목적은 공정력 있는 처분의 효력을 소멸시키는 데 있다. 예컨대, 세금이 과다하게 부과된 경우 이를 취소하여 달라는 행정심판을 말한다.

2. 무효등확인심판

무효등확인심판이라 함은 행정청의 처분의 효력 유무 또는 존재 여부에 대한 확인을 구하는 심판을 말하며, 이에는 무효확인심판·유효확인심판·실효확인심판·부존재확인심판·존재확인심판이 포함된다.

3. 의무이행심판

행정청의 위법·부당한 처분 또는 부작위에 대하여 일정한 처분을 하여 달라고 요구하는 행정심판을 말한다. 예컨대, 유흥업소허가를 신청하였으나 행정청이 그 허가를 거부하거나 부작위로 일관한 경우 유흥업소허가의 이행을 명하여 달라고 청구하는 행정심판을 말한다.

제 3 절 행정소송

Ⅰ. 행정소송의 의의

행정소송이라 함은 행정법상 법률관계에 관한 분쟁에 대하여 제 3 자적 지위에 있는 법원의 정식재판절차에 따라 판단하는 정식쟁송절차를 말한다. 행정소송은 정식쟁송절차이므로 약식쟁송절차인 행정심판과 구별된다.

행정소송은 행정구제기능(개인의 자유와 권리를 보장)과 행정통제기능(행정의 합법성 및 합목적성 보장)의 이중적 기능을 담당한다.

Ⅱ. 행정소송(항고소송)의 특수성과 한계

1. 행정소송의 특수성

행정소송은 법원에 의한 정식재판절차라는 점에서는 민사소송과 많은 점에서 유사하나, 공익실현을 위한 공권력의 행사라는 행정의 특질 때문에 민사소송과 다른 특수성이 인정된다.

1) 임의적 행정심판전치주의

항고소송을 제기하기 전에 행정심판절차를 거치도록 하는 제도로서, 이의 전치 여부는 항고소송을 제기하는 자의 선택에 따르도록 하고 있다. 종전에는 이러한 전심절차(前審節次)가 필수적이었으나 1998년 3월 1일부터 임의적 절차로 변경되었다.

2) 행정법원의 설치

취소소송의 제 1 심 관할법원은 피고의 소재지를 관할하는 행정법원이다. 다만, 현재는 서울의 경우만 행정법원이 설치되고 지방의 경우는 본원 합의부에서 행정사건을 담당하고 있다.

3) 피고의 특수성(피고적격)

행정소송의 피고도 이론적으로 특별한 규정이 없으면 국가나 지방자치단체와 같은 행정주체가 되어야 할 것이나, 행정소송(취소소송)은 다른 법률에 특별한 규정이 없는 한 그 처분 등을 행한 행정청을 피고로 하고 있다. 다만 그 처분 등을 행한 행정청이 없게 된 때에는 그 처분 등에 관한 사무가 귀속되는 국가 또는 공공단체를 피고로 한다고 규정하고 있다(행정소송법 제13조 제 2 항).

4) 직권심리주의

행정소송절차에서도 원칙적으로 변론주의·불고불리의 원칙 등이 인정되나, 행정소송의 공익적 견지에서 예외적으로 직권심리주의 등이 인정된다. 행정소송법은 "법원은 필요하다고 인정할 때에는 직권으로 증거조사를 할 수 있고, 당사자가 주장하지 아니한 사실에 대하여 판단할 수 있다"고 규정하고 있다(법 제26조).

5) 사정판결(事情判決)의 인정

행정소송은 원고의 청구가 이유있다고 인정되는 경우에도 그 처분 등을 취소·변경함이 현저하게 공공복리에 적합하지 아니하다고 인정되는 때에는 원고의 청구를 기각함으로써 사정판결을 인정하고 있다.

6) 기 타

처분의 집행부정지원칙, 제소기간의 제한, 제 3 자 등의 소송참가 등에서 그 특수성이 인정된다.

2. 행정소송의 한계

행정소송법은 모든 행정사건에 관하여 행정소송을 제기할 수 있는 개괄주의를 취하고 있기는 하지만, 그렇다고 하여 행정에 관한 모든 사항에 대하여 언제나 행정소송의 제기가 가능한 것은 아니다. 이처럼 행정소송에도 일정한 한계가 있는데, 이에는 사법(司法)의 본질에서 오는 한계와 권력분립의 원칙에서 오는 한계가 있다.

1) 사법(司法)의 본질에서 오는 한계

법률상의 쟁송만이 법원의 심판대상이 된다(법원조직법 제 2 조 제 1 항). 따라서 행정소송도 법률상의 쟁송인 경우에만 가능하다는 사법의 본질에서 오는 한계가 있다. 여기서 법률상의 쟁송이란 당사자 사이의 구체적인 권리·의무에 관한 법령의 해석·적용상의 분쟁을 말한다.

(1) 구체적인 사건성

① 단순한 사실행위

당사자의 구체적인 권리·의무에 영향을 주지 않는 단순한 사실행위(예컨대, 질의에 따른 행정청의 회신행위)는 행정소송의 대상이 될 수 없다.

② 반사적 이익

반사적 이익은 법률상 주장할 수 있는 이익이 아니므로 관계법에 특별한 규정이 없는 한, 이러한 반사적 이익의 침해를 이유로 해서 행정소송을 제기할 수 없다. 그러나 오늘날은 반사적 이익의 범위를 축소시키는 경향에 있으며, 공권개념의 확대와 재량권의 영으로의 수축 이론 등에 의하여 행정소송의 원고적격을 확대시키려는 추세에 있다.

③ 민중·기관 소송 등

주관적 소송은 개개인의 주관적 권리보호를 목적으로 하는 소송이므로, 일반·추상적인 법령의 효력 여부 또는 그 해석에 관한 문제는 행정소송의 대상이 아니다. 그리고 민중소송·기관소송은 법률상 쟁송이 아니므로 법률에 규정이 없는 경우에는 행정소송의 대상이 되지 않는다.

일반적 추상적 법령 등의 행정소송 대상 여부(대판 1987. 3. 24, 86누656)
대법원은 "행정소송의 대상이 될 수 있는 것은 구체적인 권리·의무에 관한 분쟁이어야 하고 일반적·추상적인 법령 그 자체로서는 국민의 구체적 권리·의무에 직접적 변동을 초래하는 것이 아니므로 그 대상이 될 수 없다"고 판시하고 있다.

(2) 법령의 적용으로 해결할 수 없는 분쟁

① 통치행위

통치행위는 고도의 정치성을 띤 국가행위로서 사법심사(행정소송)의 대상에서 제외시킨다는 것이 통설·판례의 입장이다.

② 자유재량행위

자유재량을 그르친 행위는 부당에 불과하므로 행정소송의 대상이 되지 않는다. 그러나 자유재량행위일지라도 재량권을 남용·일탈된 경우에는 위법이 되고, 이에 대하여 행정소송을 제기할 수 있다.

2) 권력분립에서 오는 한계

권력분립의 원칙상 사법권(司法權)이 행정권에 대한 개입과 심사는 스스로 일정한 한계가 있다. 따라서 행정청이 일정한 행위를 할 의무가 있음에도 불구하고 이를 하지 않은 경우, 법원이 이 행정청에 대하여 일정한 행위를 하도록 명할 것을 청구하는 소송(의무이행소송)을 인정할 것인가가 문제시 된다.

(1) 학　　설

법원이 행정청에게 일정한 처분을 하도록 명할 것을 구하는 의무이행소송의 인정여부와 관련하여 소극설과 적극설이 대립하고 있다. 소극설에 의하면 권력분립의 원칙상 행정에 관한 제 1 차적 판단권은 행정권에 맡겨져야 하므로, 법원은 행정청에 의무를 명하는 판결을 하거나 부작위를 명하는 판결을 할 수 없다는 견해이다. 판례 역시 소극설을 따르고 있다.

(2) 우리나라의 행정소송법

우리나라의 행정소송법은 소극적으로 부작위위법확인소송만을 채택하고 있고, 의무이행소송은 인정하지 않고 있다. 대법원도 의무이행소송을 일관되게 부정하는 입장을 취하고 있다.

행정소송법상 '의무이행소송'이나 '의무확인소송' 인정 여부(대판 1992. 2. 11, 91누4126)

대법원은 "현행 행정소송법상 의무이행소송이나 의무확인소송은 인정되지 않으며, 행정심판법이 의무이행심판청구를 할 수 있도록 규정하고 있다고 하여 행정소송에서 의무이행청구를 할 수 있는 근거가 되지 못한다"라고 판시하고 있다.

Ⅲ. 행정심판과 행정소송과의 관계

1. 공 통 점

① 양자 모두 개괄주의를 채택하고 있다는 점,

② 처분의 시정을 통해 개인의 권리구제를 목적으로 하는 사후구제절차로서 실질적·주관적 쟁송이라는 점,

③ 불고불리의 원칙과 불이익변경금지원칙이 적용된다는 점,

④ 직권증거조사가 인정되고 집행부정지원칙을 채택하고 있다는 점,

⑤ 사정재결(事情裁決)과 사정판결(事情判決)을 인정하고 있다는 점 등에서 같다.

2. 차 이 점

1) 재판기관

행정심판은 행정심판위원회(심의·의결), 상급감독청(재결) 등 행정부 소속의 재결청인 반면, 행정소송은 법원(행정법원, 고등법원, 대법원)이다.

2) 쟁송대상

행정심판은 법률문제(적법·위법문제), 공익문제(당·부당문제)가 쟁송대상이나, 행정소송은 법률문제(적법·위법)만 대상으로 한다.

3) 심판절차

행정심판은 서면심리와 구술심리를 병행하고 비공개주의를 원칙으로 하는 반면, 행정소송은 구두변론주의, 당사자주의, 공개주의를 원칙으로 한다.

4) 쟁송형태

행정심판은 부작위에 대한 의무이행심판을 인정하며, 처분에 대한 적극적 변경이 가능한 반면, 행정소송은 부작위에 대하여 부작위위법확인소송만 인정되고, 처분에 대한 소극적 변경(일부취소)만 가능하다.

5) 제소기간

행정심판은 처분이 있음을 안 날부터 90일 이내, 처분이 있었던 날부터 180일 이내에 행정심판을 청구하여야 하나, 행정소송은 원칙적으로 처분이 있음을 안 날부터 90일, 재결이 있은 날부터 1년 이내에 행정소송을 제기하여야 한다. 또한 행정심판을 거치지 않은 경우는 처분이 있음을 안 날로부터 90일, 처분이 있는 날로부터 1년 이내에 제기하여야 한다.

Ⅳ. 행정심판전치주의

1. 의　의

행정심판전치주의라 함은 위법 또는 부당한 처분 등에 대하여 법령이 행정심판을 인정하고 있는 경우에 그 행정심판을 거치는 것을 행정소송의 제기를 위한 전심절차(前審節次)로 하는 제도를 말한다. 종전에는 이러한 전심절차가 필수적이었으나 1994년 7월 14일 행정소송법 개정으로 행정심판전치주의를 폐지하고 1998년 3월 1일부터 임의적 절차로 변경하였다. 임의적 행정심판전치주의라 함은 행정소송을 제기하기 전에 행정심판을 제기할 것인지의 여부를 상대방의 선택에 맡기는 제도를 말한다.

2. 행정심판전치주의의 필요성

1) 자율적 행정통제

행정청에게 해당 처분 등의 적법성·합목적성에 대한 반성의 기회를 부여하는 한편, 사법권(司法權)의 개입 없이 행정권이 자율적으로 행정작용을 통제하게 된다.

2) 행정청의 전문지식의 활용

행정상의 분쟁에 대하여 전문성과 기술성을 갖춘 전문기관인 행정청이 법원에 비하여 그에 관한 분쟁을 신속하고 타당하게 심판할 수 있다.

3) 행정능률의 보장

행정법관계에 대한 분쟁을 신속하게 해결·처리함으로써 행정의 안정을 유지함과 동시에 행정의 능률을 도모한다.

4) 소송경제의 확보 및 법원의 부담경감

행정심판은 약식쟁송절차이므로 정식절차인 행정소송보다 경비·시간 등을 크게 절감할 수 있고, 행정심판에 의하여 사건이 해결되면 그만큼 법원의 부담은 경감된다.

3. 행정심판전치주의의 내용

1) 행정심판의 의미

여기에서의 행정심판이라 함은 행정소송을 제기하기 전의 모든 절차를 의미하는 것으로 무효확인을 제외한 처분에 대하여 불복하는 일체의 행정심판을 의미한다. 따라서 형식상의 명칭에 관계없이 소원·이의신청·심사청구·불복신청 등 모든 행정심판을 의미한다.

2) 특별법상 필요적 행정심판전치

임의적 행정심판전치주의가 원칙임에도 불구하고 다른 법률에 행정심판의 재결을 거쳐야만 행정소송을 제기하도록 규정하고 있는 경우에는, 행정심판을 거쳐야 행정소송을 제기할 수 있다. 현재 각종 공무원법(국가공무원법·교육공무원법), 세법(국세기본법) 등에는 여전히 행정심판전치제도가 채택되고 있다.

Ⅲ. 항고소송(抗告訴訟)

항고소송이라 함은 행정청의 처분 등이나 부작위에 대하여 제기하는 소송을 말한다. 현행 행정소송법상 항고소송에는 취소소송, 무효등확인소송, 부작위위법확인소송의 세 가지 유형이 있다.

1. 취소소송

취소소송이라 함은 행정청의 위법한 처분 등을 취소 또는 변경하여 달라고 청구하는 소송을 말한다. 행정소송 중 가장 기본적인 것이며 중심적인 지위를 차지하고 있는 소송형태이다.

2. 무효등확인소송

무효등확인소송이라 함은 행정청의 처분 또는 재결의 효력의 유무 또는 존재유무를 확인하는 소송을 말하며, 경찰권의 불행사에 대한 쟁송수단과는 관련성이 없다고 보아야 한다.

3. 부작위위법확인소송

부작위위법확인소송이라 함은 행정청(경찰관청)의 부작위가 위법하다는 확인을 구하는 소송을 말한다. 즉, 행정청(경찰관청)이 당사자의 신청에 대하여 상당한 기간 내에 일정한 처분을 할 법률상의 의무가 있음에도 불구하고 이를 행하지 아니한 것에 대한 위법확인을 구하는 소송이다. 경찰권의 불행사에 대한 쟁송수단의 하나이다.

사항색인

[ㄱ]

[ㄴ]

[ㄷ]

[ㄹ]

[ㅁ]

[ㅂ]

[ㅅ]

[ㅇ]

공저자소개

김형중

약 력

경북대학교 졸업
건국대학교 행정학석사
부산 경성대학교 대학원 행정학박사(1996)
부산 동의대학교 대학원 법학박사(2004)

경 력

경찰간부후보생 제27기
총경, 제주지방경찰청 수사과장, 경남지방경찰청 형사과장, 경비교통과장
부산지방경찰청 정보과장 · 보안과장 · 외사과장
부산지방경찰청 사하서 · 부산진서 · 연산서 · 남부경찰서장

현 부산외국어대학교 법 · 경찰학부 교수

저 서

『韓國古代警察史』(修書院, 1991)
『韓國中世警察史』(修書院, 1998)
『경찰행정법』(수사연구사, 2005)
『객관식 경찰행정법』(경찰공제회, 2007)
『경찰행정법』(경찰공제회, 2008)
『경찰학개론』(청목출판사, 2010)
『범죄수사총론』(청목출판사, 2011)
『범죄학』(그린출판사, 2013)
『경찰학총론』(청목출판사, 2014)

김순석

약 력

동국대학교 경찰행정학과 학사(경찰행정) 33기
동국대학교 대학원 경찰행정학과 석사(경찰학)
동국대학교 대학원 경찰행정학과 박사(경찰학)

경 력

중앙경찰학교, 경찰대학 외래교수
동국대, 경기대, 가천대, 울산대, 순천향대 외래강사
한국경찰발전연구학회, 한국민간경비학회, 한국범죄학회 이사
한국범죄심리학회, 한국경호경비학회 편집위원
한국해양경찰학회, 한국민간조사학회 연구이사
한국공안행정학회 총무이사
경찰공무원 시험 출제위원
부산지방경찰청 집회시위 자문위원
신라대학교 평생교육원 부원장

현 신라대학교 법경찰학부 교수

저 서

『범죄예방을 위한 공간디자인』(정광출판사, 2010)
『피해자학』(그린출판사, 2011)
『법학개론』(백산출판사, 2012)
『민간경비론』(백산출판사, 2012)
『범죄학』(백산출판사, 2013)
『경비업법』(백산출판사, 2013)
『산업보안론』(그린출판사, 2013)

백상진

약 력

한국해양대학교 해사법학과 졸업
한국해양대학교 대학원 법학석사
독일 Bielefeld 대학교 법학석사(LL.M)
독일 Bielefeld 대학교 법학박사(Dr. jur.)

경 력

한국비교형사법학회 이사
한국해사법학회 이사
2013년 경찰관 공채시험 출제위원
남해지방해양경찰청 영장심의위원
부산시 서부 법조타운 조성 자문교수

현 부산외국어대학교 법 · 경찰학부 교수
부산지방법원 자문교수

새로쓴 경찰행정법

초판인쇄 2014년 8월 20일
초판발행 2014년 8월 30일

지은이 김형중 · 백상진 · 김순석
펴낸이 안종만

편 집 김선민 · 이승현
기획/마케팅 최준규
표지디자인 최은정
제 작 우인도 · 고철민

펴낸곳 (주) 박영사
서울특별시 종로구 새문안로3길 36, 1601
등록 1959. 3. 11. 제300-1959-1호(倫)
전 화 02)733-6771
f a x 02)736-4818
e-mail pys@pybook.co.kr
homepage www.pybook.co.kr
ISBN 979-11-303-2648-1 93360

정 가 25,000원